新世纪高职高专
公共基础课系列规划教材

百周养成·终身德育
——新时代大学生素质教育读本

主　编　张　琴　刘文体　张惠娟
副主编　林惠玲　许惠州　郑丽群　章婷婷

（按姓氏音序排名）

大连理工大学出版社

图书在版编目(CIP)数据

百周养成·终身德育：新时代大学生素质教育读本/张琴,刘文体,张惠娟主编.--大连：大连理工大学出版社,2021.3（2022.12 重印）
新世纪高职高专公共基础课系列规划教材
ISBN 978-7-5685-2858-0

Ⅰ.①百… Ⅱ.①张… ②刘… ③张… Ⅲ.①大学生—素质教育—高等职业教育—教材 Ⅳ.① G718.5

中国版本图书馆 CIP 数据核字 (2021) 第 000464 号

大连理工大学出版社出版
地址：大连市软件园路 80 号　邮政编码：116023
发行:0411-84708842　邮购:0411-84708943　传真:0411-84701466
E-mail:dutp@dutp.cn　URL:https://www.dutp.cn
大连永盛印业有限公司印刷　　　大连理工大学出版社发行

幅面尺寸:185mm×260mm　　印张:16.5　　字数:400 千字
2021 年 3 月第 1 版　　　　　　　　　2022 年 12 月第 5 次印刷

责任编辑:欧阳碧蕾　　　　　　　　　责任校对:程砚芳
　　　　　　　　封面设计:张　莹

ISBN 978-7-5685-2858-0　　　　　　　定　价:43.80 元

本书如有印装质量问题,请与我社发行部联系更换。

序言

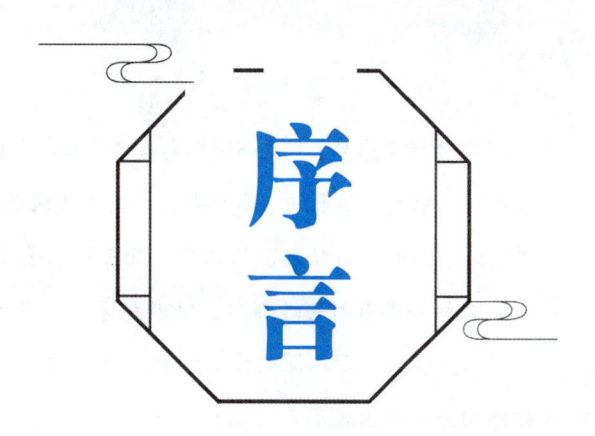

立德树人，是教育的根本任务。2021年全国教育工作会议中指出，落实立德树人根本任务，培养德智体美劳全面发展的社会主义建设者和接班人，要持续完善德智体美劳全面培养的育人体系，健全学校家庭社会协同育人机制，提升思想政治工作质量，发挥教材培根铸魂、启智增慧作用，加强语言文字工作，促进学生身心健康全面发展。

高职教育要结合时代特点和大学生群体的思想、学习与生活状况，坚持"育人为本、德育为先"的原则，把立德树人作为根本任务，把理想信念教育摆在首要位置，深化教育教学改革，创新人才培养机制，积极培育优质教育资源。多年来，厦门兴才职业技术学院全面贯彻党的教育方针，始终坚持立德树人根本任务，以社会主义核心价值观和时代精神引领大学生思想政治教育工作，把大学生思想政治教育贯穿人才培养全过程，根据校情和学情，实施学生"百周孵化"养成教育方案，开发校本教材，通过三年、108周、35个主题教育活动，将德育内容分解到每个阶段、每个主题、每次课，实现学生日常活动与主题教育相结合。

本教材以习近平新时代中国特色社会主义思想为指导，以终身德育为理念，以厦门兴才职业技术学院养成教育实践为基础，以学生在校3年108周的主题教育活动为线索，内容分为"百周修身篇——明德修身 志存高远""百周树人篇——厚德知理 格物善学""百周成才篇——润德于心 成德于行"三部分，实现了养成教育规范化、课程化，创建了符合民办高职院校实际的主题式、阶段性、系统化的养成教育方法体系。

本教材是一本内容丰富、实用性强的高职养成教育通用教材。本教材共三十五个主题，涵盖爱国主义教育、诚信教育、安全教育和生命挫折教育等内容，旨在引导学生树立正确的人生观、价值观和世界观，促进其全面与健康发展。每个主题包括教育导航、案例导读、点拨环节和实战演练等模块。

本教材由张琴、刘文体、张惠娟任主编，由林惠玲、许惠州、郑丽群、章婷婷任副主编。

在编写本教材的过程中，编者团队广泛开展调查研究，参考大量资料，通力协作、精心打磨，并得到了郝超、潘秋勤、何岳华以及王科豪等多位老师的宝贵指导，在此表示衷心感谢！

在编写本教材的过程中，编者参考、引用和改编了国内外出版物中的相关资料以及网络资源，在此表示深深的谢意。相关著作权人看到本教材后，请与出版社联系，出版社将按照相关法律的规定支付稿酬。

由于编者水平有限，书中难免存在不足之处，敬请广大读者批评指正。

编 者
2021 年 3 月

所有意见和建议请发往：dutpgz@163.com

欢迎访问职教数字化服务平台：https://www.dutp.cn/sve/

联系电话：0411-84706104　　0411-84707492

目录

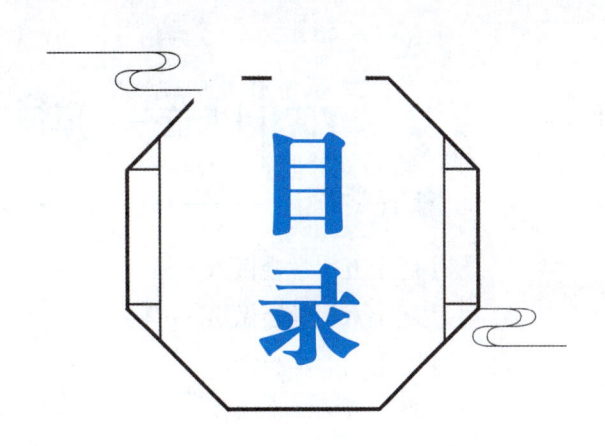

百周修身篇——明德修身 志存高远

一 明德章 3

主题一　何为大学 大学何为 4
主题二　中国梦 我的梦 8
主题三　树立正确的价值观 15
主题四　科学信仰 24
主题五　安全首位 30
主题六　亲情账 两地书 话人生 36
主题七　大学生导师制 42

二 励志章 48

主题八　学雷锋 树新风 49
主题九　绿色家园 56
主题十　缅怀先烈 铭记英雄 62
主题十一　劳动光荣 69
主题十二　百年五四 薪火相传 76
主题十三　理性消费 83
主题十四　职业生涯规划 90

百周树人篇——厚德知理 格物善学

三 善学章 99

主题十五　学会做人 100
主题十六　学会做事 108
主题十七　学会学习 115
主题十八　学会协作 124
主题十九　学会坚持 130
主题二十　学会自控 138
主题二十一　运动健康 145

四 树人章 152

主题二十二　认识自我 153
主题二十三　性格探索 160
主题二十四　兴趣探索 171
主题二十五　特长探索 177
主题二十六　明仪知礼 184
主题二十七　沟通交往 191
主题二十八　爱情花开 200

百周成才篇——润德于心 成德于行

五 行德章 209

主题二十九　直面挫折 210
主题三十　主动担当 216
主题三十一　职业道德 223
主题三十二　理性择业 231
主题三十三　敢闯敢拼 238
主题三十四　走向职场 245
主题三十五　出彩人生 251

参考文献 256

百周修身篇

——明德修身 志存高远

一 明德章

主题一

何为大学 大学何为

教育导航

1. 树立"天下兴亡，我的责任"意识；
2. 理解何为大学和大学何为，科学规划自己的大学生活。

案例导读

扣动心弦、改变一生

罗伟，男，刚入校园时穿着奇装怪服，戴着巨大耳环，染发，贴图纹身随处可见，课余时间吸烟喝酒成性，对学习抱着可有可无的态度，完全放弃了自己的人生理想。

开学后，学校开展了以"大学生文明修身"为主线的孝亲感恩"亲情账·两地书·话人生"主题教育。此次活动扣动了学生的心弦，罗伟当场潸然泪下，算清了他欠父母的"账"。从此他制定了"再也不能这样过"的生活准则，反思自己的思想和行为，深深地感激父母养育的恩情和祖国培养的恩情，珍惜今天的幸福生活，明确肩负的历史重任，从而规划自己的人生，立志奋发学习、孝敬父母、报效祖国。罗伟不再沉迷网络，不再盲目攀比，变得更加有责任感，更加珍惜大学生活。罗伟激动地说："我会明确自己的学习、工作目标，好好把握大学三年时光，努力奋斗，不断拼搏。我要对得起爱我的亲人，培育我的母校，报效我可爱的祖国！"

把社会主义核心价值观融入大学生涯全过程，转化为大学生的情感认同和行为习惯。罗伟毕业后应征入伍，现就职于海警某支队，任连级干部，中尉军衔。在部队期间，罗伟秉承"厚德精技"的校训，在新兵连刻苦训练，以优秀的成绩完成了各项考核，多次立功获奖。除此之外，罗伟利用空余时间认真学习，考入军官学院，获取本科学历，现担任带兵训练教员，负责各项训练任务以及武器装备的教学工作。他坚持"以情带兵、以技胜人"的原则，出色地完成了上级领导给予的各项训练任务，不仅成了战士心中的榜样，更体现了新时期"教员"的风采。

讨论：
1. 如何认识大学对人生成长的重要意义？
2. 我们应该如何去规划好大学生活？

点拨环节

教育兴则国家兴，教育强则国家强。教育是国之大计、党之大计。培养什么人、怎样培养人、为谁培养人是教育工作的根本性问题。习近平总书记指出，培养什么人，是教育的首要问题。这是大学思考、谋划和建设的逻辑起点，也是必须牢牢把握、须臾不可动摇的政治方向。大学校园要扎根中国大地，不断从历史传统与当下实践中汲取养分，学校才不会丢失民族之魂、文化之根和自信之源。大学校园要以"立德树人"为根本任务，所立之"德"是积极进取、健康向上的品性与操守，所树之"人"是中国特色社会主义事业的合格建设者和可靠接班人。

在长期的教育建设中，厦门兴才职业技术学院一直坚持全面贯彻党的教育方针，始终坚持以"立德树人"为根本任务，以"厚德精技"为校训，致力于文化育人，以时代精神和社会主义核心价值观引领大学生思想政治教育工作，把思想政治工作贯穿教育教学全过程，逐渐形成了"大学生文明修身工程"实践育人新体系。将办学优势转化为育人优势，精心打造高水平人才培养体系，形成学会做人、学会做事、学会学习的教育体制，力争将学生培育成具有深厚家国情怀的新时代可塑之才。

一、培养学生学会做人

学会做人，在不同的历史时期、不同的地域环境、不同的家庭背景，被赋予不同的初心和历史使命。学会做人是一门有着深厚内涵的社交学问，强调尽自己一切的能力去满足社会对自己的期望，成为大家心中理想的人，成为把民族复兴担为己任的人。因此学会做人，离不开社会现实。就我们所处的现实社会而言，要在继承和发扬民族优良传统美德的基础上，确立远大理想，立志做有理想、有道德、有文化、有纪律的实现中华民族伟大复兴的新时代社会主义建设者和接班人。

课堂万花筒

疫情当前勇无畏，志愿精神显担当

自河北发生新冠肺炎疫情以来，在武安市广大农村的大街小巷，活跃着3 700多名大学生疫情防控志愿者，他们以自己的担当、学识、奉献，让农村的疫情防控更加科学高效。

李隆增是辽宁一所中医药大学的学生，母亲闫玉莲是一名乡村医生。因疫情学校提前放假，

李隆增主动当上了一名志愿者，在母亲的指导下，上山采药，熬制防疫药汤，向乡亲普及防疫知识。"能让父老乡亲少生病、不生病，保证身体健康，避免疫情在农村扩散是我最大的心愿。"李隆增说。

2000年出生的张龙千、张龙年是武安市武安镇高坡村一对孪生兄弟。今年学校放假后，看到市里发出的防疫"招募令"后，哥俩主动报了名。测量体温、填表登记、处理数据……凛冽的寒风下，小哥俩每天要在卡口执勤七八个小时。

从卡口值守、入户摸排到宣传疫情防控知识，一个个大学生志愿者穿上红马甲，套上红袖章，戴上小红帽，忙碌奔波助力当地疫情防控……

（资料来源：新华网，2021-01-24，有删减）

二、培养学生学会做事

学会做事，是新时代教育的价值导向。学会做事，就是要学会在各种环境中处理工作，还要善于应对各种可能出现的情况。学会做事，不仅要学会实际动手操作的技能，更重要的是要具备一种综合能力，包括人际交往能力、沟通能力、合作技巧、主观能动性、管理能力和解决矛盾的能力以及敢于承担风险的胆识。

课堂万花筒

随着我国社会多元化的发展，学会做事已经不能再像过去一样简单地理解为去从事具体工作，而是在没有人要求、强迫、监督的情况下，自觉而出色地完成任务，有胜任本职工作的能力。学会做事，首先要会思考，做事之前计划好，风险控制好，干扰预计好，再加上认真负责的态度，事情就能做成功。俗话说："认真做事只能把事情做完，用心做事才能把事情做好！"学会做事是一个渐进的过程，需要吸收别人的成功经验，总结自己的经验教训，依靠努力不断地探索，最终形成能适应工作需要的做事风格。在做事过程中历练本领，高效地把事情做好才是学会做事的核心价值。这就需要在做事过程中，要做到眼勤、嘴勤、腿勤、脑勤、手勤，多学习、多读书、多看报、多总结经验教训。学会做事还要培养做事的条理性和大局观念，从小事做起，注重细节，做事有计划。学会做事即学习本领技能，学习做事的方法，作为新时代的大学生就是要在认真学习科学文化知识、掌握专业技能的基础上培养统筹兼顾的能力。

三、培养学生学会学习

所谓学会学习，就是挖掘自身潜能，利用空余时间自觉学习，掌握学习的方法。人的一生是一个不断学习的过程，如果对自己的学习有一个合理规划，就可以做到心中有数，从容不迫。学会学习就是要学会安排自己的学习任务，按学习目标有秩序地进行，从而在学习过程中少走弯路，提高学习效率。

学会学习最重要的是要掌握学习的方法，培养学习的能力。身为大学生的我们已经在校学

习了十几年，所学的知识或许在我们今后生活、工作中的作用不那么立竿见影，但这不等于所学没用，这是一种知识的积累，是对学习、思考能力的锻炼，是让我们掌握更多学习方法的垫脚石。毕业后走向社会的我们，虽然不再有老师教授，但是我们也可以通过自己的学习能力不断去学习、掌握新的知识，让自己尽快地掌握新方法、新观念，在最短时间取得最大的成效。

实践演练

新的起点，新的开始，为了更好、更快融入大学生活，同学们可以选择1～2个学校社团参加，丰富自己的大学生活，真正做到快乐学习，快乐生活。以下是我校部分社团简介，供同学们参考。

海棠话剧社成立于2016年9月，是一个以小品、相声、话剧表演为主的文艺类社团。话剧社成员通过精湛的演技活跃在各类舞台上，为喜欢表演、喜爱舞台的同学们提供了一个展现的平台。

KID动漫社是由一群喜爱动漫文化的伙伴们共同创立的社团。动漫社旨在兴趣交流，分享喜好，为同学们提供一个展示自己的平台，同时也希望让更多同学、老师了解二次元的ACG文化。

"一辈子很短，如白驹过隙，转瞬即逝，可为人民服务的这种精神却很长久，如高山大川，绵延不绝。"这就是青年志愿者协会，大学里超有爱心、凝聚力和热情的社团……

心灵鸡汤

1. 青年是学习智慧的时期，中年是付诸实践的时期。——卢梭
2. 做人要能屈能伸！树直易折，人直常败。——清风

学有所思

主题二

中国梦 我的梦

教育导航

1. 了解中国共产党的基本知识；
2. 端正入党动机，积极加入中国共产党。

案例导读

永远的中国共产党人

雷锋（原名雷正兴）1940年12月18日出生在湖南省长沙市望城县安庆乡（现雷锋镇）简家塘一户贫苦农民家里，父母给他取小名叫"庚伢子"。雷锋曾先后担任乡政府通讯员、县委公务员、拖拉机手、钢铁工人、军人。他全心全意为人民服务，只要是对人民有利的事，他都心甘情愿地去做；他曾多次立功，被评为节约标兵和模范共青团员，1960年11月入党，成为永远的共产主义战士。

我叫解放军：一次雷锋外出，在沈阳车站换车的时候，一出检票口，发现一群人围着一个背着小孩的中年妇女。原来这位妇女从山东到吉林看丈夫，车票和钱丢了。雷锋用自己的津贴费买了一张去吉林的火车票塞到大嫂手里，大嫂含着眼泪说："大兄弟，你叫什么名字，是哪个单位的？"雷锋答道："我叫解放军，就住在中国。"

解衣缩食：五月的一天，雷锋要冒雨去沈阳。他为了赶早车，早晨5点多就起来，带了几个馒头、披上雨衣就上路了。路上，他看见一位妇女背着一个小孩，手里还领着一个小女孩也正艰难地向车站走去。雷锋脱下身上的雨衣披在大嫂身上，又抱起小女孩陪她们一起来到车站。上车后，雷锋见小女孩冷得发颤，又把自己的贴身线衣脱下来给她穿上，雷锋估计她们早上也没吃饭，就把自己带的馒头给她们吃。火车到了沈阳，天还在下雨，雷锋又一路把她们送到家里。那位妇女感激地说："同志，我可怎么感谢你呀！"

特殊的星期天：1960年初夏，雷锋肚子疼得很厉害，他来到团部卫生连开了些药回来，见一个建筑工地上正热火朝天地进行施工。原来是给本溪路小学盖大楼，雷锋情不自禁地推起一辆小车，加入到运砖的行列中去。直到中午休息，雷锋被一群工人围住了，他对大家说："我们都是为社会主义建设添砖加瓦，我和大家一样，只要尽了自己的一点义务，也算是有一分光发一分光吧！"这天下午，打听到雷锋名字及部队驻地的市二建公司组织工人敲锣打鼓送来感谢信，大家才知道病中的雷锋做了一件好事，过了个特殊的星期天。

捐献所有：望花区召开了大生产号召动员大会，声势很大，雷锋上街办事正好看到这个场面，他取出存折上在工厂和部队攒的 200 元钱（存折上共有 203 元钱）跑到望花区党委办公室要捐献出来，为建设祖国做点贡献，接待他的同志实在无法拒绝他的这份情谊，只好收下了 100 元，另 100 元在辽阳遭受百年不遇洪水的时候捐献给了辽阳人民。在我国受到严重的自然灾害的情况下，他为国家建设，为灾区捐献出自己的全部积蓄，却舍不得买一瓶 5 分钱的汽水。

（资料来源：雷锋. 雷锋日记. 北京：解放军文艺出版社，1963）

讨论：
1. 中国共产党的宗旨是什么？
2. 新时代中国共产党人如何践行初心和使命？

点拨环节

在大学生涯中，我们渴望成为全面发展的一代新人；在未来的岁月中，我们期盼成为建设祖国的栋梁之材。我们是党的未来，是党组织培养发展入党的主要对象之一，广大党员和教师是我们健康成长的指导者和引路人。学校担负着发展党员、教育管理党员和学生教育、管理等重要职责。在这里，让我们重温党史，学习党的规章制度，一起探讨大学生入党的问题。

一、中国共产党的基本知识

（一）中国共产党的性质和宗旨

中国共产党于 1921 年诞生，是按照马克思列宁主义建党原则建立的完全新型的工人阶级政党。中国共产党是中国各族人民利益的忠实代表，是按照民主集中制组织起来的统一整体。中国共产党是中国工人阶级的先锋队，同时是中国人民和中华民族的先锋队，是中国特色社会主义事业的领导核心，代表中国先进生产力的发展要求，代表中国先进文化的前进方向，代表中国最广大人民的根本利益。中国共产党的宗旨是全心全意为人民服务。这是在新的历史条件下，中国共产党对自身性质和宗旨做出的更科学、更全面、更准确的新概括。对于每一个要求入党的青年大学生来说，深刻认识和把握党的性质，有利于更好地维护党的权威和形象，坚持全心全意为人民服务。

（二）中国共产党的指导思想

中国共产党的指导思想是指导中国共产党的全部活动的科学的理论体系，是中国共产党的政治建设、思想建设、组织建设、作风建设、纪律建设和制度建设的理论基础。中国共产党以马克思列宁主义、毛泽东思想、邓小平理论、"三个代表"重要思想、科学发展观、习近平新时代中国特色社会主义思想作为自己的行动指南。在全面建成小康社会和实现中华民族伟大复兴的征途上，我们清醒而坚定地认识到：中国特色社会主义事业在发展中，中国特色社会主义理论体系也在发展中。党和国家事业的发展没有止境，党在指导思想上的与时俱进也没有止境。源于实践又指导实践、一脉相承又与时俱进的党的指导思想，是中国发展进步的指路明灯。

（三）党的最终目标和社会主义初级阶段的基本路线

《中国共产党章程》明确规定：党的最高理想和最终目标是实现共产主义。党在社会主义初级阶段的基本路线是，领导和团结全国各族人民，以经济建设为中心，坚持四项基本原则，坚持改革开放，自力更生，艰苦创业，为把我国建设成为富强民主文明和谐美丽的社会主义现代化强国而奋斗。

（四）申请加入中国共产党的条件

《中国共产党章程》第一章第一条规定："年满十八岁的中国工人、农民、军人、知识分子和其他社会阶层的先进分子，承认党的纲领和章程，愿意参加党的一个组织并在其中积极工作、执行党的决议和按期交纳党费的，可以申请加入中国共产党。"这一条是申请入党的条件，也是对共产党员的基本要求。

二、为什么大学生要积极加入中国共产党

作为新时代的大学生应该紧跟时代的步伐，紧随时代的要求，以新时代的要求来要求自己，让自己有新时代的特征，有新时代的气象。中国共产党是与时俱进的党，有着新时代的特征，是伟大的党。新时代的大学生应该积极地以实际行动争取加入中国共产党。

（一）党的事业的发展需要青年

党的最高理想和最终目标是实现共产主义。因此，党的建设事业需要一代又一代中国共产党人坚持不懈地为之奋斗，需要不断地为党的肌体补充新鲜血液。中国共产党只有赢得青年，才能赢得未来。中国共产党从诞生之日起，就同广大青年紧密联系。党的事业离不开青年，青年的成长更离不开党。当前，国际竞争主要是综合国力的竞争，同时也是人才的竞争。党要领导人民在激烈的国际竞争中赢得胜利，必须使共产党成为优秀人才高度密集的执政党，必须使党的干部队伍革命化、年轻化、知识化、专业化，必须要培养一代又一代党的事业的接班人。

（二）大学生的前途在于党的正确领导

一个人有了知识、有了学问，应该为国家、为民族做点什么？南宋爱国词人辛弃疾认为"功名本是真儒事"，即为国家、为民族建功立业本来就是真正有知识、有学问的人的分内事。但辛弃疾以个人才华报效祖国的抱负并没有充分施展。历史证明，大学生、青年知识分子的前途在于国家强大，而国家强大又在于执政者的正确领导；没有共产党，就没有新中国；共产党使中国的面貌焕然一新，这是中国人民在长期奋斗历程中得到的最基本、最重要的结论。今天，只有坚持中国共产党的领导，才有国家的稳定和发展，才有经济发展和市场繁荣，才有广阔的

人才就业门路和成才的发展机遇，才有科学文化的繁荣和知识分子施展才华的用武之地。因此，青年知识分子的命运与党的命运是紧密相连的。我们热爱祖国，首先要热爱领导祖国阔步前进的中国共产党，并争取成为这个组织的一员，为中华民族的伟大复兴承担更多的责任，在投身推进我们伟大国家的发展中得到自身的发展。

（三）大学生的成长离不开党的培养

中国共产党是用马克思主义理论武装起来的政党，也是大学生等知识分子健康成长的大学校，在党的光辉历程中，培养造就了一大批杰出的包括政治家、军事家、科学家、劳动模范等在内的中华民族的优秀儿女，在民族解放和国家建设中起到了中流砥柱的作用。老一辈科学家钱学森、李四光、华罗庚都是共产党员，他们在党的培养教育下为社会主义科教事业做出了卓越贡献。新时代的大学生同样离不开党的培养教育，马克思主义的世界观、人生观、价值观，是我们分析问题、解决问题的认识工具，加入中国共产党有利于更好地接受党组织的教育。培养、教育、发展大学生入党的过程，也是教育、培养大学生全面发展，全面提高自身素质的过程，因此大学生争取入党也是学习成才的重要途径，有利于把自己培养成全面发展的优秀学生。

三、大学生如何端正入党动机

端正入党动机是党组织对申请入党同志的最基本的要求。每一位申请入党的同志，都必然要思考这样一个问题："我为什么要入党？"党组织在培养和发展积极分子入党时，也必然会认真审查和考察其入党的目的。树立正确的入党动机，这是一个不可回避和必须认真对待的问题。端正入党动机是争取入党的首要问题。正确的入党动机是经过自己的不断学习实践和修养锻炼逐步形成的。要求入党的同学应该懂得：端正入党动机不是入党前一时的问题，而是一辈子的事情。毛泽东同志曾指出："有许多党员，在组织上入了党，思想上并没有完全入党，甚至是完全没有入党。这种思想上没有入党的人，头脑里还装着许多剥削阶级的脏东西，根本不知道什么是无产阶级思想，什么是共产主义，什么是党。"每个要求入党的同志都应引以为鉴，不论组织上是否入了党，都应做到首先在思想上真正入党；而且要长期地注意检查自己做党员的动机，克服那些不正确的思想，决不能"入党前拼命干，入党后松一半"。入党动机正确与否，不仅关系到申请入党积极分子能否为创造入党条件产生正确的导向和内在动力，而且关系到能否在入党后始终不渝地坚持共产党人的世界观、人生观和价值观，永葆共产党员先进本色。

党组织把端正入党动机作为对申请入党的同志的最基本的要求，把考察申请入党同志的入党动机和帮助他们端正入党动机，作为保证新党员质量的一个重要环节和措施。申请入党的青年大学生必须树立正确的入党动机，正确认识党的性质、宗旨、指导思想和奋斗目标，认真学习马克思列宁主义、毛泽东思想、邓小平理论和"三个代表"重要思想，努力践行科学发展观，不断学习习近平新时代中国特色社会主义思想，不断提高自身素质和能力。

一个人申请入党，应该有坚实的思想基础，明确自己肩负的历史责任，懂得工人阶级的历史使命，决心为实现共产主义而贡献自己的一切。如果没有这样的思想基础，只是为了入党而入党，那是不具备入党条件的。我们不仅要在组织上入党，更重要的是在思想上入党。每一个要求入党的同学，在自己要踏入党的门槛时，都要认真剖析一下自己的思想，思考一下自己究竟是抱着什么样的动机申请入党。正确的入党动机包含三个主要内容：一是树立共产主义信念，把最终实现共产主义作为自己的最高理想;二是树立全心全意为人民服务的思想,自觉地以个人利益服从党和人民的利益;三是愿意为无产阶级和全人类的解放而奋斗,不惜牺牲自己的一切甚至生命。这样的入党动机起点高、内涵深,其核心是献身共产主义事业,全心全意为人民服务。这种入党动机之所以是唯一正确的,是因为这与党的性质、宗旨、奋斗目标和党员的条件相一致。

课堂万花筒

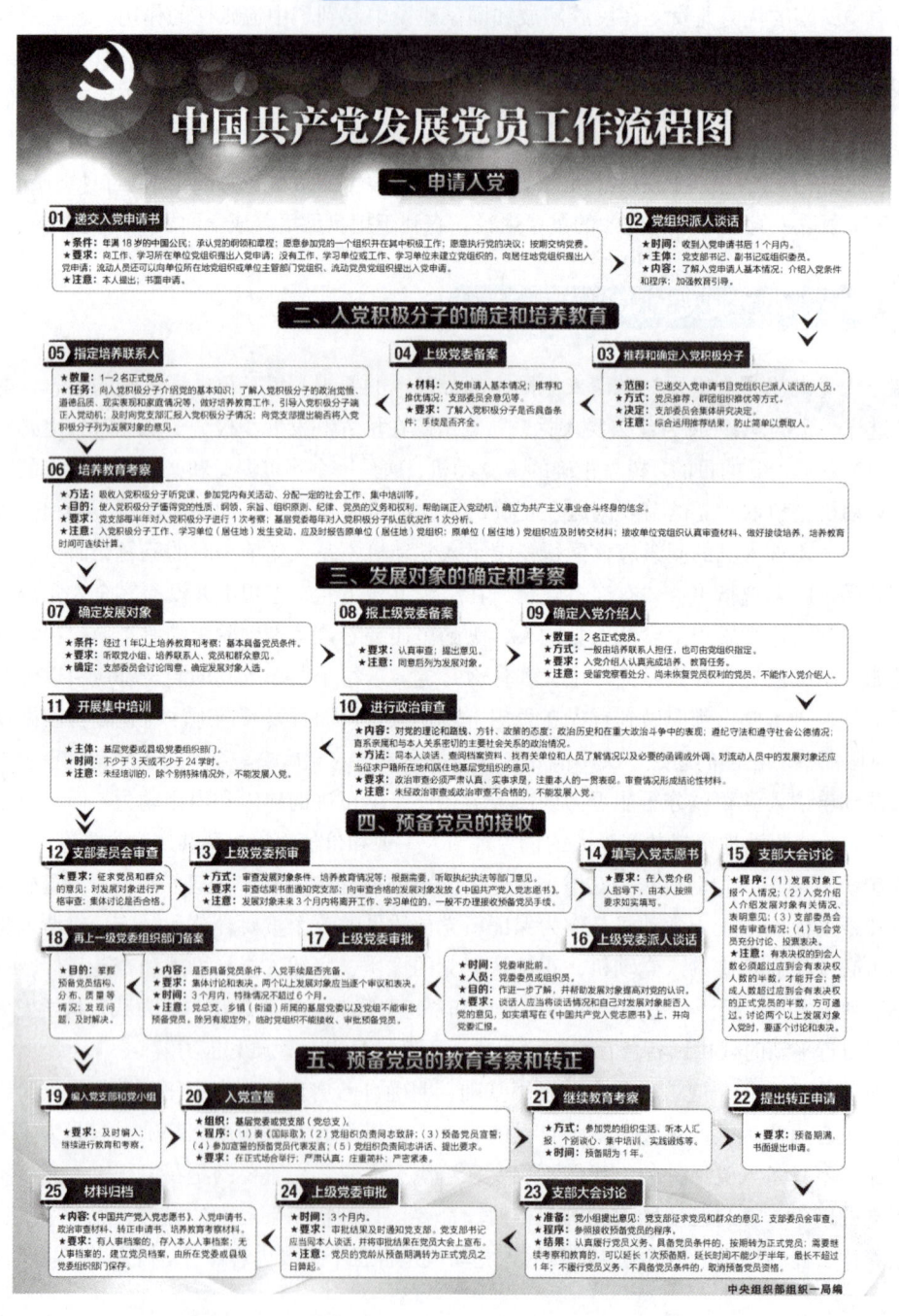

中国共产党发展党员工作流程图

一、申请入党

01 递交入党申请书
- 条件:年满18岁的中国公民;承认党的纲领和章程,愿意参加党的一个组织并在其中积极工作,执行党的决议,按期交纳党费。
- 要求:有工作,学习所在单位党组织提出入党申请;没有工作、学习单位或工作、学习单位未建立党组织的,向居住地党组织提出入党申请;流动党员还可以向现工作所在地党组织或单位主管的党组织、流动党员党组织提出入党申请。
- 注意:本人提出;书面申请。

02 党组织派人谈话
- 时间:收到入党申请书后1个月内。
- 主体:党支部书记、副书记或组织委员。
- 内容:了解入党申请人基本情况;介绍入党条件和程序;加强教育引导。

二、入党积极分子的确定和培养教育

05 指定培养联系人
- 数量:1~2名正式党员。
- 任务:向入党积极分子介绍党的基本知识;了解入党积极分子的政治觉悟、思想品质、现实表现和家庭情况等,做好培养教育工作;引导入党积极分子端正入党动机;及时向党支部反映入党积极分子情况;向党支部提出能否将入党积极分子列为发展对象的意见。

04 上级党委备案
- 材料:入党申请人基本情况;推荐和推优情况;支部委员会意见等。
- 要求:了解入党积极分子是否具备条件;手续是否齐全。

03 推荐和确定入党积极分子
- 范围:已递交入党申请书且党组织已派人谈话的人员。
- 方式:党员推荐、群团组织推优等方式。
- 决定:支部委员会集体研究决定。
- 注意:综合运用推荐结果,不能简单以票取人。

06 培养教育考察
- 方法:吸收入党积极分子听党课、参加党内有关活动、分配一定的社会工作、集中培训等。
- 目的:使入党积极分子了解党的性质、纲领、宗旨、组织原则、纪律、党员的义务和权利,帮助端正入党动机,确立为共产主义事业奋斗终身的信念。
- 要求:党支部每半年对入党积极分子进行1次考察;基层党委每年对入党积极分子队伍状况作1次分析。
- 注意:入党积极分子工作、学习单位(居住地)发生变动,应及时移交原单位(居住地)党组织:原单位(居住地)党组织应及时移交材料;接收单位党组织认真审查材料,做好接续培养;培养教育时间可连续计算。

三、发展对象的确定和考察

07 确定发展对象
- 条件:经过1年以上培养教育和考察;基本具备党员条件。
- 要求:听取党小组、培养联系人、党员和群众意见。
- 确定:支部委员会讨论同意,确定发展对象人选。

08 报上级党委备案
- 要求:认真审查;提出意见。
- 注意:同意后方为发展对象。

09 确定入党介绍人
- 数量:2名正式党员。
- 方式:一般由培养联系人担任,也可由党组织指定。
- 要求:入党介绍人认真负责地介绍被介绍人的情况,向其说明党员的标准、条件和党员的义务与权利,指导其填写入党志愿书,向党组织汇报被介绍人情况。
- 注意:受留党察看处分、尚未恢复党员权利的党员,不能作入党介绍人。

11 开展集中培训
- 主体:基层党委或县级党委组织部门。
- 时间:不少于3天或不少于24学时。
- 注意:未经培训的,除个别情况外,不能发展入党。

10 进行政治审查
- 内容:对党的理论和路线、方针、政策的态度;政治历史和在重大政治斗争中的表现;遵纪守法和遵守社会公德情况;直系亲属和对本人有较大影响的主要社会关系的政治情况。
- 方法:同本人谈话、查阅档案材料、找有关单位和人员了解情况以及必要的函询或外调,对流动入员中的发展对象还应当征求所在地党组织(基层党组织的意见。
- 要求:政治审查必须严肃认真、实事求是,注重本人的一贯表现。审查情况形成结论性材料。
- 注意:未经政治审查或政治审查不合格的,不能发展入党。

四、预备党员的接收

12 支部委员会审查
- 要求:征求党员和群众的意见;对发展对象进行严格审查;集体讨论是否合格。

13 上级党委预审
- 方式:审查发展对象条件、培养教育情况等;听取需求,听取纪检部门意见。
- 要求:审查合格后通知党支部;向审查合格的发展对象发《中国共产党入党志愿书》。
- 注意:发展对象未来3个月内将离开工作、学习单位的,一般不办理接收预备党员手续。

14 填写入党志愿书
- 方式:在入党介绍人指导下,由本人按要求如实填写。

15 支部大会讨论
- 程序:(1)发展对象汇报个人情况;(2)入党介绍人介绍发展对象有关情况、表明意见;(3)支部委员会报告审查情况;(4)与会党员充分讨论、投票表决。
- 注意:有表决权的到会有表决权人数必须超过应到会有表决权人数的半数,才能召开,赞成人数超过应到会有表决权党员半数,方可通过;讨论两个以上对象入党时,要逐个讨论和表决。

18 再上一级党组织部门备案
- 目的:掌握预备党员结构、分布、质量等情况;发现问题、及时解决。

17 上级党委审批
- 内容:是否具备党员条件、入党手续是否完备。
- 要求:集体讨论和表决,两个以上发展对象应当逐一审议和表决。
- 时间:3个月内,特殊情况不超过6个月。
- 注意:党总支、乡镇(街道)所属的基层党委以上组织有权审批预备党员,除另有规定外,应接收、审批预备党员。

16 上级党委派人谈话
- 时间:党委审批前。
- 主体:党委委托的人。
- 内容:进一步了解对发展对象党的认识、入党动机等,听取其对自己和党组织的意见,如实填写在《中国共产党入党志愿书》上,向党委汇报。

五、预备党员的教育考察和转正

19 编入党支部和党小组
- 要求:及时编入;继续教育和考察。

20 入党宣誓
- 组织:基层党委或党支部(党总支)。
- 程序:(1)奏《国际歌》;(2)党组织负责同志致辞;(3)党员领誓,预备党员宣誓;(4)参加宣誓的预备党员代表发言;(5)党组织负责同志讲话,提出要求。
- 要求:在正式场合举行;严肃认真,庄重朴实,严宗实效。

21 继续教育考察
- 方式:参加党的组织生活、听本人汇报、个别谈心、集中培训、实践锻炼等。
- 时间:预备期为1年。

22 提出转正申请
- 要求:预备期满,书面提出申请。

25 材料归档
- 内容:《中国共产党入党志愿书》、入党申请书、政治审查材料、转正申请书、入党教育考察材料。
- 要求:有人事档案的,存入本人人事档案;无人事档案的,建立党员档案,由所在党委或县级党组织部门保存。

24 上级党委审批
- 时间:3个月内。
- 要求:接到支部大会决议及相关材料后及时审批。党委书记应同本人谈话,并将审批结果及时在党支部大会上宣布。
- 注意:党员的党龄从预备期满转为正式党员之日算起。

23 支部大会讨论
- 准备:党小组提出意见;党委征求党员和群众的意见;支部委员会审查。
- 程序:本人提出书面转正申请,听取本人汇报;参加接收预备党员的程序。
- 结果:认真履行党员义务、具备党员条件的,按期转为正式党员;需要继续考察教育的,可以延长1次预备期,延长时间不能少于半年,最长不超过1年;不履行党员义务、不具备党员条件的,取消预备党员资格。

中央组织部组织一局编

实践演练

请同学们观看系列影片：

1.《建国大业》讲述了从抗日战争结束到1949年中华人民共和国成立前夕发生的一系列故事，主线是中国人民政治协商会议第一届全体会议的筹备，突出了当时中国共产党领导的多党合作和政治协商制度的形成，这部电影史诗化全方位地展现了建国的伟大历史事件。

2.《开天辟地》以从五四运动到中国共产党诞生的史实为依据，真实地反映了这一历史进程，成功将李大钊、毛泽东、陈独秀等重要历史先驱人物再现于银幕，并表现出他们的鲜明性格。

3.《血战湘江》作为一部为长征胜利八十周年献礼的影片，以长征史上最惨烈的湘江之战为背景，成功塑造了以毛泽东为代表的中国工农红军领导人在长征中不屈不挠的光辉形象，深刻揭示了"左"倾错误思想给红军带来的惨痛损失，生动表现了红军三十四师官兵前赴后继、勇于牺牲、全力掩护中央红军渡过湘江的大无畏精神。

4.《井冈山》讲述的是老革命家在毛泽东的带领下开辟了第一个农村革命根据地，与国民党反动派进行不屈斗争的故事，是一部精彩的历史故事片。

5.《大火种》改编自1926年发生在山东省广饶县的一个真实的故事，再现了风雨飘摇的旧社会，处于水深火热之中的人民群众对旧制度的痛恨和对新世界的渴盼。该片讲述了《共产党宣言》是如何克服残酷镇压和血腥屠杀，如火种般在人民群众中传递的故事。

6.《明月几时有》讲述了以中国香港传奇女性"方姑"为代表的仁人志士，在20世纪40年代风云变幻的中国香港展开生死救援的故事。本影片取材于真实的历史事件与历史人物，以香港抗日史上著名的"东江纵队"真实事迹为蓝本，讲述了小学教师方兰和她青梅竹马的男友李锦荣、游击队长刘黑仔等人在被日军占领的中国香港顽强抗争的热血故事，展现平凡人可歌可泣的抗战故事。

7.《建党伟业》该片主要讲述了从辛亥革命后到中国共产党第一次全国代表大会召开为止，十年间中国发生的一系列重大历史事件，以及以毛泽东、李大钊、陈独秀等第一批中国共产党党员为中心的风云人物在风雨飘摇的时代中为国家赴汤蹈火的故事。

通过观看这七部电影让学生们一起回顾中国共产党成立的艰难历程，重温党的光辉历史，接受革命传统教育和爱国主义教育，激励广大大学生积极向党组织靠拢，时刻牢记先烈嘱托，牢记初心和使命。

心灵鸡汤

1. 要成就一件大事业，必须从小事做起。——列宁
2. 人生应该如蜡烛一样，从顶燃到底，一直都是光明的。——萧楚女
3. 领导我们事业的核心力量是中国共产党，指导我们思想的理论基础是马克思列宁主义。——毛泽东

学有所思

主题三

树立正确的价值观

教育导航

1. 了解价值观的基本知识；
2. 践行社会主义核心价值观；
3. 树立正确的价值观。

案例导读

商人和渔夫的故事

渔夫和他的妻子住在海边，这个渔夫很怪，每天都会在海边只钓两条鱼作为他们俩一天的食物。有一天，一个商人路经渔夫家借住，由于天还没有黑，渔夫就拿着鱼竿到海边再钓一条鱼作为晚餐，因为家里已经没有剩余的鱼招待客人了，商人也跟着渔夫一起去到海边垂钓。

商人问渔夫："你每天都只钓两条鱼，那剩余的时间你都干些什么呢？"渔夫看了看院子里玩耍的两个孙子说："陪孙子玩耍，和老朋友聊天、喝酒、打牌、游泳。"商人听了直摇头："你有捕鱼的手艺为什么不去捕鱼？"渔夫抬头看着他，问："捕那么多鱼干什么？"

于是，商人滔滔不绝地说起来："假设你一个星期打五天鱼，周末去集市卖鱼，所赚的钱扣除成本、日常开销，大概一个月能够翻新你的渔船以及船上的装备。连续干五个月，你就可以买艘大船，并且雇几个伙计。一年之内，你干得好，应该可以在城里开设一家鱼店，专门卖鱼，鱼店的生意如果红火，两年之后你可以把店盘出去，在城里另谋发展。比如，开家鱼产品加工公司，把你那些老伙计的鱼批发来做成成品销售。你的鱼产品加工公司可以发展壮大，成立连锁商店，你来做老板。公司可以逐渐发展成为控股公司。你可以把公司的股票上市，等到你想退休的时候，就把公司整个盘出，变成固定债券，那个时候，你就可以回你的渔村安享晚年了。"

渔夫问:"这需要多长时间呢?"

商人说:"十五到二十年吧。"

渔夫问:"那我回到渔村该干些什么呢?"

商人说:"那还不简单,你可以陪你的孙子的孩子玩玩,和过去老朋友喝酒打牌,如果你还有兴致,你还可以去钓鱼、游泳。"

渔夫疑惑地说:"那不就和我现在一样,何必天天捕鱼呢?"

(资料来源:人力资源网)

讨论:

如果是你,你喜欢过渔夫现在的生活还是商人所描述的生活?你如何看待渔夫现在的生活和商人描述的生活?

点拨环节

一、什么是价值观

价值观是基于人的一定的思维感官而做出的认知、理解、判断或抉择,也就是人认定事物、辨别是非的一种思维或取向,从而体现出人、事、物一定的价值或作用;在阶级社会中,不同阶级有不同的价值观。

任何一种思想在没有被绝对地否定之前,这种思想所形成的视角、背景、判断以及它所述说的意义,都会有一定程度上的客观价值所在,而这种思想的价值则在于它被认可的程度和意义,即人对于这种思想的理解感知。这是人性思维里最简单,也是最真实的评定所在,这也是评定出一种思想是否伟大而这种思想又是否可以成为价值观的由来。

课堂万花筒

有三个人,正好被同时关进监狱,时间都是三年。监狱长答应满足每个人一个要求。美国人爱抽雪茄,要了三箱雪茄;法国人浪漫,要了一个美丽女子相伴;犹太人则要求给自己安装一部电话。三年很快过去了,美国人从烟雾缭绕中走了出来;法国人出来时,怀里抱着一个孩子,旁边女人的手里牵着一个孩子,肚子里还怀着一个孩子;犹太人出来后,紧紧握住监狱长的手说:"非常感谢你,因为你给我的电话,我人虽在监狱里,但生意一点都没有耽误。不仅如此,我的生意还越做越大,我的钱多了2倍,为了感谢你,我想送你一辆劳斯莱斯。"这监狱长做梦都没有想到,当时发的善心竟然会获得一辆劳斯莱斯。

(资料来源:《人民文摘》,2003)

分析：这个案例很难说这三个人的选择孰对孰错，因为他们的选择只是每个人不同的价值观的反映而已，他们每个人只是根据自己的价值观选择了自己所认同的生活方式。从实际生活来看，我们的价值观决定了我们的生活态度。我们有什么样的决定，就会采取什么样的行动，有什么样的行动就会有什么样的结果，进而就会有什么样的命运。而主宰我们做出不同决定的关键因素就是个人的价值观。

二、社会主义核心价值观

社会主义核心价值观的基本内容是富强、民主、文明、和谐、自由、平等、公正、法治、爱国、敬业、诚信、友善。"富强、民主、文明、和谐"是我国社会主义现代化国家的建设目标；"自由、平等、公正、法治"是对美好社会的生动价值取向；"爱国、敬业、诚信、友善"是公民基本道德规范。

富强、民主、文明、和谐，自由、平等、公正、法治，爱国、敬业、诚信、友善，传承着中华优秀传统文化的基因，寄托着近代以来中国人民上下求索、经历千辛万苦确立的理想和信念，也承载着我们每个青年大学生的美好愿景。我们全体青年大学生一起努力，通过持之以恒的奋斗，在全社会牢固树立社会主义核心价值观，把我们的国家建设得更加富强、更加民主、更加文明、更加和谐、更加美丽，让中华民族以更加自信、更加自强的姿态屹立于世界民族之林。

三、树立正确的价值观

对于青年大学生来说，要树立、培育正确的价值观，在学习生活中践行社会主义核心价值观，要在以下几点上下功夫。

一是要勤学。下得苦功夫，求得真学位。知识是树立核心价值观的重要基础。古希腊哲学家说，"知识即美德。"我国古人说："非学无以广才，非志无以成学。"大学的青春时光，人生只有一次，应该好好珍惜。为学之要贵在勤奋、贵在钻研、贵在有恒。鲁迅先生说过："哪里有天才，我是把别人喝咖啡的工夫都用在工作上。"大学阶段，"恰同学少年，风华正茂"，有老师指点，有同学切磋，有浩瀚的书籍引路，可以心无旁骛求知问学。此时不努力，更待何时？要勤于学习、敏于求知，注重把所学知识内化于心，形成自己的见解，既要专攻博览，又要关心国家、关心人民、关心世界，学会担当社会责任。

二是要修德。加强道德修养，注重道德实践。"德者，本也。"蔡元培先生说过："若无德，则虽体魄智力发达，适足助其为恶。"道德之于个人，之于社会，都具有基础性意义，做人做事最重要的是崇德修身。这就是我们的用人标准为什么是德才兼备、以德为先，因为德是首要、是方向。一个人只有明大德、守功德、严私德，其才方能用其所。修德，既要立志高远，又要立足平实。立志报效祖国、服务人民，这是大德，养大德者方可成大业。同时，还得从做好小事、管好小节开始起步，"见善则迁，有过则改"，踏踏实实修好公德、私德，学会劳动、学会勤俭、学会感恩、学会助人、学会谦让、学会宽容、学会自律。

三是要明辨。善于明辨是非，善于抉择选择。"学而不思则罔，思而不学则殆"。是非明，

明德章

方向清，付出的辛劳才能结出果实。面对世界深刻复杂的变化，面对信息时代各种思潮的相互激荡，面对纷繁多变的社会现象，面对学业、情感、职业选择等多方面的考量，一时有些疑惑、彷徨、失落，是正常的人生经历。关键是要学会思考，善于分析，正确抉择，做到稳重自持、从容自信、坚定自励。要树立正确的世界观、人生观、价值观，掌握了这把总钥匙，再来看社会万象、人生历程，一切是非、正误、主次，一切真假、善恶、美丑，自然就洞若观火、清澈明了，自然就能做出正确的判断、正确的选择。正所谓"千淘万漉虽辛苦，吹尽狂沙始到金"。

四是要笃实。扎扎实实干事，踏踏实实做人。道不可坐论，德不能空谈。于实处用力，从知行合一上下功夫，核心价值观才能内化为人们的精神追求，外化为人们的自觉行动。《礼记》中说："博学之，审问之，慎思之，明辨之，笃行之。"有人说："圣人是肯做工夫的庸人，庸人是不肯做工夫的圣人。"青年有着大好机遇，关键是要迈稳步子，夯实根基。心浮气躁，朝三暮四，学一门丢一门，干一行弃一行，无论为学还是创业，都是最忌讳的。"天下难事，必作于易；天下大事，必作于细。"成功的背后，永远是艰辛努力。青年要把艰苦环境作为磨炼自己的机遇，把小事当作大事干，一步一个脚印往前走。水滴可以石穿，只要坚忍不拔、百折不挠，成功就一定在前方等你。

核心价值观的养成绝非一日之功，要坚持由易到难、由近及远，努力把核心价值观的要求变成日常的行为准则，进而形成自觉奉行的信念理念。不要在顺利的时候，看山是山，看水是水，一遇到挫折，就怀疑动摇，看山不是山，看水不是水了。无论什么时候，我们都要坚守在中国大地上形成和发展起来的社会主义核心价值观，在时代大潮中建功立业，成就自己的宝贵人生。

课堂万花筒

做一做：
1. 如果我有1000万美元，我将＿＿＿＿＿＿＿＿＿＿＿＿＿＿＿＿＿＿＿＿
2. 在一生中最想要的是＿＿＿＿＿＿＿＿＿＿＿＿＿＿＿＿＿＿＿＿＿＿
3. 如果我只剩下24个小时的生命，我将＿＿＿＿＿＿＿＿＿＿＿＿＿＿＿
4. 我将给我的孩子的忠告是＿＿＿＿＿＿＿＿＿＿＿＿＿＿＿＿＿＿＿
5. 假如我能改变自己一样东西，那么它将会是＿＿＿＿＿＿＿＿＿＿＿＿

四、马斯洛的需求层次理论

马斯洛提出，人有五个层次的需求：生理需求、安全需求、归属需求、尊重需求和自我实现需求，如图1-1所示。我们做的所有事情正是为了满足这些需求。只有低层次的需求得到满足，我们才会追求更高层次的需求。这些需求体现在生活和工作中，就成为具有强大驱动力的价值观。随着时间、空间、环境等的变化，我们的需求也会随之改变，从而可能导致价值观的变化。因此，价值观需要不断地自我审视和澄清。

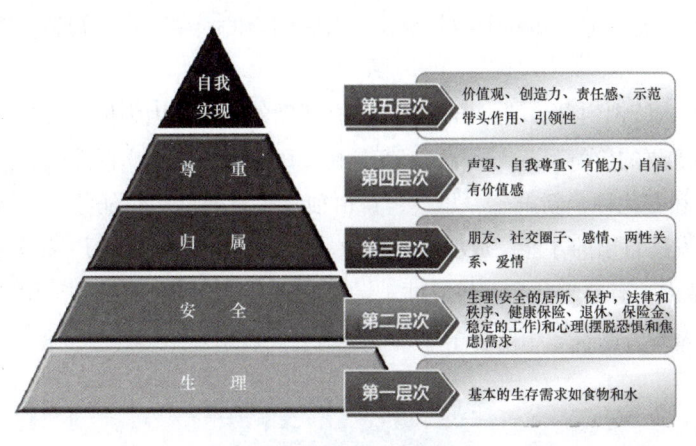

图 1-1 马斯洛需求层次理论

课堂万花筒

对照需求层次，想一想：
1. 你处在哪一个需求层次上？
2. 你最希望在工作中获得对哪个层次需求的满足？

五、价值观的类别

美国心理学家洛特克于 1973 年在《人类的价值观的本质》中，提出了 13 种价值观。

1. 成就感：提升社会地位，得到社会认同；希望工作能得到他人的认可，对完成工作和挑战成功感到满足。

2. 美感的追求：多方面地欣赏周围的人、事、物或任何自己觉得很重要且有意义的事物。

3. 挑战：运用聪明才智来解决困难。舍弃传统的方法，选择创新的方法处理事务。

4. 健康（包括身体和心理）：学习让自己免于焦虑、紧张和恐惧，希望能够心平气和地处理事务。

5. 收入与财富：工作能够明显、有效地改变自己的财务状况；希望得到金钱能够买到的东西。

6. 独立性：工作有弹性，可以充分掌握自己的时间和行动，自由度高。

7. 爱、家庭、人际关系：关心他人，与别人分享，协助别人解决问题；体贴、关爱、对周围的人慷慨。

8. 道德感：与组织的目标、价值观等不相冲突，紧密结合。

9. 欢乐：享受生命，结交新朋友，与别人共处，一同享受美好的时光。

10. 权利：能够影响或控制他人，让他人照自己的意愿去行动。

11. 安全感：能够满足基本的需求，有安全感，远离突如其来的变动。

12. 自我成长：能够追求知性上的刺激，寻求更圆满的人生，在对智慧、知识和人生的体会上有所提升。

13. 协助他人：认识到自己的付出对团体是有帮助的，别人因为你的行为而受惠颇多。

下面是一些重要的价值观：人际关系/归属感，团队合作，物质保障/高收入，稳定，安全，创造性，多样性和变化性，新鲜感，乐趣，自由独立（时间、工作任务），被认可，受尊重，能帮助他人，能发挥自己的才能，成就感，成功，名誉，地位，有学习/发展/成长的机会，权利/领导/影响他人，有益于社会，挑战性，冒险性，竞争，符合自己的道德观，工作环境，工作与生活平衡，家庭，朋友，亲密关系，健康，信仰，自由，平等……

课堂万花筒

价值观拍卖游戏

目的：帮助同学们认清自己的价值观并了解人性对行动的影响。

假如一万元代表你一生的所有时间和精力，你会花"多少钱"来购买表1-1中的"价值观项目"？

表 1-1　　　　　　　　价值观项目表

序号	项目	价值观	预估价格	成交价格
1	做全世界最聪明的人	智慧		
2	有一颗使人说实话的药丸	道德		
3	有一帮志同道合的知心朋友	友情		
4	有个幸福的家庭	亲情		
5	可以环游世界尽情享受	愉悦		
6	有机会完全自主	自主		
7	有一屋子的钱	财富		
8	有机会成为国家领袖	权力		
9	被公司里的每个人喜欢	认可		
10	在世界上最美的地方有座别墅	财富		
11	每天都过得很快乐	愉悦		
12	有机会成为世界500强公司的老板	创业		
13	成为公认的帅哥或美女	审美		
14	有机会健康地活100岁	健康		
15	成为某一领域的知名行业专家	知识		

（资料来源：中国人力资源网）

六、价值观的澄清

（一）澄清反应

澄清反应是价值观探索法中最基本、最主要的方法。它是指根据咨询对象的所作所为、所说所感以及适地、适人的语言，引发咨询对象的行为动机，刺激咨询对象在思想过程中进行一番慎思明辨的内省，从而澄清其价值观。

（二）价值表决

事先由咨询员拟定并向咨询对象提出一套对方关心的问题，让咨询对象表明自己的意见并做出选择。

（三）价值排队

价值排队就是让咨询对象在三四种事物之中，按其认为的重要性为它们排名次，并说出这样排的原因。人们在日常生活中常常遇到这种必须做选择的情景。排队法就是为咨询对象提供这种选择的机会，使咨询对象通过对各种情况的衡量比较，排出优先次序，从而进一步明了各种事物的价位，并且公开表示自己的选择。

（四）真实价值观澄清

每个人都有自己独特的价值观，重要的不是去评判这些价值观的对与错，而是去思考它们给我们的生活和职业发展带来的影响，并适时做出调整。同时，我们也必须认识到：很少有工作能够满足一个人所有的重要价值观。因此，我们总是不断地做出妥协和放弃。只有对自己的价值观进行不断的澄清和排序，才能知道如何取舍。

价值观澄清理论是由拉斯提出的，进行价值观澄清可分为3个步骤，即选择、珍视和行动。

1. 选择

它是你自由选择的，没有来自任何人或者任何方面的压力吗？

它是从众多的价值观中挑选出来的吗？

它是在你思考了所做选择的结果后被挑选出来的吗？

2. 珍视

你是否珍视你的价值观，或者为你的选择感到自豪？

你愿意公开向其他人承认你的价值观吗？

3. 行动

你的行动是否与你选择的价值观一致？

你是否始终如一地根据你的价值观来行动？

如果以上一些问题是否定的，那么需要重新思考自己看重的是什么。

例如，有很多人常说"健康"很重要，但在实际生活中所采取的行动却往往与"健康"的生活方式背道而驰，常常为了学习晚睡晚起，不注意饮食和休息等。

对于这样的人，进一步分析，学习所代表的"成就感"，或是学习成绩好所带来的"被认可"的感觉对他们来说是更为重要的。

实践演练

我们的生活涉及方方面面，有不同的维度，包括吃、穿、住、行、家庭、事业、婚姻等，我们在其中扮演着不同的角色，那么在这些维度里，你最看重的是哪一个方面？下面16个项目，根据每个项目对你的重要程度，按照0(不重要)——100(非常重要)的评分方法为每个项目打分，把分数填写在每个题号后面。

1. 一个令人快乐、满意的工作（   ）
2. 高收入的工作（   ）
3. 美满的婚姻（   ）
4. 认识新人、社会事件（   ）
5. 参加社区活动（   ）
6. 自己的政治信仰（   ）
7. 锻炼，参加体育运动（   ）
8. 智力开发（   ）
9. 具有挑战机会的职业（   ）
10. 豪车、衣服、房子等（   ）
11. 与家人共度好时光（   ）
12. 有几个亲密的好朋友（   ）
13. 自愿在一些非营利性组织里工作，如红十字会（   ）
14. 沉思、祈祷等（   ）
15. 健康、平衡的饮食（   ）
16. 教育读物、电视、自我提高计划等（   ）

哪一项得分高，说明你比较看重这个维度，它是你的价值观在生活中的反映，如果表1-2中8个项目的得分均比较接近，说明你在生活中是一个比较追求平衡的人。

表1-2　　　　　　　　　　　价值观平衡表

事业	财务	家庭	社会	社区	精神	身体	智力
1	2	3	4	5	6	7	8
9	10	11	12	13	14	15	16

心灵鸡汤

1. 拥有正确的价值观意味着一个人可以在大是大非的问题上做出正确的抉择，意味着他是一个有道德、讲诚信、负责任的人，是一个值得依赖、值得托付的人。

——李开复

2. 没有完整的价值观，掌握再多的工具也无法真正获得成功。——俞敏洪

3. 我们这个时代的麻烦就是将来不会是过去那个熟悉的模样。——保尔·瓦雷里

学有所思

主题四

科学信仰

教育导航

1. 树立科学、崇高的信仰；
2. 自觉抵制邪教。

案例导读

信仰的力量

革命战争年代，革命先烈在生死考验面前之所以能够赴汤蹈火、视死如归，就是因为他们对崇高的理想信念坚贞不渝、矢志不移。毛主席一家为革命牺牲6位亲人，徐海东大将的家族牺牲70多人，贺龙元帅的贺氏宗亲中有名有姓的烈士就有2 050人。革命前辈们为什么能够无私无畏地英勇献身？就是为了实现崇高的革命理想，为了坚守崇高的政治信仰，为了在中国彻底推翻黑暗的旧制度，为了实现民族独立和人民解放。我多次读方志敏烈士在狱中写下的《清贫》。那里面表达了老一辈共产党人的爱和憎，回答了什么是真正的穷和富，什么是人生最大的快乐，什么是革命者的伟大信仰，人到底怎样活着才有价值，每次读都受到启示、受到教育、受到鼓舞。

——习近平《在中央党校2010年秋季开学典礼上的讲话》

毛泽东一家为革命牺牲6位亲人，包括妻子杨开慧、长子毛岸英、大弟毛泽民、二弟毛泽覃、堂妹毛泽建、侄子毛楚雄等，为了革命毁家纾难毫无保留。当毛岸英在朝鲜战场牺牲的消息传来，毛泽东在痛惜之余，说的第一句话是："谁叫他是毛泽东的儿子呢？"一句话，既表达着一位父亲的牵挂，更彰显着共产党人的坚定信念和无畏精神。

贺龙元帅生前经常讲，满门忠烈都是为国家献身，那是革命事业的需要，不必要常提我们自己。正是这样一种国而忘家、公而忘私、默默奉献的精神，推动中国革命取得成功。

方志敏不幸被捕后，拒绝国民党达官显贵的拉拢利诱，面对游街示众依旧大义凛然，坚贞不屈。在狱中，尽管条件极其恶劣，他仍写下了《可爱的中国》《清贫》《狱中纪实》《我从事革命斗争的略述》等著作，成为一代代共产党人的精神食粮，给无数共产党人以巨大精神鼓舞，就像方志敏在《清贫》一文中所写的："清贫，洁白朴素的生活，正是我们革命者能够战胜许多困难的地方！"

在中央党校2010年秋季学期开学典礼上，习近平讲述了老一辈共产党人感人的事迹，以此激励党员干部坚定理想信念，筑牢信仰的基座。信仰，是人类社会最美好的字眼，是8 800多万共产党员安身立命的根本。党的十八大以来，习近平多次号召全体党员"坚守崇高信仰，炼就金刚不坏之身"。6位亲人，70多人，2 050个烈士，这些沉重的数字，诠释着什么是崇高，展示着什么是信仰，诉说着什么才是共产党人的价值本色。

——摘自人民出版社《习近平讲故事》

讨论：
谈一谈正确的信仰对个人的成长和国家的发展有什么作用。

点拨环节

我国正处在从未有过的剧烈变迁、迅速发展的变革新时代，信仰问题在社会最直接的人才输出基地——大学校园表现得尤为明显。科学的信仰教育，能够使大学生重新调整信仰心态，理性思考信仰方式，成为德智体美劳全面发展的社会主义合格建设者和可靠接班人。信仰是人们在生活、学习、实践中对某种主义、价值理想的极度信服和尊崇，是人们在精神世界中，对于自我最高生活价值对象坚定不移的信心和追求、一种对自我人生有限的超越，并把其奉为行为准则。它是一个人做什么事情和不做什么事情的根本态度，寄托着人们精神的最高眷注与关怀。所以，大学要重视大学生的教育培养工作，在大学生心中树立远大理想、树立正确的人生信仰。当代大学生肩负着承前启后的历史重任和实现中华民族伟大复兴的神圣使命。实现中华民族的伟大复兴需要大学生贡献自己的青春、智慧和力量。因此，当代大学生应当明确自己的光荣使命，牢固树立共产主义的坚定信念，把自己个人的成长和发展与党和国家的命运紧密联系起来，积极提高自身修养，努力做社会主义事业的合格建设者和可靠接班人。

一、正视信仰

信仰从小而言关系到一个人、一个时段，从大而言关系到一个民族的兴衰存亡。信仰，是一种情怀，是一种温暖，是一种启迪，是一种理想。信仰在人生的历程中，就是自觉，就是力量！

（一）信仰的含义

《现代汉语词典》对信仰的诠释是：信仰，相信并奉为准则或指南的某种主张、主义、宗教等。但随着社会的发展，信仰有了新的含义：信仰是富于思维的人类所普遍具有的意志品质，

它是信者终生深信不疑，执着追求的一种意志行为。信仰的产生既有自然原因，又有社会原因，也有人类自身的原因。信仰的形态固然千差万别，但是不同的信仰之间也有共性，比如信仰对象是具有真实性的，信仰的价值目标是有超越性的，信仰是具有非逻辑性的，信仰是专一排他性的。信仰的功能包括：增强民族凝聚力；是个体存在和发展的根本；升华人生价值；获取行为准则；构建精神支柱。

（二）信仰的作用

信仰对每个人来说，不存在有和无的问题，只有自觉还是盲目、坚定还是摇摆、正确还是错误、先进还是落后的区别。对信仰的不同选择，体现了一个人生命的宽度和厚度。信仰可以作为一种价值导向，是一个民族和国家的灵魂，无论是过去、现在还是将来，信仰可以说是一个人的精神家园。大学生接受高等教育，是社会和国家的未来和希望，信仰在根本上影响着大学生的精神生活和社会生活。一旦出现信仰问题，这不仅对大学生自己，更会对社会和国家有深远的影响，因此大学生的信仰问题必须受到重视。

信仰的作用是巨大的，科学信仰教育是必要的。有人曾说过："一个没有信仰的人就如同一艘没有航标的生命之舟，他不知道自己将驶向何方。"可见，信仰给人指出了目标和方向。科学信仰造就人格，涵养人性，提升人的境界。

价值观对人的道德选择具有直接的指导意义。人一旦选择了信仰，对其价值观的形成和稳定会有巨大的统摄作用。一个人接受了某一信仰，就意味着他接受了某种价值观，就意味着他有了自己的价值判断和善恶评价标准。同时，一个稳定的价值观需要信仰来支撑，因为信仰本身是价值观的灵魂，信仰是知、情、意的高度统一，是一种以感情为基础、以终极关怀式智慧型知识为内容、以意志为后盾的精神现象。当一个人接受了某一信仰以后，就会对世界和人生意义持一种相对稳定的态度。

二、中国信仰

马克思主义信仰是我国大学生唯一正确的政治信仰，马克思主义信仰是已被实践证明了的，迄今为止人类历史上最伟大、最富有活力、最拥有广阔前景的科学信仰。它在社会主义革命和建设过程中，充分显示了其正确性和创造性。它也是公民在我国政治环境中，通过对马克思主义深度认知而产生的情感共鸣，以及与其认知相一致的行为倾向形成的综合认知体系。

马克思主义信仰有助于大学生树立正确的人生观，正确处理诸多人生课题，从而提高生活的质量和意义。人生观是人们关于人生目的和意义的根本看法和态度，包括生死观、苦乐观、荣辱观、幸福观等。大学时期是形成人生观的关键时期，思想最容易受外界因素干扰，如面对巨大的就业压力，部分大学生对前途悲观失望，认为毕业意味着失业；在物质生活水平日益提高的今天，部分大学生吃穿用名牌，高消费，攀比成风，片面追求感官快乐和物质生活的享受，这就片面夸大了人对自然属性的需求，忽视了精神生活的满足，特别是对高尚情操、人生理想的追求。马克思主义人生观是科学的人生观，马克思主义信仰是科学的信仰，它不以个人或少数人的利益为出发点，而把实现共产主义、为绝大多数人谋利益看作是人生的崇高目的和最大幸福。抛弃个人私利，并不是不顾个人利益，而是把个人利益与绝大多数人的利益相统一，这

样的人生才是积极健康的人生、充实的人生、有价值有意义的人生。

邓小平同志说：为什么我们过去能在非常困难的情况下奋斗出来，战胜千难万险使革命胜利呢？就是因为我们有理想，有马克思主义信念，有共产主义信念。马克思主义信仰具有崇高的精神价值，鼓励人类进入最高的精神境界，塑造完美高尚的人格。它是现实的、健全的，能促进人诸多本质力量健康和谐发展的；它是发展的，前进的，中国的社会主义实践为它的发展提供了材料和经验，中国化马克思主义是其理论成果。科学的信仰是构建大学和谐校园的必要手段，在广大学生中形成科学的马克思主义信仰，就会有秩序地解决各种问题。

三、科学信仰

当代大学生应有的信仰是什么？"敌人只能砍下我们的头颅，决不能动摇我们的信仰……为着共产主义牺牲，为着人民幸福流血，那是我们十分情愿的啊！"这是方志敏就义之前的慷慨陈词，他把实践这样的真理视为自己永不放弃的信仰。正是因为信仰坚定，在血雨腥风的革命年代，中国人浴血奋战、视死如归。中国人是信仰的践行者，他们凭着对党的绝对忠诚，对共产主义的绝对信仰，前仆后继，慷慨捐躯，用自己的鲜血和生命，为我们的国家、民族开辟出一个崭新的天地。

当代大学生肩负着祖国和民族的希望，承载着家庭和亲人的嘱托，他们不仅要提高知识水平，增强实践才干，更要坚定科学、崇高的理想信念。只有树立崇高的理想信念，才能明确学习的目的和意义，激起为国家富强、民族振兴和自身成才而发愤学习的强烈责任感与使命感，努力掌握建设祖国、服务人民的本领。

建设中国特色社会主义事业要坚持以中国共产党为领导核心，不忘初心，牢记使命。中国共产党的初心和使命，就是为中国人民谋幸福，为中华民族谋复兴。这个初心和使命是激励中国共产党不断前进的根本动力。中国共产党一定要永远与人民同呼吸、共命运、心连心，永远把人民对美好生活的向往作为奋斗目标，以永不懈怠的精神状态和一往无前的奋斗姿态，继续朝着实现中华民族伟大复兴的宏伟目标奋勇前进。作为当代大学生，应该清楚认识到国内外形势正在发生深刻复杂的变化，我国发展仍处于重要战略机遇期，前景十分光明，挑战也十分严峻。当代大学生一定要登高望远、居安思危，勇于变革、勇于创新，永不僵化、永不停滞。

课堂万花筒

科学信仰　看清邪教

邪教犹如毒品，犹如魔鬼，一旦陷入，无法摆脱。那么，什么是邪教呢？它为什么有这样的"神力"呢？邪教是指冒用宗教或者其他名义建立的，对国家、社会、家庭和个人正常的生产生活秩序和生命财产安全都有着极为严重危害的组织。邪教组织最本质的特点是，自称有超自然力量的教主；绝对化或神化了的教主崇拜；宣扬具体的末世论，打着拯救人类的幌子，散布迷信邪说，编造并极化歪理邪说；用蛊惑、蒙骗的手段发展成员，对信徒实行精神控制和摧残；不择手段地聚敛钱财满足私欲；秘密营私，利用包括恐怖暴力在内的各种手段危害社会。

有的邪教打着宗教信仰的幌子蒙骗人们。其实邪教与宗教有着本质区别，宗教中神、人是有区别的，再有权威、再德高望重的神职人员也不得自称为神，而邪教教主却自称为神；宗教的传教活动是公开的、人所常见的，而邪教总是秘密结社，活动诡秘不可告人；宗教并不反社会、反人类，而邪教反社会、反人类的性质十分明显；宗教不允许神职人员个人骗财敛财，邪教组织往往大肆掠夺、聚敛钱财占为己有；宗教有自己的典籍，有自己的教义，而邪教所谓的教义往往是危言耸听或信口开河，是谵妄之言的杂糅。

在邪教的欺世之谈下，有些知识渊博的教授、风华正茂的大学生、忠厚老实的农民等都成了牺牲品。科学是揭穿邪教的法宝。是科学，帮助我们选择正确的道路，帮助我们治愈疾病，解决我们的生存困境；在铸造和谐美好家园的过程中，科学功不可没。生命不是草芥，而幸福也只能由我们自己努力来找寻。我们要用自己理性的目光，远离邪教的诱惑。

（资料来源：林伟健，叶梓效，吴琦琳. 崇尚科学 抵制邪教. 广州：华南理工大学出版社，2001）

实践演练

马克思主义既是科学学说也是科学信仰

在中华民族奔向伟大复兴的当下，改革开放40多年来取得的辉煌成就显示了马克思主义的强大生命力和马克思主义信仰的巨大力量。"必须坚持马克思主义指导地位，不断推进实践基础上的理论创新"，是改革开放40多年积累的宝贵经验，也是我们开创未来、拥抱未来的重要保证。

信仰问题本质上是历史观问题，马克思主义是在斗争中发展的，马克思主义信仰在历史中形成和坚持的。习近平总书记指出："无论是处于顺境还是逆境，我们党从未动摇对马克思主义的信仰。"马克思主义哲学是科学的世界观和方法论，为我们不断寻求真理和发展真理开辟了道路。党的十八大以来，以习近平同志为核心的党中央始终坚持对马克思主义的坚定信仰，并结合新的时代特点和党的历史任务，创造性地推进理论创新、实践创新，将科学社会主义理论逻辑和中国社会发展逻辑有机统一起来，不断把马克思主义中国化推向前进。

习近平总书记指出："我们党强调理想信念是共产党人精神上的'钙'，强调'革命理想高于天'，就是精神变物质、物质变精神的辩证法。"马克思主义的理想与人民群众的伟大实践是有机统一的。理想信念的坚定性是通过永不懈怠、一往无前的奋斗和一步一个脚印的苦干实干体现出来的。信念如磐、脚步坚定、奋斗不止，理想终会变成现实，不可能就会变成可能。有马克思主义信仰和中国特色社会主义信念的指引，我们在以习近平同志为核心的党中央坚强领导下，坚定不移朝着实现中华民族伟大复兴中国梦的目标前进，一定会创造无愧于新时代的新辉煌！

（资料来源：中国共产党新闻网，丁国强《信仰在实践中闪光》）

结合自身实际，谈谈理想信念对大学生成长成才的重要意义（500字）。

心灵鸡汤

1. 最坚强的意志，产生于最坚强的信念和对新生活的向往。——柯蓝
2. 敌人只能砍下我们的头颅，决不能动摇我们的信仰。——方志敏
3. 没有信仰，就没有真正的美德。——卢梭

学有所思

主题五
安全首位

教育导航

1. 树立安全首位意识；
2. 掌握防范火灾技能、提升逃生能力；
3. 树立安全防范意识，掌握安全处理常识。

案例导读

一拳十几万，伤人代价高

我校某班级两名同学在学校组织的毕业生信息采集照相排队等候中，无聊打闹，甲同学捡起树上掉落下来的小柠果，试图逗丙同学，却多次误打到乙同学。乙同学因此生怒，和甲同学理论、推搡。甲同学判断失误，一拳打向乙同学戴着眼镜的眼睛，致使乙同学的镜片破裂，划伤眼睛，眼眶骨裂，属轻伤一级，可量刑1~3年。乙同学到医院眼科中心缝合、手术救治，顺利完成第一次伤口治疗和外形整治，后续还将进行治疗。鉴于甲同学主动承认错误，态度良好，且家长积极支付医药费，乙同学和家长本着与人为善、教育他人的原则，放弃走司法程序，选择由学校和派出所调解。经过近一个月的协商，最后双方达成一次赔付十几万的解决方案。

讨论：

1. 甲同学家里没钱怎么办？
2. 乙同学家长坚持走司法程序会怎样？
3. 对乙同学造成的伤害甲同学十几万就能弥补？
4. 如果玻璃扎进眼球，失明了，怎么办？

点拨环节

一、树立安全首位意识

（一）安全是保障学生成才的基础

"教育是培养人的社会活动，教育培养人的过程是将社会知识、生活方式、行为规范、意识形态不断地内化于教育对象，使个体社会化。"基础教育的目的是使人成为人，而高等教育的目的则是使人成为才。因此，对大学生进行安全教育是为大学生健康成长和全面成才打下良好基础，是完善自身心理、提升整体素质的一项重要内容。

（二）安全教育有利于构建和谐校园

学生是学校的主体，如果他们的安全意识较强，安全知识较为丰富，可以应对突如其来的安全问题，就能够成为维护学校安全的强大力量，进而为学校的安全发展提供充足的人力资源，危害大学生身心健康的安全隐患就会大为减少，影响学校安全发展的各种事件也会大幅减少。

二、认清安全形势

据报道，中国每年非正常死亡人数超过320万；中国每年道路交通事故死亡人数约10万，平均每5分多钟就有1人死于车轮之下；火灾年平均损失近200亿元，并有近万民众伤亡；每年食物中毒死亡人数万人；每年1.6万名中小学生、3 000名大学生非正常死亡。在这些死亡事故中，排除不可预见的自然灾害和人力不可抗拒的重大事故外，约有80%的非正常死亡本可以通过预防措施和应急处理得到避免。数据让人触目惊心，而作为学生群体受到的伤害更为突出，这是因为学生与其他社会群体相比，普遍年龄较小，社会阅历较浅，自我保护意识与社会协调能力较弱，应对各种安全问题的经验不足，承受挫折和压力的能力不强。大学生的安全意识、安全素质和安全技能还有待提高，法律知识还有待深化，法制观念还需进一步强化。当前，大学生面临的安全隐患主要有以下几种：防火、防盗、防骗、生活安全（大学生在校期间会遇到实习工作安全、体育运动安全、食品卫生安全、传染性疾病预防安全、实训安全、社会交往安全等）、网络安全、交通安全、非法传销、矛盾纠纷、人身侵害、国家安全等。如果在校园发生火灾，伤亡是不可估量的，因此这里主要给大家讲一讲校园防火。

课堂万花筒

典型的校园火灾案例

2016年8月14日，烟台某大学2号公寓两名留校学生在走廊使用液体酒精炉吃火锅，在没有熄灭火焰的情况下添加酒精，导致一人烧伤面积达40%。

2016年8月17日凌晨1时30分左右，烟台某大学13号公寓留校学生在宿舍点燃了蚊香（据说放在鞋盒子里，且周边堆有杂乱的衣物等可燃物），后外出上网。蚊香点燃了可燃物导致整个宿舍烧毁，宿舍楼300多人在浓烟中疏散、撤离，所幸没有人员受伤。

2018年1月7日凌晨4时许，北京某大学13号学生公寓的一间宿舍忽然失火，起因是一名女生通宵读书时台灯过热不慎引着了被褥。该公寓的1 000多名学生紧急疏散。

（资料来源：《新京报》）

三、防范火灾、保障安全

（一）火灾的危害

火灾是指在时间或空间上失去控制的燃烧所造成的灾害。燃烧必须同时具备可燃物、助燃物和着火源三个条件，缺一不可。切断燃烧的任何一个条件，火都会熄灭。校园火灾的危害主要表现为：危及人的生命，影响教学秩序。

（二）人为引起火灾

1. 违章使用电器

为图方便或省事，同学们经常违规使用"电磁炉""电热棒""电炒锅"等大功率电器，导致电线超载引起火灾。

2. 乱拉电线电源

随着学生宿舍电脑等电器的逐步普及，有的同学私接电源、拉乱电线，增加了线路负荷，加上使用的大多是低负荷的软电线，长期超负荷运行后出现绝缘老化，极易导致电路火灾。

3. 乱丢烟头

烟头表面温度为200～300 ℃，中心温度为700～800 ℃，超过了棉、麻、毛织物、纸张、家具等可燃物的燃点，许多同学对其"威力"认识不足，乱扔烟头，一旦与可燃物接触就容易引起燃烧，甚至酿成火灾。

4. 随意燃点蚊香

蚊香具有很强的阴燃能力，点燃后没有火焰，但能长时间持续燃烧，中心温度高达700 ℃，超过了多数可燃物的燃点，一旦接触到可燃物就会引起燃烧，甚至扩大成火灾。

5. 违规使用蜡烛

蜡烛作为一种可以移动的火源，稍不小心，就可能烧熔、流淌或者倒下，遇可燃物容易引起火灾。

（三）从我做起远离火灾

1. 增强消防安全意识

只有提高了消防安全意识，才会时刻留意身边的火患，控制一切火源；才会把预防火灾放在首位，时刻保持高度警惕；才会主动学习消防知识，掌握防范措施，避免火灾事故的发生。

2. 遵守学校防火制度

为了保障同学们的安全，学校制定有关防火安全管理规定，诸如不得私拉电线、乱接电源，未经批准不得随意增加用电设备，禁止使用电磁炉等电器；禁止在教学楼、图书馆等公共场所吸烟；禁止在宿舍使用蜡烛；等等。绝大多数同学均能规范遵守，但也有极少数同学因为缺乏认识，违规而行，导致火灾发生。

3. 加强消防法规学习

火灾防范管理要依法进行，这是火灾的破坏性所决定的。为预防火灾和减少火灾危害，加强应急救援工作，保护人身、财产安全，维护公共安全，我国以法律的形式进行了强制性规范。《中华人民共和国消防法》第五条规定：任何单位和个人都有维护消防安全、保护消防设施、预防火灾、报告火警的义务。同时《中华人民共和国刑法》第一百一十四条及一百一十五条对防火及过失引起火灾的法律责任也进行了明确规定，其中故意纵火罪的最高刑罚是死刑。

课堂万花筒

大学生防范常识

一、大学生如何防盗

大学生的物品被盗事件时有发生，被盗物品一般是学生的生活费、学习用具、衣物及较贵重的物品。大学生的经济来源多是父母的供给，财物一旦被盗，将给学生的生活、学习和心理带来不良的影响。大学生防盗应着重从以下两个方面加以注意。

1. 宿舍防盗。学生宿舍是盗窃分子行窃的主要场所。特别是学生缺乏警惕性，互不关心，经常不锁门或门锁被破坏，随意留宿外人或借出宿舍的钥匙，以上因素最容易导致盗窃事件的发生。校园内的盗窃案件以内盗为主，针对盗窃案件的特点，我们认为学生宿舍防盗应做到以下几点。

（1）思想上高度重视，保护好自己及室友的财物，同学之间互相关心、照顾。

（2）保管好现金及贵重物品。现金最好的保管办法是存入银行并设置密码。密码复杂些为好，不要设置六位相同数字的密码，不要用自己的生日、学号以及通信工具的号码作为密码，密码不要让其他人知道。贵重物品如手机、照相机、手提电脑等，不用时最好锁到柜子里或箱子里；住底楼的同学离开寝室及睡觉前应将现金或贵重物品锁好、放好，以免被人拿走。

（3）保管好身份证、银行卡。同学们要有意识地把身份证与银行卡分开保管，以免同时被盗后被人用身份证冒领存款；也要避免将银行卡借他人使用或委托他人代存、取款。

（4）学生宿舍都是集体住宿，人员流动频繁，学生短时间离开宿舍不锁门引发的溜门入室盗窃案件发生率最高。同学们一定要养成随手关门，宿舍钥匙不离身，不外借钥匙的习惯。在离开宿舍时随手锁门，哪怕是离开几分钟也不例外。最后一个离开宿舍的同学一定要把门锁好。楼层低的同学还要养成离开宿舍时关窗的好习惯。

（5）不在寝室留宿他人。学校明文规定学生寝室不能留宿他人。留宿他人会带来一些不安全因素，很多宿舍被盗就是由于某些同学的"引狼入室"。而且，学生宿舍要做到换人换锁，防止钥匙失控，宿舍被盗。

（6）对形迹可疑的陌生人应提高警惕。如果在宿舍区遇到四处走动、东张西望、形迹可疑的陌生人，同学们要多盘问并提高警惕，及时向舍管员或学校门卫报告；发现宿舍被盗后，首先要保护好现场，并及时向学校保卫处报告或打电话报警，积极配合调查侦破工作，提供可靠线索。另外，如银行卡或信用卡被盗，要尽快去银行办理挂失手续。

2. 校内公共场所防盗。在学校图书馆、食堂、教室等人员密集的地方，要留心自己的财物，不要把贵重物品随意摆放。

二、大学生如何防骗

随着社会治安的日趋复杂，形形色色的犯罪分子往往在思想单纯的大学生身上打主意，借结交之机、推销或招聘之名，变换手法，施展骗术，引诱大学生上当。主要方式有以下几种。

1. 伪装身份，骗取钱财。一些骗子把自己伪装成学校领导、本校师生、名校学生或遭遇不幸者等，直接骗取大学生的信任或同情，索要钱财；或以发生意外需要接收汇款为名借用大学生的手机，借用大学生的银行卡、信用卡并套问密码，以达到骗财的目的。

2. 投其所好，引诱上钩。常有骗子以帮助大学生办理出国手续、介绍工作等手法为诱饵，达到行骗的目的。

3. 利用关系，寻机骗钱、盗窃。在学生宿舍里，常有一些前来寻访同学、老乡之类的人，其中有的是真，有的是假，有些同学思想单纯，缺乏经验，易相信别人，结果被骗子骗去钱财。

4. 用假手机诈骗，伎俩主要有以假换真、低价贱卖、抵押借款等。这种案件的发生率很高，同学们要高度重视。

大学生在生活中一定要提高安全意识，在平时的交往中要注意防范，遇到疑问要多方了解，不要轻易相信他人。一旦遇到麻烦应立即向保卫处或学工处反映或者拨打报警电话，并注意保留证据，提供线索，协助有关部门的调查，尽量使损失减到最小。

三、大学生如何防人身侵害

近年来，针对大学生的人身侵害事件频繁发生，引起了大家的高度关注。其起因各不相同，发生地点校内、校外都有，情形不一。这里提几点建议供同学们参考。

1. 回家或者外出时，要结伴而行，避免单独行走。
2. 不要轻信他人引诱，加入"帮派组织"寻求保护或敲诈勒索他人，以身试法，贻误一生。
3. 不要为一时冲动而与人争吵、斗殴，更不要出于"哥们儿义气"参与打群架。
4. 偷盗是违法犯罪行为。不得趁人不备"顺手牵羊"，拿同学的手机、现金等。
5. 不要沉溺于网吧和游戏机，玩物丧志，以免伤害与父母的感情，影响学习。
6. 不要轻信陌生人说的话，不要与陌生人外出吃饭、玩乐等，防止被绑架、勒索。
7. 不要轻易接受他人的食品、饮料，防止别有用心的人利用药物实施拐骗、抢劫等。
8. 不要告诉陌生人自己的家庭住址。家门钥匙要妥善保管，不要给陌生人。
9. 当自身安全受到威胁或遇到其他紧急情况时要沉着机警，及时拨打报警电话。

（资料来源：张密丹.大学生安全教育常识.北京：人民邮电出版社，2017）

实践演练

人身安全十项承诺书

我作为一名新时代的大学生，深知安全责任的重要性，理解并支持学校开展的各项安全教育工作。安全是家庭幸福、学习快乐的保证。我将本着"安全首位"的原则，对自己的人身和财产安全负责，维护安全有序的校园环境，提高自身安全防范意识，让家长和学校放心。我郑重做出以下承诺：

1. 主动接受安全教育，增强防火、防盗、防骗、防毒、防意外伤害意识，提高自我防范、保护能力。

2. 遵守大学生行为准则，远离赌博、酗酒、斗殴、聚众起哄，不参与其他影响和干扰学校正常秩序的违法违纪活动。

3. 不携带公安机关明令禁止的管制刀具及不属于学习用具的一切利器或者铁条、钢管、木棒等易伤人的危险物品以及易燃、易爆、有毒、有严重腐蚀性的物品到校。

4. 遵守校内作息时间。不在宿舍内喝酒、赌博，不使用明火用具。

5. 不使用违章电器，不违章使用电器，不使用不合格电器或廉价产品（例如不合格或者廉价的充电宝）。不私接电线、乱搭网线；不在被褥内为电器充电。

6. 按时归宿，不留宿异性及非宿舍成员，严禁夜不归宿现象发生。

7. 健康上网，自觉遵守国家计算机网络安全管理的规章制度，不利用计算机网络传播、散布诈骗、淫秽、反动等有害信息，不利用计算机网络从事危害国家安全、社会稳定的活动。

8. 户外活动时不攀爬高处、不私自下海戏水、游泳，不到险要的地方玩耍。

9. 坚决做到：拒绝毒品，反对邪教，崇尚科学，建立正确的人生观和价值观。

10. 不与校外不良分子交往，不参加团伙，不与他人冲突、打架斗殴，不意气用事，不做违法的事，不因小事鲁莽冲动而铸大错，不纠结他人在校园闲逛、滋事。

以上十项承诺，承诺人将严格遵守，请老师和家长监督，如有违反愿意接受处罚。

承诺人： 日期： 年 月 日

（资料来源：李峥嵘．大学生安全教育．北京：教育科学出版社，2014）

心灵鸡汤

1. 患生于所忽，祸起于细微。——刘向
2. 宁为安全操心、不让亲人伤心。——佚名
3. 火灾隐患，溺水丧生，安全第一，生活之本。——佚名

学有所思

主题六

亲情账 两地书 话人生

教育导航

1. 认识感恩、懂得感恩；
2. 通过"亲情账 两地书 话人生"，懂得感恩父母。

案例导读

感念桑梓三春恩，追梦家国学子情
——厦门兴才职业技术学院"亲情账·两地书·话人生"主题教育活动

小霞：细细一算才知花销大

每年的学费（包括学杂费和住宿费）12 000 元；然后是每月生活费 1 500 元，每年按 10 个有效的学习月份计算，总计 15 000 元；手机费每月 80 元，逛街每月花销 200 元，聚餐约会等每月花销 200 元，每年也按 10 个有效的学习月份计算，总计 4 800 元；一学年其他的花费，按照 2 000 元来计算。这样，每年小霞的花销就是 33 800 元，3 年大学读完总共得花 101 400 元。

第一步完成后，小霞开始计算她要多少年才可以回报父母。

按照她的设想，毕业工作后，她的月工资为 4 500 元，除去自己的花费，每月交给父母 500 元。这意味着，光是读大学的费用，她就要用 16 年多的时间才能还完。

"不算不知道，一算吓一跳。"小霞说自己算下来，大学 3 年居然要花掉家里 10 多万元！"想想自己每天干的事情，逛街、逃课，而父母却忙着工作。"

有多少人正安心享受父母为自己的操劳而不曾感动，视国家对自己教育培养的投入为理所当然而不加珍惜、不思回报？父母恩，难回报。

厦门兴才职业技术学院学生工作处联合思政教研室、各二级学院、家长，于2009年开始在新生各班级中开展"亲情账·两地书·话人生"主题教育活动，帮助大学生树立正确的人生观，追梦想、报恩情，争做好儿女。活动开展以来受到社会各界广泛好评，家长认可度高，成果丰富：2010年荣获福建省高校校园文化建设优秀成果三等奖；2016年被立项为福建省教育厅"首批福建省大学生思想政治教育创新示范项目"；2018年作为"大学生文明修身工程"育人新体系重要载体，荣获福建省教学成果奖二等奖。

本项活动以算"亲情账"为切入点，以规划设计"我的大学学习与发展目标规划"为任务，由辅导员、思政教研室教师根据活动方案，全员动员，在不同阶段以不同形式在学生中开展系列感恩教育活动。思政教研室教师在思政课上分发"学习投资效益分析表"，指导每名大一学生填表、分析，进行算账——"大学账，你算过吗"；布置作业，写一篇"大学账·难了情"的心得体会，得分计入思政课成绩。在学生完成以上任务后，辅导员一方面组织"为爱点赞"集赞活动，让学生感悟父母无私付出的伟大的爱，勇敢表达对父母的爱和感恩；另一方面组织"算经济账，念父母情"心得交流会（图1-2）、"孝亲·感恩"小品比赛（图1-3）、给爸妈的一封信"恩情难忘"家书征文大赛、"孝亲·感恩，感动瞬间"照片征集活动、收爸爸妈妈的一封信"家长心声"征集活动等系列活动。辅导员与思政教研室教师相互配合，步步推进，让每个孩子算亲情账、写心得、谈规划、寄家书，启发他们对长辈的爱心和孝心，激发他们追梦想、担责任、报恩情的动力，在潜移默化中成长为好儿女。

图1-2 心得交流会

图1-3 小品比赛

活动的开展，化解了学生与父母的误会，拉近了学生与父母的亲情关系。许多家长在收到孩子的感恩信后泪流满面，不仅给孩子回信，还纷纷给辅导员写信、打电话表示感谢："孩子从未这样懂事过，感谢学校组织这样的教育活动！"。

讨论：

1. 每个月你的花销是多少？每个月的零花钱是父母提供的还是自己兼职获得的？
2. 每个月你主动打电话或与父母微信聊天的次数是多少？你知道你父母的生日吗？

点拨环节

一、认识感恩

（一）感恩的由来

感恩是中华民族的传统美德。"施人慎勿念，受施慎勿忘""投我以桃，报之以李""受人滴水之恩，当以涌泉相报"等众所周知的古语，都体现着一种报答知遇之恩、养育之恩、培养之恩、提携之恩、救命之恩的情愫。儒家文化的"仁义礼智信""温良恭俭让"其实也包含着感恩情结，这些优秀的道德文化传承了数千年，也熏陶和感染了人类数千年。感恩其实是一个人与生俱来的本性，是一个人不可磨灭的良知，是一种为人处世的哲学，是一种工作与生活的态度，更是人类的一种大智慧！

（二）感恩是中国传统

如果你到过四川都江堰游览，你会在大坝上看到八个大字：饮水思源，知恩图报。中华民族是一个具有感恩优良传统的民族。孟子说："谨庠序之教，申之以孝悌之义，颁白者不负戴于道路矣。"这句话教育人们要懂得孝顺父母、敬重兄长。我国历史上流传着许多孝敬父母的感人故事，这些故事也是感恩文化的体现。

（三）感恩是人生态度

感恩是一种用心的人生态度，它决定着人的幸福和成功。常怀感恩之情，对别人、对环境就会少一份挑剔，多一份欣赏和感激。感恩，会为自己的过错由衷忏悔并努力改过；感恩，足以稀释心中狭隘的积怨和仇恨，快乐用心地投入生活之中。感恩，是一种完美的情感，是人格上的净化剂、事业上的内驱力，是人性的高贵与完美之所在。感恩会使人产生对生活、对一切完美事物的信念，从而一生被完美的事物包围。常怀感恩之心，我们便能够心无芥蒂地拥抱生活，全力以赴地投入工作，人生也将会变得更加成功和幸福。

（四）感恩第一任老师

父母是我们人生的第一任老师，从一个孩子呱呱坠地的那一刻起，他的生命就倾注了父母无尽的爱与祝福。或许，父母不能给我们奢华的生活，但是，他们给了我们生命。父母为我们撑起了一片爱的天空，当我们受伤时、哭泣时、忧郁时、难过时，我们能够随时回到父母身边，享受父母的爱，这便是我们作为子女的幸福了。感恩父母，哪怕是一件微不足道的事，只要能让他们感到欣慰，这就够了。因此我们应该感恩，要在感恩中活着，感恩赋予我们生命的父母，感恩教给我们知识的老师，感恩让我们实现自我价值的社会，感恩关心、帮助和爱护我们的那些人，感恩我们的祖国，感恩大自然。这样你会发觉世界是如此美好。

二、新时代应弘扬感恩教育

随着世界格局的变化发展和我国改革开放的深入，当前的大学生是以00后为主体的特殊群体。一些大学生集体主义观念淡薄，个性化太强，娇生惯养，世界观、价值观的移位等都大大增加了我们日常教育的难度。大学生的思想观念经受着前所未有的冲击，一些大学生习惯于接受父母的爱而不存感激，安心享受父母为自己的操劳而不曾感动，视国家对自己教育培养的投入为理所当然而不加珍惜、不思回报。

为突破高校理想信念教育传统的单一课堂教学模式，突破传统的以课本理论阐释学生思想行为的局限，高校可以调动家长和社会力量同学校、教师形成合力，帮助学生树立正确的人生观、崇高的理想和高尚的情操，提高学习的自觉性、积极性，促进良好校风、学风的形成。感恩教育是一项长期的教育工程，不是一劳永逸的事。感恩教育也要不断适应新时代以及现代化的要求，把各种人际互动情境或社会生活情境作为感恩教育的素材，设计利用各种感恩情境，健全感恩教育的长效机制，拓宽活动阵地，挖掘活动深度，营造良好氛围，抓住一切教育契机，进一步将感恩教育工作抓紧、抓好，推动感恩教育向更高的层次迈进。

课堂万花筒

感恩父母，孝心行动

"父母在，不远游""慈母手中线，游子身上衣"，我们自小就在古人的教诲中成长，虽然做不到时刻陪伴在父母左右，但是我们可以珍惜和父母在一起的时光，为他们做一些力所能及的事情。

1. 主动交流：正如歌中所唱的"生活的事情跟妈妈说说，工作的事情向爸爸谈谈"，寒假期间，向父母汇报自己在大学的学习和生活状况，给他们讲讲发生在自己身边的有趣的见闻，与他们一起观看我们班级同学的合影并一一介绍，跟他们谈谈进入大学后自己的收获和思想方面所发生的转变。让父母全面了解我们的生活状况和所结交的朋友，并真切地知晓我们的思想状况，才能真正地让他们放心、安心。

2. 主动帮忙：寒假的到来让我们有足够的时间回报父母。提到父母，除了感激，就是感谢，是他们把我们带到了这个美好的世界。从呱呱坠地起，爱就像阳光一样，无时无刻不在照耀着我们。父母一直为我们担心，小到吃穿，大到工作等。父母为我们操碎了心，我们不能再让父母失望、难过。从最基本的做起，做到"每天向父母问一声好，每天帮父母收拾一次卫生，每天为父母煮一餐饭，每天帮父母洗一件衣服"。

3. 主动承担：父亲挣钱养家，母亲操劳家务琐事，看似简单，可这是最艰巨的工作与责任。我们要利用寒假时间主动参与父母的生意经营、农作物种植、工作分担等，体会父母赚钱的艰辛，制订合理的生活费开支计划。

马克思曾说过：还有什么比父母心中蕴藏着的情感更为神圣的呢？父母的心是最仁慈的法官，是最贴心的朋友，是爱的太阳。它是光焰，照耀和温暖着我们，凝聚在我们的心灵深处。

当我们遇到困难时，能倾注所有的一切来帮助我们的人，是父母；

当我们受到委屈时，能倾听我们哭诉的人，是父母；

当我们取得成功时，会由衷为我们庆祝、与我们分享喜悦的人，是父母；

当我们犯错误时，能毫不犹豫地原谅我们的人，是父母；

当我们远在外地学习时，时时刻刻都在牵挂我们的，还是父母；

让我们珍惜父母健在的时光，珍惜与父母的每一次相聚！

实践演练

启发孝心，激发决心

"滴水之恩，当涌泉相报。"更何况父母为我们付出的不是"一滴水"，而是一片汪洋大海。我们是否在父母劳累后递上一杯暖茶，在他们生日时递上一张卡片，在他们失落时奉上一番问候与安慰。他们为我们倾注了大量心血和精力，而我们又何曾记得他们的生日，体会他们的劳累，又是否察觉到那缕缕银丝、那一丝丝皱纹。父爱如山，母爱如海，需要我们用心去体会，去报答。请同学们根据思政教研室教师及辅导员布置的作业，积极参与算账课、心得交流会、写家书等活动，勇敢地向父母说出平时难以开口的话语，化解误会，拉近代沟。表1-3～表1-7为活动中所用到的表格。

表1-3　　　　　　　　　学生学习投资效益分析表

院系：　　　　　班级：　　　　　姓名：

（1）上课___小时/周；课后学习___小时/周；平均每天学习___小时。

（2）其他（文体、社团、社会工作等）___小时/周。

（3）浪费（无所事事、逛街、闲聊等）的时间___小时/周。

自我感觉：在下面相应的位置打"√"：

其他收获：非常大 ————————————— 非常小

学习收获：非常大 ————————————— 非常小

表1-4　　　　　　　　　个人大学一年总开支和家庭收入来源表

学费/元	书费、住宿费/元	生活费/元	电话费、上网费/元	交通费/元	其他/元	开支合计/元

父亲收入/元		母亲收入/元		其他收入/元	家庭年收入/元	个人开支占家庭年收入/%
从事工作	年收入/元	从事工作	年收入/元			

表 1-5　　　　　　　　　　父母年投资成本分析表　　　　　　　　　　　元

总投资：___元（与个人大学一年总开支同，据此进行成本分析）	月均成本	日均成本	时均成本
理论成本：按每年 10 个月，每月 22 个学习日，每日 8 小时			
实际成本：每年 10 个月，每月___个学习日，每日___小时			

表 1-6　　　　　　　　　　学习投资成本总表　　　　　　　　　　　元

投资者	年投资	月均投资	日均投资	时均投资	三年投资总额
父　母					
其他来源					
合　计					

表 1-7　　　　　　　　　　学习投资回报预测表

父母三年总投资/元	毕业后月工资/元	毕业后月开支/元	月结余/元	年结余/元	每年能够回报父母/元	预计年回报率/%	预计投资回收期/年

注：毕业后月开支包括房租、水电气、伙食、生活用品、衣物及上缴个人所得税等。

心灵鸡汤

1. 惟孝顺父母，可以解忧。——孟子
2. 重货财，薄父母，不成人子。——朱柏庐
3. 生活需要一颗感恩的心来创造，一颗感恩的心需要生活来滋养。——王符

学有所思

主题七

大学生导师制

教育导航

1. 理解大学生导师制；
2. 在大学生导师制下成长成才。

案例导读

触动心灵，关注成长

为实现全员育人、全方位育人、全过程育人，厦门兴才职业技术学院于2011年开始实施大学生导师制，每名大一新生入学后，都可以选择自己的导师，为自己三年的大学生活寻找引路人和指导者。导师通过和学生建立的"导学"关系，针对学生的个性差异，因材施教，指导学生各方面的能力发展。大学生导师制可以激发学生潜能，疏导学生心理，纠正学生行为的偏差，解决学生成长的烦恼，促进学生健康成长、全面成才。

下面是赵丽同学讲述的大学生导师制。

大学生导师制活动启动后，我的导师经常找我谈心、聊天，关心我的思想、学习、生活情况，指导我如何学习、如何生活，教会我很多为人处世的道理，让我变得更加成熟和坚强。我的导师是薛老师，在生活中，薛老师时刻关心着我们，把我们当作自己的孩子一样疼爱着；在学习中，他是一位严厉的老师，在每一次见面会上他都会督促我们认真学习，努力进取；课余时，他会组织我们去社会实践，接触社会，更多地了解学校外的生活，为我们更好地融入社会做了很多铺垫。当我们遇到困难和问题时，当我们思想出现波动时，薛老师总是会在第一时间出现并帮助我们解决问题。作为一个女孩子，我更容易受到各种情感的影响，薛老师每一次都会为我分析并做心理疏导，在与他的谈心过程中，我总能很快地从消极情绪中走出来，变得自信、开朗。导师制让我们感受到学校和老师对每名学生的关爱，也拉近了学生与老师之间的距离。在大学的生活里，我们就像一群在麦田里一直奔跑的孩子，虽然还不知道要跑向哪里，但年轻力强的我们总是前进着，充满青春的活力。而薛老师，就是悬崖边麦田里的守望者，只要我们向悬崖奔跑，他就会抓住我们，让我们停止向悬崖前进，指导我们奔向属于我们自己的未来。

作为一个"大学生导师制"的受益者，我衷心地感谢学校开展这项有意义的活动，让我们感受到温暖；衷心地感谢导师们对我们的关爱和帮助，让我们变得更加懂事，更加成熟。

讨论：
你心目中的导师是什么样的？在学校里，你最想选哪位老师作为你的导师？
（温馨提示：如果想要某位老师做你的导师，提前与老师沟通好，选上的概率更大哦。）

点拨环节

一、导师制由来

导师制起源于英国，并成为英国高等教育中培养高层次人才的有效措施，成果显著。导师制的突出特点是：为确定的导师选配一些学生，在导师与学生之间建立起"亦师亦友"的关系，导师负责对学生的思想、生活、学习进行指导。国内外大量实践证明，导师制是学生教育、学生管理和高层次人才培养的一种优秀的制度。

在我国高等教育中，硕士生、博士生的培养一般采用导师制，部分重点大学在本科生的培养中也采用导师制，但多数职业学校对学生的培养不采用导师制。为继承和发展导师制这一优秀的教育传统，结合高等教育面向新形势下的教育精神，针对目前学生教育和管理的现状，为实现完善现行教育方法、全方位地培养学生、提高学生的综合素质和能力的教学目标，一些高校在职业教育中开展了导师制活动，由此真切地体会到导师制在职业教育中的重要作用和意义，并期望它能在职业教育中得到广泛采用。

二、导师制在职业教育中的作用

经过多年导师制的开展，我们体会到导师制在职业教育中有着重要作用。导师制是学生思想政治教育（以下简称思政教育）和管理体制的重要组成部分。当前我国职业教育中学生思想政治教育和管理体制主要有两种基本形式：班级制和专业制，即按班级或专业设定政治辅导员，负责学生的日常管理和思政教育。在这种体制下，学生思政教育和管理的任务主要落在专职政工干部身上。这种思政教育和管理模式，主要采取大集体的面上说教的方式，开会多，命令多，深入地对学生个体的思政教育少，对学生个体的生活、业务学习的指导少，其作用不甚理想。而一般业务教师多偏重于对学生传授知识，较少参与对学生的思政教育，个别教师甚至对学生

采取放任和漠不关心的态度,师生的感情趋于疏远。这就导致思政教育与业务知识技能教育脱离,形成"两张皮"的现象,在导师制中,导师能在学生思政教育、学生管理和学风建设中发挥以下作用。

(一)示范作用

在导师制中,学生在学习期间经常接受导师的直接指导,导师的思想、言行都会对学生产生深刻影响,其作用和效果是大课堂所达不到的。

(二)权威作用

导师的学问和人品会在学生中赢得权威,导师制的确立,实际上也确立了导师对自己所指导学生的决策行为有部分发言权,这进一步强化了导师的权威。导师的权威能获得学生的尊敬和服从,既有利于导师潜移默化地影响学生,又可以作为一种"外力"来严格要求学生。由于导师与学生接触较多,所以对学生的了解更具体,检查更及时,指导更到位,批评更准确,使"外力"的作用发挥得更充分。

(三)构建家庭式氛围

在导师制活动中,导师和学生由于经常接触容易产生非常亲近的感情,形成家庭式氛围。在这种氛围里,导师与学生、学生与学生,互相在思想、行为上都将产生积极的影响。

(四)促进专业学习

导师通过自己的言行反映出对本专业的热爱,可感化学生;学生通过导师制的活动更深入、更具体地了解本专业学习的重要性,从而端正专业学习态度,提高学习动力。导师制是针对个别学生思想、生活、业务学习的引导和教育的一种有效方式。它既重视对学生知识技能的培养,又重视对学生思想品质的教育;不仅可以克服"两张皮"现象,还可以填补班级制和专业制对学生个体教育和指导不够的缺憾。因此,应该广泛开展导师制,使导师制成为学生思政教育和管理体制的重要组成部分,从而形成导师制、班级制和专业制点面结合,党政工团齐抓共管,全方位积极参与的学生思政教育和管理的新模式。

三、导师制在职业教育中的意义

我国正处在一个知识大爆发的新时代,知识更新很快。面对着蓬勃发展的科学技术,高等学校培养的大学生必须具备学习新知识、研究和解决新问题的能力。这就要求高等学校的教学要教学生学会学习、学会做事、学会做人。高等学校在促进学生知识积累的同时,应更加重视培养学生的创造能力、思考能力和协作精神,把以信息传递为主的教学变为以引导为主的教育。当前普遍存在的习惯于把书本作为接力棒的教育模式已经远远不适应科学技术发展和社会发展的需要。采用导师制将是对这种教育模式的改革和完善。在职业教育中实行导师制,兼具教育和管理的优点:一方面能保持学生的学习独立性,重视基础知识的学习;另一方面又为学生培养创造能力、思考能力、动手能力和协作精神提供有利的条件和保障。

(一)导师制可以调动学生的学习积极性

学生在导师制活动中,可以发现问题,产生解决问题的动力。在常规的教育模式中,常见的有"大锅饭""一锅煮"。学生不能得到更好的指导和教育,其才能也不能得到及早发现和充分发挥。导师制可以"开小灶",让学生得到优教。这是早发现人才,早培养和重点培养的好途径,是对课堂教学方式的有效补充。

(二)导师制可以跟踪培养学生的学习能力

在导师制活动中,导师要督导学生在业余时间完成一些带有职业生涯规划的任务。学生要完成这些任务只凭课堂上所学的知识和技能是不够的,这就推动学生不得不在导师的引导下去自学。学生带着问题去学,目标明确,效果更明显,学生的学习成效也会较快地得到提高。

(三)导师制可有力促进教学相长

在单调的填鸭式教学模式中,学生常常是被动地学习,教学相长很难实现。而在导师制活动中,师生交互式的教育方式,使师生的思想、智慧相互交流和启迪。另外,导师对学生言传身教、严格要求的同时,学生对导师也会产生较大的压力,促使导师更严格地要求自己,努力工作,因为学生对导师也有无声的监督作用,因此导师制可使师生共同进步、共同受益。

(四)克服教育与教学相脱离的矛盾

在职业教育中,目前还存在着教育与教学相分离的现象。一些专职教师,不介入学生的教育培养;可以说,教研在职业教育中没有充分发挥应有的作用。广泛实行导师制,让学生参加到教师的教学活动中,在教学中增加教育的成分和实践的环节,可以消除教育与教学相分离的现象,强化新的师生关系,适应新时代对大学生培养的需求。

(五)导师制是开展第二课堂活动的有效补充

第二课堂主要是指在教学计划所规定的教学活动以外,引导和组织学生有计划、有目的地开展各种有意义的课外活动。要开展好第二课堂,重要的是第二课堂的制度化建设,即将一些好形式、好内容用制度规定下来,以保证第二课堂持久、健康地开展。导师制就是开展第二课堂的良好制度。导师制能为大学生第二课堂活动提供大量的载体,因此导师制会成为第二课堂的基础,对丰富和活跃大学生第二课堂活动将有巨大的促进和帮助。

课堂万花筒

厦门兴才职业技术学院大学导师制

一、导师的选择

导师是导师制的关键因素,起着决定性作用,因此选择合适的导师是实行导师制的首要环节。担任导师的教师需要符合以下要求:

1. 师德师风优良;
2. 思想作风良好,热爱教育事业,能为人师表,志愿担任导师;
3. 具有强烈的责任感,关心学生。

二、学生的选配

为遵循学生、导师双向选择的原则,导师、学生的选择要互相选取,主要程序:第一步,导师根据特长和爱好选择兴趣项目;第二步,学生根据兴趣项目、导师简介选择导师,每名学生只能选择一名导师;第三步,导师根据学校提供的比例选择学生,由导师最终确定所导学生;第四步,未选满的导师和未被选上的学生由学校随机调配,最终确定名单。

三、导师的工作内容

学生课余时间可在导师指导下进行相关的教育活动。师生根据各自工作或上课的情况，商定辅导时间，辅导可按需个别进行或以集体活动形式开展，可在校内进行，也可在校外进行。导师应每月主动与所导学生见面谈心，也可通过电话、短信、QQ、微信、电子邮件等方式交流思想、学习和生活等方面的情况，并通过"走出去"带领学生开阔眼界，融入社会，建立起社会责任感、职业认同感，从而培养良好的职业道德，为成为一名好员工奠定良好的基础。

四、导师的工作职责

导师需要定期或不定期地深入学生中，及时掌握并排解学生在思想、学习、生活等方面的疑难问题，为学生提供"四导一服务"，即思想引导、心理疏导、生活指导、学业辅导和就业创业服务。通过"导人、导学、导心"，思想政治教育由粗放式的管理变为精细化的引导，由面上的各种活动变为点上的思想、业务、生活的教育，帮助学生尽快适应大学的生活和学习，帮助学生解决在生活、学习、心理等方面的问题，帮助学生树立正确的人生观、价值观、世界观。导师关爱学生、激励学生、引导学生，成为学生人生成长的引路人和指导者。

实践演练

大学生导师实践要求

导师带领我们开阔眼界，融入社会，同学们一定不要放过这次与老师亲密接触的机会哦。请同学们根据辅导员的通知，在规定的时间内登录智慧兴才—学工系统完成导师的选择。此外，9月，学校导师制办公室都会组织一次"我心目中的导师"征文评选活动，并给予获奖导生奖励学年综合素质积分5分，颁发证书及价值100元左右的纪念品。同学们记得踊跃参加哦！

一、受导学生的基本要求

1. 每月至少1次主动与导师见面谈心，或者通过电话、短信、QQ、微信、电子邮件等其他方式与导师交流思想、学习和生活等方面的情况，并及时做好记录卡登记。

2. 连续2个月未主动与导师交流者需按月提交书面情况上报导师（校外实训者除外）。

3. 一个学期内未与导师见面或未通过电话、QQ、微信等其他方式与导师交流者，或被导师鉴定不合格者取消享有导师资格，取消当年所有评先评优资格。

二、享受"四导一服务"权利

1. 思想引导：促进学生树立正确的世界观、人生观、价值观，通过关爱学生、激励学生和引导学生，建立和谐的师生关系。

2. 生活指导：关爱所导学生，及时帮助他们解决在学习、生活中遇到的各种问题，并根据需要，向有关职能部门和学生所在二级学院反馈信息。

3. 心理疏导：了解和掌握学生思想、学习和生活等方面的情况，开展谈心活动，及时解答学生心理疑惑，疏导学生的心理问题，帮助学生建立积极的人生态度。

4. 学业辅导：发挥自身优势，通过言传身教，引导学生刻苦学习，学会做人、学会做事、愉快生活、健康成长，为学生的成长成才和全面发展导航。

5.就业创业服务：经常与学生家长、辅导员和其他任课教师沟通，全面了解学生成长过程中的情况，并对学生就业创业提供必要的帮助。

心灵鸡汤

1. 教师之为教，不在全盘授予，而在相机诱导。——叶圣陶
2. 做人如水，做事如山。——俞敏洪

学有所思

二 励志章

主题八

学雷锋 树新风

教育导航

1. 理解雷锋精神；
2. 了解雷锋精神的由来、内涵及时代意义；
3. 努力向雷锋同志学习，提升自己的道德品质，做新时代的追梦人。

案例导读

用实际行动践行雷锋精神　服务美丽厦门经济特区建设

——"厦门兴才学院—新村小学"青工子女服务站

2011年4月，在厦门团市委、集美团区委的领导下，厦门兴才职业技术学院在校外设立共青团的实践基地，成立"厦门兴才学院—新村小学"青工子女服务站。

新村小学是一所外来务工人员子女（以下简称青工子女）较为集中的一所学校。厦门作为经济特区，随着近几年发展，吸引了大量的外来务工人员就业、生活和发展，他们的子女成为厦门市未成年人的重要组成部分。多数外来务工人员没有双休日，也没有足够的知识和能力储备，无法在周末陪伴或教导自己的子女。

自青工子女服务站（以下简称服务站）成立以来至2020年，学校共计9 000多人次大学生青年志愿者自愿参与此项志愿服务，他们结合自身专业特点，以服务站为基地，结合新村小学青工子女的特点进行"一对一""一对多"的帮扶和关爱，发挥青年志愿者的综合优势，定期于每周六前往新村小学开展形式多样、丰富多彩的义教活动。

一、学业辅导（图2-1）

组织青年志愿者在课余时间对青工子女进行学习和功课辅导；定期举办音乐、美术、文化（地理、历史）、棋艺、户外拓展（团体游戏、体育项目，地点于新村小学体育场）

等活动，多次组织青工子女参观我校大学生创业园和社团实践基地，帮助他们开阔视野，提高学习成绩和综合素质。

二、亲情陪伴

服务站会在每年的七八月开展"暑期夏令营活动"，陪同青工子女做游戏、聊天交流等；于寒假开展以"红红火火过大年"为主题的剪窗花、送春联活动；每学期初，志愿者们组织"心愿墙"

图 2-1 志愿者进行学业辅导

活动，让青工子女把自己的心愿写在纸上，并帮助他们实现，和他们做朋友，倾听他们的心声和愿望，帮助他们与父母进行电话、视频等沟通，促进他们保持良好的心态，塑造健全的人格。

三、自护教育

服务站会不定期开展"安全教育活动月"系列活动，包括"文明安全伴我行""救护知识与我行""认识自然灾害，提高自身防护""生活小常识"等主题活动。通过为青工子女讲授交通安全、自护和健康、卫生等知识，提高青工子女的安全意识和自护能力，帮助他们养成健康的生活习惯。

四、爱心募捐

服务站发挥团组织和青年志愿者的杠杆作用，形成"多位一体"的青工子女帮扶网络，联络协调社会各界积极支持。于2011年11月在服务站建立"七彩小屋"。为拓宽渠道，在团厦门市委的号召下，于2012年3月、2014年4月在厦门市中山路开展向雷锋同志学习——"书写爱"图书劝募活动，并成立了七彩小屋"红领巾图书角"。通过开展形式多样的玩具、文体用品、生活用品、亲情电话卡、教学设备等物资、资金捐助，为家庭贫困的青工子女送去六一儿童节的慰问礼物，为青工子女创造更好的学习、生活条件。

九年多以来，学校青年志愿者们充分弘扬了"奉献、有爱、互助、进步"的志愿者精神，用实际行动践行雷锋精神，在提高工作能力及志愿服务水平、不断完善自己的同时，也给青工子女们带来了无数的欢乐，为厦门的城市文明建设贡献自己的一分力量。

该项目不仅能让青工子女感受到厦门的关爱，拓展学习和娱乐的新渠道，发展兴趣爱好，健全人格，养成积极乐观的学习、生活习惯，从而优化用工环境，让外来务工人员减少牵绊，安心在厦工作，融入厦门社会生活，提升归属感，更好地服务厦门经济特区建设，形成良好的社会氛围；还能锻炼学院的大学生，增强他们的爱心和责任感，发扬"奉献、友爱、互助、进步"的志愿者精神，因地制宜，整合资源，发挥兴趣、特长，结合专业，实现自我价值，用实际行动为美丽厦门发展做贡献。该项目曾先后荣获：厦门共青团关爱农民工子女志愿服务十佳项目、厦门市"一团一品一特色"十佳项目、福建省高校校园文化成果三等奖、厦门市集美区大学生志愿服务十佳项目。

讨论：
1. 你参加过志愿服务活动吗？请谈谈你的经历和感受。
2. 聊聊我们身边的"活雷锋"。

点拨环节

人无精神不立，国无精神不强。中华民族历经5 000多年风雨而不倒，历经磨难而不衰，饱尝艰辛而不屈，千锤百炼而愈加坚强，靠的就是以爱国主义为核心，团结统一、爱好和平、勤劳勇敢、自强不息的伟大民族精神。而雷锋精神作为中华民族精神的典型代表，在中华大地上不断凝聚和释放着正能量。

雷锋精神，是以雷锋的名字命名，以雷锋的精神为基本内涵，在实践中不断丰富和发展着的革命精神。其实质和核心是全心全意为人民服务，为了人民的事业无私奉献，它已经成为中国精神的重要组成部分。

一、学习雷锋好榜样

雷锋，1940年出生于湖南省望城县（现长沙望城区）一个贫苦家庭，7岁成为孤儿。1960年1月参军入伍，11月加入中国共产党，曾被推举出席抚顺市第四届人民代表大会。1962年8月15日，执行运输任务时不幸殉职。雷锋在部队生活2年8个月，荣立二等功1次，三等功2次，受嘉奖多次，被评为"模范共青团员""节约标兵"。1963年1月7日，国防部将他生前所在班命名为"雷锋班"。1963年3月5日，《人民日报》发表毛主席题词"向雷锋同志学习"。此后，每年3月5日便成了全民学雷锋的日子。周恩来总理把雷锋精神全面而精辟地概括为"爱憎分明的阶级立场、言行一致的革命精神、公而忘私的共产主义风格、奋不顾身的无产阶级斗志"。1990年3月5日，党和国家领导人分别题词，号召全国人民进一步向雷锋学习，弘扬雷锋精神，为建设具有中国特色的社会主义而努力。2000年，共青团中央、中国青年志愿者协会共同决定把每年的3月5日作为"中国青年志愿者服务日"。

雷锋的模范事迹经久流传，精神魅力更是历久弥坚。半个多世纪以来，中国社会经历了深刻的经济转型和社会变革，但雷锋精神却焕发着永恒的魅力。

二、雷锋精神的内涵

（一）信念的能量

雷锋一心向着党，他把党比作母亲，认为自己的生命是党和祖国人民的，无论遇到怎样艰难复杂的情况，都"坚决听党的话，一辈子跟党走""为了党，愿洒尽鲜血，永不变心"；"对

待同志要像春天般的温暖，对待工作要像夏天一样火热，对待个人主义要像秋风扫落叶一样，对待敌人要像严冬一样残酷无情"。雷锋的一生只有22岁，但他把个人理想与党和国家的利益、人民的利益紧紧联系在一起，以坚定的信念、火热的激情和生动的实践，实现了平凡与伟大的统一。

（二）大爱的胸怀

爱党、爱人民、爱社会主义是对雷锋一生最生动的诠释。他把"生为人民生，死为人民死"作为自己的信条，"时刻准备着为党和阶级的最高利益，牺牲个人的一切，甚至生命"。基于这种大爱的胸怀，他服务人民，助人为乐，把个人的追求和奋斗同党的事业、国家的命运、民族的前途联系起来，奉献了自己的一生。

（三）忘我的精神

雷锋同志生活节俭，省下的钱用来帮助受灾群众和家庭困难的战友。他曾担任校外辅导员，用自己的模范行动影响和激励少年一代健康成长。他谦虚谨慎，从不自满自炫，受到赞誉不骄傲，做了好事不留名。"毫不利己，专门利人"以及"把有限的生命投入到无限的为人民服务之中去"的忘我精神是雷锋精神的最好体现。

（四）进取的锐气

雷锋生前在多种岗位上工作过，他干一行热爱一行，干一行精通一行，始终立足本职、忠于职守、兢兢业业、精益求精、艰苦奋斗，他用实际行动生动诠释了"我是一块砖，哪里需要哪里搬"的敬业精神，用进取的锐气感染身边的每一个人。

三、雷锋精神过时了吗？

课堂万花筒

雷锋精神在战"疫"一线志愿者中传承

面对突如其来的新冠肺炎疫情，无数个平凡的志愿者为守护公共安全挺身而出，他们的担当尽责和无私奉献为抗疫战斗传递温暖、凝聚力量，展现着新时代雷锋精神的风采。他们都是新时代的雷锋传人。

这场新冠肺炎疫情让每一个人都无法置身事外，肆虐的病毒打乱了原本有序的生活，一座座城市被迫按下暂停键。但面对灾难的未知恐惧，整个国家都被动员起来，迅速凝聚起打赢这场疫情防控阻击战的磅礴力量。在这个由医务工作者、解放军指战员、人民警察、基层干部和志愿者共同构成的"最美逆行者"群体中，不惧辛劳、不求回报的志愿者们因他们的平凡更显得熠熠生辉。

当我们隔着屏幕看到社区工作者丰枫挂满"药袋"忙碌的身影，听到志愿司机郑能量"已抱必死之心，始明不惧之志"的壮语，不禁回忆起12年前的汶川地震，大批来自全国各地的志愿者自发奔赴灾区参与救援重建的动人场景。

雷锋精神，人人可学；奉献爱心，处处可为。数据显示，仅武汉一地，"志愿服务关爱行动"

启动后不满一日，报名人数就突破了1万人……他们活跃在大街小巷、居民楼栋，东奔西走为群众解决现实难题。放眼全国，身穿"红马甲"、戴着袖标的志愿者们，在社区、村组承担着健康排查、运送物资、设卡值守、宣传劝导、消毒灭菌等各种任务，在疫情防控网的"最末梢"干着琐碎却又必需的工作。我们或许不知道身边这些辛勤付出的志愿者的姓名，甚至看不清楚口罩后面那张脸庞的全貌。待到疫情结束之后，他们也将回到自己原本的工作岗位，回归自己平淡的家庭生活，做了好事不留名，付出了心血不要求回报，他们是当之无愧的新时代的雷锋传人。

（资料来源：高振远．光明日报．2020-03-06，有删减）

> 讨论：
> 1. 你认为雷锋精神过时了吗？
> 2. 你觉得在新时代应该如何践行雷锋精神？

雷锋精神过时了吗？很多年轻人都有过这样的疑问。看雷锋的故事，无论是扶贫助弱、舍己为人，还是做一颗螺丝钉，都与雷锋所生活那个时代的社会状况和精神状态密切相关。相比几十年前，今天的中国已经有了翻天覆地的变化，雷锋精神还有必要存在吗？

答案是肯定的！

当今社会，一些人喜欢用"有用""无用"来评判自己做一件事的价值，喜欢把那些"看起来没有用的"当成是落后的、过时的、虚幻的，一谈到奉献、牺牲、舍己为人，就觉得是非常"高大上"的词语，离他们很遥远。其实，他们不知道，正是因为如此，雷锋精神才显得更加可贵。试想一下，没有人谈奉献，没有人谈牺牲，也没有人愿意舍己为人，这个社会会变成什么样？当摔倒的老人没有人扶，遇上困难时身边都是冷漠之人，没有人愿意在危难时刻挺身而出时，你就会明白这种精神有多么重要。

"一个有希望的民族不能没有英雄，一个有前途的国家不能没有先锋。"一个社会之所以需要倡导雷锋精神，是需要雷锋这样的英雄坐标和精神偶像拉高整体的社会道德水平，有精神可敬畏，有星空可仰望，有楷模可学习。

雷锋精神是一种跨越时代、温暖人心的价值力量，几十年来，雷锋精神历久弥新，在新时代焕发出新的光泽，并有了更强大的生命力。每个时代的人都能从中汲取到丰富的精神资源，每个时代的道德秩序都能从中获得精神滋养。时代呼唤雷锋精神，时代需要雷锋精神，时代更需要升华雷锋精神！

四、雷锋精神我传承

雷锋精神与中华民族传统美德一脉相承，是社会主义核心价值观的生动体现。雷锋身上所具有的信念的能量、大爱的胸怀、忘我的精神、进取的锐气，正是我们民族精神的最好写照。在新时代，广大青年要心有大我，胸有大志，肩有大任，行有大德，让雷锋精神永远传承下去，在新时代奏响强音，汇聚成强大的精神动力。

（一）心有大我

爱国，是人世间最深层、最持久的情感，是一个人立德之源、立功之本。"国家兴亡，匹夫有责。"广大青年要向雷锋同志学习，忠于祖国，忠于人民，坚定理想信念，心有大我，把个人命运同国家命运、民族发展紧密联系在一起，扎根人民，奉献国家，为祖国的发展贡献我们的青春力量。

（二）胸有大志

"古之立大事者，不唯有超世之才，亦必有坚忍不拔之志。"幸福都是奋斗出来的，奋斗本身就是一种幸福。广大青年要学习雷锋精神，立鸿鹄志，做奋斗者，牢记"我是一块砖，哪里需要哪里搬"，学习钉子精神，锐意进取、自强不息、艰苦奋斗、敬业奉献，迎难而上、永不气馁，只争朝夕、不负韶华！

（三）肩有大任

一代人有一代人的使命，一代人有一代人的担当。中国梦是每一个中国人的梦，中国梦是历史的、现实的，也是未来的，中华民族伟大复兴的中国梦终将在一代代青年的接力奋斗中变为现实。广大青年要做社会主义的建设者和接班人，努力为中国人民谋幸福，为中华民族谋复兴，为全面建成小康社会，奋力夺取新时代中国特色社会主义伟大胜利，实现中华民族的伟大复兴而不懈奋斗！

（四）行有大德

归根结底，雷锋精神是一种善的境界。雷锋心中有爱，爱党、爱国、爱人民，心里永远装着别人，全心全意，无私奉献。在其短暂的生命中，他始终用快乐与感恩诠释着对善的追求与执着。在他身上，我们看到了艰苦奋斗、勤俭节约、助人为乐、敬业奉献的优良品德。雷锋精神也是激励着我们一代又一代人向上、向善的精神力量。广大青年要向雷锋同志学习，继承和发扬中华优秀传统文化和传统美德，形成正确的价值取向，树立鲜明的道德标尺，弘扬和培育社会主义核心价值观，修大爱之心，践大德之行。

实践演练

电影《离开雷锋的日子》讲述了雷锋的战友乔安山，因一次意外车祸造成雷锋死亡。随后乔安山留下一系列不是雷锋又恰似雷锋的事迹的故事。

观看电影《离开雷锋的日子》，写一篇观后感。

心灵鸡汤

1. 我觉得人生在世,只有勤劳、发奋图强,用自己的双手创造财富,为人类的解放事业——共产主义贡献自己的一切,这才是最幸福的。——雷锋

2. 青春啊,永远是美好的,可是真正的青春,只属于这些永远力争上游的人,永远忘我劳动的人,永远谦虚的人。——雷锋

3. 一个人的作用,对于革命事业来说,就如一架机器上的一颗螺丝钉。机器由于有许许多多的螺丝钉的连接和固定,才成了一个坚实的整体,才能够运转自如,发挥它巨大的工作能力。螺丝钉虽小,其作用是不可估计的。我愿永远做一个螺丝钉。螺丝钉要经常保养和清洗,才不会生锈。人的思想也是这样,要经常检查,才不会出毛病。
   ——雷锋

二 励志章

学有所思

主题九

绿色家园

教育导航

1. 认识我国生态环境的现状；
2. 了解保护环境是我国的基本国策；
3. 保护环境，功在当代，利在千秋。

案例导读

现在全世界约有11亿人生活在空气污染严重的城市，每年约有1 500万人因空气污染引起的各种疾病而难以生存。

半个世纪以来，全世界的用水量增加了4倍，与此同时，水污染与日俱增，现在发展中国家有1/3的人不能饮用洁净水。过度开采是水资源枯竭的重要原因，如果目前的情况延续下去，预计在50年之后，世界人口的1/4将遭受悲惨的水荒，到2025年，世界上将有30亿人面临严重缺水。

由于人类过度放牧、过度垦殖、过度施用化肥和农药，许多地区的沃土贫瘠化、碱化、沙化和退化。全球已有900万公顷农田寸草不生，12亿公顷绿化遭受破坏，2 000多种动物物种灭绝。

地球上的森林以每年18万平方千米的速度在消失。热带雨林以每年14.2万平方千米的速度在消失。按这样的速度发展下去，170年后，全世界的森林将毁灭殆尽。

（资料来源：陈金华.大学生思想道德修养案例解读.上海：复旦大学出版社，2005）

讨论：
1. 看完这组数据你有什么感想？
2. 说说保护环境的重要性。

点拨环节

人类进入工业化时代后，对资源的开发和生态环境的破坏已经大大超过了环境的负荷。当前，全球气候变暖、臭氧层破坏及大气污染、森林锐减、物种灭绝与生物多样性减少、土地荒漠化、水土流失、水环境污染与水资源危机严重、城市垃圾成灾、酸雨蔓延、海洋污染已成为全球面临的十大环境问题。

如何实现人与自然和谐共生，实现可持续发展是亟待解决的重要问题。

一、我国生态环境现状

2018年发布的《中国生态环境报告》中指出，随着人们绿色发展理念显著增强、生态文明制度体系加快形成、能源资源消耗强度大幅下降和生态环境治理明显加强，近年来中国生态环境质量加快改善，但整体形势依然严峻。大气污染防治初见成效，但与全面小康社会的要求差距较远。劣质水（Ⅳ到Ⅴ类水体）得到改善的同时，最优质水（Ⅰ类水体）的比例有所下降，应当引起重视。土壤污染形势严峻，耕地土壤环境质量不容乐观，工矿企业及其周边土壤环境问题突出。环境风险易发、高发态势明显，重金属、危险废物、渗坑渗井污染等污染源引起的污染事件、突发环境事件仍然频繁发生。山、水、林、田、湖、草缺乏统筹保护，人工生态系统发展较快，自然生态系统有所下降，生态空间遭受过度挤占。

总体来说，我国的生态文明建设取得显著成效，但绿色发展不平衡、不充分问题仍然突出。生态环境与人民群众期待差距较大，生态环境保护任重道远，补齐生态环境短板是当前核心任务。

二、保护环境是我国的一项基本国策

生态环境是人类生存和发展的基本条件，是经济、社会发展的基础。保护和建设好生态环境，实现可持续发展，是我国现代化建设中必须始终坚持的一项基本国策。环境保护是关系我国长远发展和全局性的战略问题。我国人口众多，人均资源相对短缺，科技水平不高，经济技术基础比较薄弱，保护生态环境面临的任务十分艰巨。在经济、社会发展中，我们必须努力做到投资少，消耗资源少，而取得的经济效益要高，同时要把环境保护好。保护环境实质就是保护生产力，环境意识和环境质量如何，是衡量一个国家和民族文明程度的重要标志。

三、保护环境，功在当代，利在千秋

生态环境保护是功在当代、利在千秋的事业，是关系人民福祉、关系民族未来的大计。要清醒认识保护生态环境、治理环境污染的紧迫性和艰巨性，清醒认识加强生态文明建设的重要性和必要性，树立和践行"绿水青山就是金山银山"的理念，坚持节约资源和保护环境的基本国策，加强生态文明建设，划定生态保护红线，坚定走生产发展、生活富裕、生态良好的文明

二 励志章

发展道路，为可持续发展留足空间，建设美丽中国，为人民创造良好生产、生活环境，为子孙后代留下天蓝地绿水清的家园，为全球生态安全做出贡献。

四、保护环境 人人有责

（一）环保是一种生活态度

课堂万花筒

一份对我国部分高校大学生环保意识的调查结果显示：我国大学生在环境保护知识上还存在一些常识性的欠缺，大多数大学生意识到了环境保护的重要性，但对其紧迫性和危机感的认识严重不足。比如，答对"世界环境日"的日期（每年6月5日）的同学仅占被采访人数的27.38%；有78.23%的被调查者对校园乱扔垃圾表示强烈反对，93.28%的同学表示对乱扔垃圾现象无能为力，只有不到5%的学生会上前制止，而几乎100%的学生表示自己有随地吐痰、乱扔垃圾的经历。

（资料来源：吴宇．我的大学：我是自主自立的新新人类．北京：旅游教育出版社，2008）

这组调查数据的结果令人担忧。大道至简，知易行难，知行合一，得道功成。环保不只是一句口号，更是一种生活态度。真正懂得环保的人会带动身边人共同践行绿色生活方式，努力将环保理念传递给更多的人，号召更多人参与环保，让更多的人认识到：环保，其实就是一种对自己负责的生活态度。

（二）勿以善小而不为，勿以恶小而为之

保护环境，人人有责。"勿以善小而不为，勿以恶小而为之。"环保是大事，但环保的落实往往是从小事开始，作为大学生，要努力从身边做起，从自身做起。

1. 垃圾分类

随着经济的发展，我国城市化水平显著提高，但伴随而来的城市垃圾也越来越多。据了解，我国每人每年平均产生300千克垃圾，许多城市都面临垃圾围城的局面，许多地方的垃圾常常被简易堆放或填埋，导致臭气蔓延，严重的甚至污染土壤和地下水体。为了最大程度地实现垃圾资源利用，减少垃圾处置的数量，改善生存环境状态，2019年，我国启动全国地级及以上城市生活垃圾分类工作，大力推行垃圾分类，上海成为第一个中国垃圾分类试点城市。

垃圾分类，就是按一定规定或标准将垃圾分类储存、分类投放和分类搬运，从而转变成公共资源的一系列活动。也就是说，在日常生活中我们要对垃圾进行分类投放，实现垃圾的资源化处理，力争物尽其用，从而让垃圾减少占地、减少环境污染、循环利用，使垃圾处理达到减量化、资源化、无害化。

通常，我们将垃圾分为可回收垃圾、厨余垃圾、有害垃圾和其他垃圾四大类。

（1）可回收垃圾。可回收垃圾主要包括废纸、塑料、玻璃、金属和布料五大类。

废纸：主要包括报纸、期刊、图书、各种包装纸等。但是，要注意纸巾和厕所纸由于水溶性太强不可回收。

塑料：各种塑料袋、塑料泡沫、塑料包装（快递包装纸是其他垃圾）、一次性塑料餐盒和餐具、硬塑料、塑料牙刷、塑料杯子、矿泉水瓶等。

玻璃：主要包括各种玻璃瓶、碎玻璃片、暖瓶等。镜子是其他垃圾。

金属：主要包括易拉罐、罐头盒等。

布料：主要包括废弃衣服、桌布、洗脸巾、书包、鞋等。

这些垃圾通过综合处理回收利用，可以减少污染，节省资源。如每回收 1 吨废纸可造好纸 0.85 吨，节省木材 0.3 吨，比等量生产减少污染 74%；每回收 1 吨塑料饮料瓶可获得 0.7 吨二级原料；每回收 1 吨废钢铁可炼好钢 0.9 吨，比用矿石冶炼节约成本 47%，减少空气污染 75%，减少 97% 的水污染和固体废物。

（2）厨余垃圾。厨余垃圾包括剩菜剩饭、骨头、菜根菜叶、果皮等食品类废物。此类垃圾可经生物技术就地处理堆肥，每吨可生产 0.6~0.7 吨有机肥料。

（3）有害垃圾。有害垃圾是指含有对人体健康有害的重金属、有毒的物质或者对环境造成现实危害及潜在危害的废弃物。有害垃圾包括电池、荧光灯管、灯泡、水银温度计、油漆桶、部分家电、过期药品及其容器、过期化妆品等。这些垃圾一般单独回收或填埋处理。

（4）其他垃圾。其他垃圾包括除上述几类垃圾之外的砖瓦陶瓷、渣土、卫生间废纸、用过的纸巾等难以回收的废弃物及尘土、食品袋（盒）。对这些垃圾，采取卫生填埋可有效减少对地下水、地表水、土壤及空气的污染。

大棒骨因为"难腐蚀"被列入其他垃圾。玉米核、坚果壳、果核、鸡骨等则是厨余垃圾。

卫生纸：厕纸、卫生纸遇水即溶，不算可回收的纸张，类似的还有烟盒等。

厨余垃圾袋：常用的塑料袋，即使是可以降解的也远比厨余垃圾更难腐蚀。此外，塑料袋本身是可回收垃圾。正确做法应该是将厨余垃圾倒入垃圾桶，塑料袋另扔进可回收垃圾桶。

果壳：在垃圾分类中，"果壳瓜皮"的标识是"花生壳"，属于厨余垃圾。家里用剩的废弃食用油，也归类于厨余垃圾。

尘土：在垃圾分类中，尘土属于其他垃圾，但残枝落叶属于厨余垃圾，包括家里开败的花朵等也属于厨余垃圾。

2. 蚂蚁森林

课堂万花筒

你以为微不足道的事，却正在改变世界！

——一位边疆牧民写给蚂蚁森林用户们的信

我是一名边疆牧民，我叫毕力格，蒙古族人。

小时候，每当沙尘暴来临时，我都会有一种末世感。库布齐沙漠发怒的样子，是我们童年最害怕的记忆。

虽然沙尘暴是漂浮的，却仿佛掷地有声。当那昏天黑地扑来的时候，可以说是寸步难行。那时我们最渴望的，就是能有一个通向学校的隧道，那个隧道里用胶条封闭着所有的窗，我们不用包纱巾，不用随时用水洗自己被黄沙刮破的干燥皮肤，不用担心会因此患上我们最害怕的要打针的肺病。这个隧道是明亮的，即使外边昏天黑地，我们也可以正常地走在路上。

那时我们最疑惑的就是外界所形容的"我们的草原"为什么跟我们见到的不一样。听爷爷辈的长辈说，他们真的见到过"风吹草低见牛羊"的景象，而不是我们见到的这种"沙尘散尽见城市"。在库布齐沙漠的最东边，是全世界公认的美丽景区——响沙湾。但是只有我们知道，这个美妙的沙漠奇景，也是土地沙化造成的。我们经常去响沙湾里坐着，抓一把沙，让它缓缓地从指缝随风飘走，风刮起来的时候，沙子会因为风发出奇妙的响声，可至今，它都是很多人脑海中挥之不去的阴霾。但是，那时的我们，除了拿着胶条封锁门窗，除了出门裹好纱巾，除了打开所有的灯，我们又可以做什么呢？

时隔多年，当我在外漂泊时，我的家乡也慢慢地变了模样。我曾以为我的家乡会永远寂寞下去，永远不会有轰动，不会有喧嚣；永远居住着倔强的、不愿意离开的老人，以及每天一日三餐般固定的沙尘暴。只有在夜深，万籁俱寂时，它才会有让人沉醉神往的安静的美。我曾以为到了我们这一代壮年时，我的家乡会变成空城。

但当我在外漂泊多年，每天绞尽脑汁思考怎样举家迁离那个地方时，我的家乡却也在悄悄地发生变化。

沙漠边缘开始有了大片的沙柳、梭梭树。我们甚至敢在天气好的时候模仿《肖申克的救赎》里的经典姿势迎风而立，也无惧于事后会满嘴泥浆。

这一切，都是蚂蚁森林和他背后的3.5亿用户用理想铸造的防线。当沙尘再次袭来的时候，我能看到，有的人为了这道防线坚持走路出行，有的人为了这道防线每天都使用手机支付，也有人不知道自己是否可以为这片沙漠做出贡献，但通过各种各样的方式努力着。这些努力看起来似乎微不足道，但是汇集了3.5亿用户的贡献，足以战胜一切挑战。

如今每到黄昏时，我们不会再慌忙躲避。我没有看到用纱巾把自己裹得严严实实、行色匆忙的路人，也没有闻到家家户户为了防止沙尘窒息而烧起的醋酸味，没有常年塞在自行车坐垫底下的擦灰布，没有门缝、窗缝上粘得紧紧的防灰条。

我看到了载歌载舞的广场大妈，我看到了路边搬着板凳喝啤酒、吃毛豆的青年，我看到了羞羞答答拉着手走在街头的男女，我看到了蚂蚁森林为这个城市带来的生机和希望。

我要感谢每一个为库布齐沙漠做出贡献的人，我想称呼你们为"每一个为了地球更好而做出贡献的理想主义者"。感谢你们的付出，你们的每一步都是我们前进的希望。

（资料来源：搜狐网）

2016年8月，支付宝公益板块正式推出蚂蚁森林，用户以步行替代开车、在线缴纳水电煤气费、网络购票等行为节省的碳排放量，将被计算为虚拟的"绿色能量"，用来在手机里养大一棵棵虚拟树。虚拟树长成后，支付宝蚂蚁森林和公益合作伙伴就会在地球上种下一棵真树，或守护相应面积的保护地，以培养和激励用户的低碳环保行为。截至2019年4月，蚂蚁森林用户数达5亿，5亿人共同在荒漠化地区种下1亿棵真树，种树总面积近140万亩。这些树木对于防止沙漠化、改善沙漠环境起到了非常重要的作用。而参与的方式再简单不过，每天走走路，用支付宝支付，或者线上购买火车票等都可以积攒能量。原来环保可以这么简单！该项目也于2019年9月19日，荣获联合国最高环保荣誉——"地球卫士奖"。

实践演练

环保心愿单，由你来续写

1. 节约用纸，使用一张纸的正反面就等于把一张纸当成两张纸来用；
2. 不寄或少寄贺卡；
3. 垃圾分类回收；
4. 使用菜篮子或者布口袋代替塑料袋；
5. 不吃野生动物，不穿野兽皮毛制作的服装；
6. 出行少开私家车，尽量乘坐公共交通工具；
7. 不用或少用一次性餐具；
8. _____ ；
9. _____ ；
10. _____ 。

心灵鸡汤

1. 人法地，地法天，天法道，道法自然。——老子
2. 我们不要过分陶醉于我们人类对自然界的胜利。对于每一次这样的胜利，自然界都对我们进行报复。——恩格斯
3. 人类对自然生态的道德期望必须与其对自然生态的道德责任相联系，人类与自然生态之间必须建立一种等价交换机制，以此限制、消除人类对自然生态不负责任的邪恶行为和自利欲望的膨胀，匡正天人之间的严重不和谐关系。——张立文

学有所思

_____
_____
_____
_____
_____

主题十

缅怀先烈 铭记英雄

教育导航

1. 缅怀先烈，铭记英雄；
2. 继承和发扬英雄精神。

案例导读

光耀星空 精神永存
——郭永怀事迹激励科技工作者爱国奋斗

2018年7月，由中国科学院紫金山天文台发现的两颗小行星分别被命名为"郭永怀星""李佩星"。这对科学伉俪在空中重聚，光耀星空。

郭永怀，中国力学科学的奠基人和空气动力研究的开拓者，也是唯一一个以烈士身份被追授"两弹一星"功勋奖章的科学家。他还是一位出色的教育家，曾任中国科学技术大学化学物理系首任系主任，培养了一大批科技人才。

中华人民共和国成立后，他冲破重重阻力，义无反顾回到国内，将毕生所学贡献给祖国的科研事业。郭永怀曾说："我只是新中国一个普通的科技工作者，我希望自己的祖国早一天强大起来，永远不再受人欺侮。"

"两弹一星"元勋、我国著名科学家朱光亚评价他："郭先生是一位才华横溢、有远见卓识的著名科学家和技术领导人。他理论功底深厚、思维敏捷、思路开阔，而且注重理论联系实际，善于在工作中准确把握科学研究的方向。在中国工程物理研究院工作期间，郭先生始终奋战在科研工作第一线，为中国核武器事业的发展做了许多开创性的工作。"

1968年12月5日凌晨，郭永怀带着第二代导弹核武器的一份绝密资料，乘飞机从青海基地赶往北京，飞机不幸坠毁。找到遗体时，在场的人失声痛哭：郭永怀与警卫员小牟紧紧地抱在一起，费了很大力气将他们分开后，那个装有绝密资料的公文包就夹在俩人中间，数据资料完好无损。郭永怀牺牲 22 天后，我国第一颗热核导弹成功试爆，氢弹的武器化得以实现。

多年过去，记者仍然清晰地记得中国工程院原副院长杜祥琬讲述这段故事时动情的语气："郭永怀是中国知识分子的表率，是中国共产党人的表率。"

"两弹一星"元勋、著名科学家钱学森在《写在〈郭永怀文集〉的后面》中写道："郭永怀同志是一位优秀的应用力学家，他把力学理论和火热的改造客观世界的革命运动结合起来了。其实这不只是应用力学的特点，也是一切技术科学所共有的，一方面是精深的理论，一方面是火样的斗争，是冷与热的结合，是理论与实践的结合，这里没有胆小鬼的藏身处，也没有私心重的活动地；这里需要的是真才实学和献身精神。""作为我们国家的一个科学技术工作者，作为一名共产党员，活着的目的就是为人民服务，而人民的感谢就是一生最好的评价！"

斯人已逝，事迹不灭，精神长存。十几年来，郭永怀的故事逐渐为人们所熟知，郭永怀精神激励着一代又一代国人。

（资料来源：《光明日报》，2018-08-13）

讨论：

读了郭永怀的事迹，你有什么感受？

点拨环节

五千年的历史，五千年的风雨兼程，一路走来，伟大的中华民族虽饱经风霜，却仍旧屹立于世界东方而不倒，这其中涌现出了无数英雄，他们用自己的鲜血与生命，换来了我们今天的幸福生活。

清风拂松柏，清明祭忠魂。每年清明，许多地方积极开展祭奠、缅怀英烈的活动。通过参与相关活动，人们表达了对英烈的缅怀与哀思，更坚定了铭记英烈遗愿、传承英雄精神的信念。

一、每一位英雄都应该被铭记

自古以来，不少忠肝义胆的人为了正义、为了民族、为了国家，舍生取义。明于治乱、娴于辞令的屈原在国破之时，投身汨罗江，以身殉国；"匈奴未灭，何以为家"的霍去病为国鞠躬尽瘁，死而后已；忠君爱国的苏武宁死不屈，为国甘愿在荒无人烟的"北海"牧羊 19 年；南宋文天祥，兵败被俘，面对金钱利诱不为所动，慷慨就义，留下"人生自古谁无死，留取丹心照汗青"的千古名句……他们的义举也永远留在人民的心中，流芳百世。

课堂万花筒

明朝抗倭名将戚继光

戚继光（1528—1588），明朝抗倭名将，杰出的军事家、书法家、诗人。

戚继光在东南沿海抗击倭寇十余年，扫平了多年为虐沿海的倭患，确保了沿海人民的生命财产安全；后又在北方抗击蒙古部族内犯十余年，保卫了北部疆域的安全，促进了蒙汉民族的和平发展。他写下了十八卷本《纪效新书》和十四卷本《练兵实纪》等著名兵书，还有《止止堂集》及在各个不同历史时期呈报朝廷的奏疏和修议。

同时，戚继光又是一位杰出的兵器专家和军事工程家。他改造、发明了各种火攻武器；他建造的大小战船、战车，使明军水路装备优于敌人；他富有创造性地在长城上修建空心敌台，进可攻退可守，是极具特色的军事工程。

后人评价戚继光是一位立德、立功、立言的英雄。首先是立德，"封侯非我意，但愿海波平"，戚继光抗倭考虑的是国家和人民的利益，而不是一己私利；其次是立功，他挑选吃苦耐劳的农民、矿工组成戚家军，用海洋文化进行训练，这支军队骁勇善战，屡建奇功；最后是立言，戚继光是中国历史上唯一一个既亲自指挥战争又著作兵书的人，也是唯一一位有两部兵书被列入《四库全书》的人。

（资料来源：党建网）

一寸山河一寸血，一抔热土一抔魂。近代以来，在争取民族独立和人民解放的道路上，在保家卫国、守土为民的战争中，无数革命先辈和人民英雄用鲜血和生命，谱写了一部部气壮山河的英雄史诗，铸就了永不褪色的精神丰碑。

在 14 年反抗日本帝国主义侵略特别是 8 年全面抗战的艰苦岁月中，中华儿女万众一心、众志成城，凝聚起抵御外侮、救亡图存的共同意志，谱写了感天动地、气壮山河的壮丽史诗，涌现出杨靖宇、赵尚志、左权、彭雪枫、佟麟阁、赵登禹、张自忠、戴安澜等一批抗日英烈和八路军"狼牙山五壮士"、新四军"刘老庄连"、东北抗联八位女战士及国民党队"八百壮士"等众多英雄群体。无论是正面战场还是敌后战场，无论是直接参战还是后方支援，所有投身抗日战争中的人，都是抗战英雄，都是民族英雄。他们都是抗战的亲历者、见证者，经历了战火洗礼，把青春和热血献给了人类和平事业。

课堂万花筒

方志敏：为了可爱的中国

方志敏，1899 年 8 月出生，江西省弋阳县人，1922 年加入中国社会主义青年团，1924 年转入中国共产党。第一次国共合作期间，他先后任国民党江西省党部执行委员兼农民部部长、中共江西区委工委书记、江西省农民协会常委兼秘书长。1925 年冬，方志敏被党组织派回家乡开展农民运动，1927 年 3 月到达武汉，当选为中华全国农民协会临时委员会临时委员。

大革命失败后，方志敏任中共弋阳、横峰等五县工作委员会书记兼武装起义总指挥，弋、横、德中心县委书记，江西省委委员。1928年1月，方志敏与邵式平、黄道等领导弋横起义，创建赣东北革命根据地，领导组建中国工农红军第10军；先后任赣东北省、闽浙赣省苏维埃政府主席，红10军、红11军政治委员，中共闽浙赣省委书记。他把马克思主义普遍真理与赣东北实际相结合，创造了一整套建党、建军和建立红色政权的经验，毛泽东称之为"方志敏式"的根据地。

　　1934年11月底，方志敏奉命率红军北上抗日先遣队北上，任红10军团军政委员会主席，至皖南遭国民党军重兵围追堵截，艰苦奋战两月余，被7倍于己的敌军围困。他带领先头部队奋战脱险，但为接应后续部队，复入重围，终因寡不敌众，于1935年1月在江西玉山陇首村被俘。被俘那天，国民党士兵搜遍方志敏全身，除了一块怀表和一支钢笔，没有一文钱。诚如方志敏所说："清贫，洁白朴素的生活，正是我们革命者能够战胜许多困难的地方。"在狱中，面对敌人的严刑和诱降，方志敏正气凛然，坚贞不屈。

　　1935年，在江西南昌国民党军法处看守所阴森的牢狱里，方志敏写下的《可爱的中国》，洋溢着无法阻挡的阳光与希冀。同年8月6日，方志敏在江西南昌下沙窝英勇就义，时年36岁。

　　（资料来源：《光明日报》，2018-10-01）

　　中华人民共和国成立以来，全国人民万众一心，众志成城，积极投身于社会主义建设当中，为实现中华民族伟大复兴的中国梦不懈努力。在这当中，涌现了一大批先进典型：隐姓埋名几十年，为研制"两弹一星"做出突出贡献的23位科技专家；科学求实，吃苦耐劳，用身体制服井喷的"铁人"王进喜；创建了超级杂交稻技术体系，为我国粮食安全、农业科学发展和世界粮食供给做出杰出贡献的"杂交水稻之父"袁隆平；60多年致力于中医药研究实践，带领团队攻坚克难，研究发现了青蒿素的屠呦呦；60多年深藏功与名，坚守初心使命的张富清……

课堂万花筒

　　新冠肺炎疫情是中华人民共和国成立以来遭遇的传播速度最快、感染范围最广、防控难度最大的一次重大突发公共卫生事件。在以习近平同志为核心的党中央坚强领导下，广大医务人员和防疫工作者英勇奋战在疫情防控工作第一线，为坚决打赢湖北保卫战、武汉保卫战做出了突出贡献，涌现出一大批可歌可泣的先进典型。

　　2020年4月，湖北省人民政府评定王兵、冯效林、江学庆、刘智明、李文亮、张抗美、肖俊、吴涌、柳帆、夏思思、黄文军、梅仲明、彭银华、廖建军等14名牺牲在新冠肺炎疫情防控一线的人员为首批烈士。他们奋不顾身、坚守一线，同时间赛跑，与病魔较量，日夜守护人民群众生命安全和身体健康。

　　首批评定的14名烈士，有的是直接参与一线救治工作的白衣战士，用生命守护生命，以大爱诠释医者仁心；有的是始终坚守在疫情防控一线的公安干警，以生命践行使命，用热血铸就警魂；有的是用真心真情帮助解决群众生活困难的社区工作者，用生命书写担当，用爱心守护家园。他们是新时代最可爱的人，他们的崇高精神永垂不朽！

　　（资料来源：《人民日报》、新华网）

2014年9月，民政部公布，全国有名可考、收入各级烈士英名录的烈士193万名，出于资料不足或种种原因不可考证的英烈更是数不胜数。保守估计，为了民族独立、人民解放、国家富强和人民幸福而献出生命的英烈至少有2 000万名。

2018年4月27日，中华人民共和国第十三届全国人民代表大会常务委员会第二次会议全票表决通过了《中华人民共和国英雄烈士保护法》。英雄烈士的姓名、肖像、名誉、荣誉受法律保护，禁止歪曲、丑化、亵渎、否定英雄烈士的事迹和精神，宣扬、美化侵略战争和侵略行为将依法惩处甚至追究刑事责任。

"天地英雄气，千秋尚凛然。"每一位英雄都值得被铭记，每一位英雄都应该被铭记！岁月长河，英烈的功勋不会磨灭；时代变迁，英雄精神永远熠熠发光。让英雄精神代代相传、发扬光大，我们才能不断激发前行的力量；让红色基因渗进血液、融入血脉，我们才能在时代洪流中挺立潮头、奋勇向前。

二、人民英雄永垂不朽

（一）"天下兴亡，匹夫有责"的爱国情怀

在中华民族几千年绵延发展的历史长河中，爱国主义始终是激昂的主旋律，是中华民族精神的核心。从古至今，每到民族危难之际，无数的人民英雄展现出的"天下兴亡，匹夫有责"的爱国情怀，为国家抛头颅、洒热血，为战争胜利做出了重大贡献。林则徐的"苟利国家生死以，岂因祸福避趋之"，方志敏的《可爱的中国》无一不是爱国情怀的真实写照。

（二）视死如归、宁死不屈的民族气节

民族危难之际，面对侵略者的屠刀，中国人民用血肉之躯筑起新的长城。成千上万的英雄，在侵略者的炮火中奋勇前进，在侵略者的屠刀下英勇就义，彰显出中华民族威武不能屈的浩然正气。

（三）不畏强暴、血战到底的英雄气概

近代以后，面对强权的一次次入侵，无数的先烈，前仆后继，与敌人血战到底，誓死捍卫国家主权和民族独立，誓与侵略者血战到底，奏响了无数气壮山河的英雄凯歌。

（四）百折不挠、坚忍不拔的必胜信念

信念如炬，九死未悔。无论条件多么艰苦，无论希望多么渺茫，为了人民的信仰、民族的未来，先烈们百折不挠，昂首向前，不改初心，坚忍不拔，为革命胜利做出巨大贡献。

（五）不计得失、敬业奉献的优良品质

在和平年代里，为了祖国的发展、人民的幸福，有多少英雄不计个人得失，把自己的青春和光阴献给了祖国。他们舍小我顾大我，舍小家顾大家，兢兢业业，无私奉献，不求回报，为祖国的建设与发展做出巨大贡献。

三、厚植英雄情怀的鲜明时代价值

（一）有利于形成正确的历史观

"以铜为镜，可以正衣冠；以人为镜，可以明得失；以史为镜，可以知兴替。"历史是一个民族的持久沉淀和集体记忆，是前人的实践和智慧结晶。不忘来时路，方知向何行。忘记和歪曲历史就等于背叛，只有对历史的真实记忆和理性反思，才可以启民智，铸民魂。纪念英雄人物，讲好英雄故事，真实还原英雄人物所在的历史环境，科学评价英雄人物的历史作用，才能让人们真实地感受历史的波澜壮阔，了解英雄人物的丰功伟绩，从而强化人们的历史记忆，形成尊重历史、铭记历史、敬畏历史的良好风气，树立正确的历史观。

（二）有利于提升社会文明程度

"一个有希望的民族不能没有英雄，一个有前途的国家不能没有先锋。"不论是"天下兴亡、匹夫有责"的爱国情怀，视死如归、宁死不屈的民族气节，不畏强暴、血战到底的英雄气概，百折不挠、坚忍不拔的必胜信念，还是不计得失、敬业奉献的优良品质，英雄精神永远值得我们学习。它蕴含着社会主义核心价值观，是中华民族精神和时代精神的生动诠释。弘扬英雄精神，宣传先进典型，有利于荡涤人们的心灵，提升思想觉悟和道德素养，增强民族认同感，从而促进整个社会形成正确的价值取向，提升社会文明程度。

（三）有利于发扬斗争精神，实现中国梦

近代以来，实现中华民族的伟大复兴是每一个中华儿女的梦想。要实现这个伟大梦想，必须要能应对重大挑战、抵御重大风险、克服重大阻力、解决重大矛盾，要进行具有许多新的历史特点的伟大斗争。我们所崇尚的英雄就是坚持斗争、敢于斗争的典范。学习英雄事迹、弘扬英雄精神、厚植英雄情怀有利于在全社会发扬斗争精神，不怕困苦，迎难而上，为实现中华民族伟大复兴的中国梦不懈奋斗！

四、新时代如何继承和发扬英雄精神

（一）涵养"天下兴亡，匹夫有责"的爱国情操

"爱国，是人世间最深层、最持久的情感，是一个人立德之源、立功之本。"它扎根在亿万同胞的血肉里，深藏在中华民族伟大复兴的理想里，爱国不是一句口号，而是一种情感与担当。有国才有家，作为时代新人，要勇于扛起时代赋予的责任，要时时想到国家，处处想到人民，做到"利于国者爱之，害于国者恶之"，坚定理想信念，自觉把个人理想同祖国的发展、人民的命运紧紧联系在一起，努力为祖国建设添砖加瓦。

（二）塑造心中有责、敢于担当的敬业品格

在社会主义现代化建设的新时期，一大批时代楷模忘我工作、勤勤恳恳，造就了这个时代新的辉煌。一个人有多大的能力就要承担多大的责任，无论将来在哪个工作岗位上，都要兢兢业业，爱岗敬业，有一分热，发一分光。

（三）保持百折不挠、坚忍不拔的奋斗姿态

一部民族复兴史，就是一部奋斗史。新时代是奋斗者的时代，今天，历史的接力棒传到我们的手中，每一个人都要不忘初心，牢记使命，在读书中增长智慧，从历史中汲取力量，以百折不挠、坚忍不拔的奋斗姿态，担负起我们这一代人的责任和担当，在实现中华民族伟大复兴的道路上戮力同心，携手共进，只争朝夕，不负韶华！

实践演练

你还知道哪些英烈的故事，体现了什么样的精神品质？说说你的体会和感受。

心灵鸡汤

1. 忠诚印寸心，浩然充两间。——蔡和森
2. 人生应该如蜡烛一样，从顶燃到底，一直都是光明的。——萧楚女
3. 敌人只能砍下我们的头颅，决不能动摇我们的信仰！因为我们信仰的主义，乃是宇宙的真理！——方志敏

学有所思

主题十一 劳动光荣

教育导航

1. 了解劳动教育的内涵及意义；
2. 热爱劳动。

案例导读

中共中央、国务院：劳动教育将纳入大中小学必修课

2020年3月20日，中共中央、国务院印发《关于全面加强新时代大中小学劳动教育的意见》（以下简称《意见》），要求构建德智体美劳全面培养的教育体系。

大中小学设立劳动教育必修课。《意见》对劳动教育进行了整体设计，要求把劳动教育纳入人才培养全过程，在大中小学设立劳动教育必修课程。

中小学劳动教育课每周不少于1课时。《意见》指出，中小学劳动教育课每周不少于1课时；职业院校以实习实训课为主要载体开展劳动教育，其中劳动精神、劳模精神、工匠精神专题教育不少于16学时；普通高等学校要明确劳动教育主要依托课程，其中本科阶段不少于32学时。

大中小学每学年设劳动周。《意见》明确，中小学要对学生每天课外劳动时间做出规定。大中小学每学年设劳动周，可在学年内或寒暑假自主安排，以集体劳动为主。高等学校也可安排劳动月，集中落实各学年劳动周要求。组织实施好劳动周，小学低中年级以校园劳动为主；小学高年级和中学可适当走向社会，参与集中劳动；高等学校要组织学生走向社会，以校外劳动锻炼为主。

让学生动手实践，出力流汗。《意见》进一步明确了劳动教育的内容，当前劳动教育的重点是在系统的文化知识学习之外，让学生动手实践，出力流汗，在劳动实践中进行教育。针对不同学段、类型学生的特点，以日常生活劳动、生产劳动和服务性劳动为主要内容开展劳动教育。结合产业新业态、劳动新形态，注重选择新型服务性劳动的内容。

劳动素养将成为升学的重要依据。《意见》提出健全劳动素养评价制度，把劳动素养评价结果作为高一级学校录取的重要参考或依据。

广泛开展劳动教育实践活动。《意见》明确了在广泛开展劳动教育实践活动中，家庭、学校和社会应发挥的作用。家庭要发挥在劳动教育中的基础作用，鼓励孩子掌握必要家务劳动技能。学校不得挤占、挪用劳动实践时间，要发挥在劳动教育中的主导作用。

支持学生参加志愿服务。社会要发挥在劳动教育中的支持作用。各级政府部门要积极协调和引导企业公司、工厂农场等组织，开放实践场所，支持学校组织学生参加力所能及的生产劳动，参与新型服务性劳动。

（资料来源：央视网）

讨论：

1. 国家为什么如此重视劳动教育？
2. 这对你有什么启示？

点拨环节

2018年9月，习近平总书记在全国教育大会上明确提出将劳动教育纳入培养社会主义建设者和接班人的总体要求，必须构建体现时代特征的大中小学劳动教育体系，全面落实党的教育方针。他表示："要在学生中弘扬劳动精神，教育引导学生崇尚劳动、尊重劳动，懂得劳动最光荣、劳动最崇高、劳动最伟大、劳动最美丽的道理，长大后能够辛勤劳动、诚实劳动、创造性劳动。"

在中国教育史上，劳动教育一直备受推崇，而"劳动最光荣，劳动最伟大""向最美劳动者致敬"的主旋律思想也一直深深地影响着我们。近代以来，实现国家富强、民族振兴、人民幸福的中国梦，是中华民族最伟大的梦想。追梦需要勇气，圆梦需要行动。"以劳动托起中国梦"是我们圆梦的必经之路，追梦路上，需要全国人民万众一心，众志成城，诚实劳动，开拓创新，以实干兴邦，以实干圆梦。

一、劳动与劳动教育

劳动是人类社会生存和发展的基础，主要是指生产物质资料的过程，通常是指能够对外输出劳动量或劳动价值的人类运动。劳动是人维持自我生存和自我发展的唯一手段。按照传统的劳动分类理论，劳动可分为脑力劳动和体力劳动两大类。

劳动教育是使青少年学生获得正确劳动观念、劳动习惯、劳动情感、劳动精神，了解和懂得生产技术知识，掌握生活和劳动技能，在劳动创造中追求幸福感的育人活动。它包括劳动思想观念的教育、劳动技术知识和劳动技能的教育。

人类是在劳动中生存、发展起来的。马克思说，人的本质是劳动。劳动是创造社会物质财富和文化财富的根源。人类在不断的劳动中，促进了自身的发展，才形成了今天人类的智慧。而劳动教育是联通教育世界与生活世界、职业世界、新兴创客世界等的重要环节，是中国特色社会主义教育制度的重要内容，是促进青少年德、智、体、美、劳全面发展的重要载体，对于培养社会主义建设者和接班人具有重要战略意义。

二、劳动教育的意义

课堂万花筒

劳动中促成长 实践中育新人

做一道美食、整理自己的房间、废物利用制作小吸尘器……2020年的暑假，晒孩子的劳动成果成了上海家长微信朋友圈中的一道风景线。

不仅仅在暑假，在平时，丰富多彩的劳动教育课程和活动也早已融入上海大中小学生的日常学习和生活之中。学打行李结、制作创意卡套、改造打蛋器……上海"空中课堂"的劳动技术课程大多从一个个有趣的日常生活情境出发，深受学生喜欢。

疫情期间，上海市在研究劳动技术课程在线教学的基本规范和质量标准时，坚持把"培养学生素养和能力"的理念落实到每一节课的录制中。

"劳动教育课程也要与时俱进，更好地体现时代性。"上海市教委教研室党总支书记纪明泽介绍，以往的课程设计是以传授劳动技术为主，接下来将转向融入劳动技术、工程、思维、观念的综合性劳动项目的课程设计，除了传统的学工、学农，日常生活劳动教育、生产劳动教育和服务性劳动教育都将陆续走入大中小学，真正促进学生在劳动观念、劳动情感、劳动能力、劳动精神上得到切实的发展。

让学生在劳动中成长，树立正确的劳动观，增强对劳动人民的感情，所有课程都有育人作用。在静安区和田路小学，劳动教育发生在每门课的课堂，学校通过跨学科的项目学习，让尊重劳动、崇尚劳动的观念在学生心中深深扎根。

（资料来源：《中国教育报》，2020-09-29）

（一）劳动教育有利于树立正确的人生观和价值观

100多年前，著名教育家蔡元培先生在《中国人的修养》一书中说道："决定孩子一生的并不是学习成绩，而是健全的人格培养。"由此可以看出，培养人才的前提是塑造一个具有集体主义和社会荣誉感的人。而人才的培养离不开劳动教育对当代青少年学生的"再塑造"，真正落实劳动教育，使之浸润青少年学生的成长历程，显得尤为重要。唯有如此，才能帮助他们打好人生底色，更好地掌握劳动技能，养成劳动习惯，感悟劳动快乐，并在劳动实践中磨炼意志品质，增进团队意识，逐步确立劳动最光荣、劳动最崇高、劳动最伟大、劳动最美丽的价值观念，培养崇尚劳动、热爱劳动、尊重劳动者的思想情感。

（二）劳动教育是中国特色社会主义教育制度的重要内容

劳动教育是中国特色社会主义教育制度的重要内容，它直接决定社会主义建设者和接班人的劳动精神面貌、劳动价值取向和劳动技能水平。"以劳树德，以劳增智，以劳健体，以劳溢美，以劳促创新"，是劳动教育长期实践所形成的中国特点。它是国民教育体系的重要内容，是学生成长的必要途径。具有树德、增智、强体、育美的综合育人价值，是培养德智体美劳全面发展的社会主义建设者和接班人不可或缺的重要内容。在"德、智、体、美、劳"五育并举的育人理念下，明确劳动教育是中国特色社会主义教育制度的重要内容，并将国民教育中实施劳动教育的学段实现全覆盖，着力培养全面发展的、高素质的社会主义建设者和时代新人。

三、开展劳动教育刻不容缓

课堂万花筒

相关调查显示，中国小学生平均每天的劳动时间只有12分钟。新华社记者在部分省区采访时了解到，中小学生自理能力缺失与劳动意识淡薄现象普遍存在，劳动时间、劳动能力"双赤字"情况突出。

无疑，劳动教育与德、智、体、美教育同样重要。因为，劳动教育不仅是培养学生基本的劳动能力、生存能力的途径，还是树立学生正确的劳动观念和劳动态度的重要路径，也是教育学生热爱劳动和劳动人民的重要手段。但从现实情况来看，劳动教育缺失相当严重。

据记者调查，在家里经常整理房间、打扫卫生、洗碗的小学生不足三成，学生日均家务劳动时间不足10分钟。在学校，以课代劳、以教代劳、以说代劳、以画代劳普遍存在，这并非是"真劳动"。在校外，劳动实践蜻蜓点水、走马观花，实践价值非常有限。

在劳动教育缺失的背景下，即使学生学习成绩再好，也是高分低能，可能连最基本的生活自理也做不到，谈不上树立正确的劳动观念，更谈不上热爱劳动了。虽然说社会分工越来越细，生活越来越智能，很多劳动不再需要学生去干了，但最基本的劳动能力不应缺失。

（资料来源：《北京青年报》，2019-06-11）

令人遗憾的是，随着时代的进步、经济的发展和人民生活水平的提高，劳动教育在现实生活中被不断弱化和边缘化，"应试教育"中的"唯成绩论"逐渐成为学校和家长眼中衡量孩子是否优秀，是否能在激烈的社会竞争下胜出的单一标准。在这种模式下，劳动教育被逐渐淡忘，出现相当数量的青少年学生"四体不勤、五谷不分"，鄙视普通劳动者，不珍惜劳动成果，不爱劳动、不愿劳动、不会劳动的现实情况。如果劳动教育一再缺位，影响的是教育的多元性，损害的是学生德智体美劳综合素质的养成，开展劳动教育刻不容缓。

新时代加强劳动教育必须强调以习近平新时代中国特色社会主义思想为指导，落实立德树人根本任务，把劳动教育纳入人才培养全过程，贯通大中小学各学段，贯穿家庭、学校、社会各方面，与德育、智育、体育、美育相结合，把握育人导向，遵循教育规律，创新体制机制，注重教育实效，实现知行合一，促进学生形成正确的人生观、价值观、世界观。

四、如何开展自我劳动教育

课堂万花筒

一屋不扫，何以扫天下

小明是一位大二学生，他比其他男生更爱打扫宿舍卫生，还经常督促同学做好宿舍卫生，不是因为他比其他人更爱干净，而是有一件事给了他一个很大的教训。

在他大一的时候，因为从小娇生惯养，没有做过什么家务，他不爱打扫宿舍卫生，书本乱扔，东西乱放，臭袜子乱丢，饮料瓶子堆满桌面。舍友们纷纷提醒他要做好宿舍卫生，否则不仅对自身健康不利，还会影响他人，影响舍容舍貌。可是，小明不仅不把这当回事，还跟舍友说："你愿意收拾，你就收拾啊！"因为这个问题，舍友和他关系闹僵，没有人愿意和他说话，辅导员找他谈话多次，他每次都是认错态度良好，却死不悔改。

大一下学期期末考试前一天，他早上起床后开始发烧，拉肚子，全身酸痛，恶心想吐，因此错过了期末考试，后来去医院才查出是得了急性肠胃炎。医生说是因为天气炎热，细菌滋生，吃了不干净的东西导致的，回去后要特别注意养成良好的卫生习惯。从此以后，小明一改往日的坏习惯，变得爱劳动，经常打扫宿舍卫生，与舍友的矛盾也得到了缓和。

（一）以劳立志，积极转变思想观念

"懒惰是万恶之源"，贪图享乐，不思进取，终将一事无成。要学会转变思想观念，牢固树立劳动最光荣、劳动最崇高、劳动最伟大、劳动最美丽的观念，摆脱懒惰恶习，把劳动作为人生的必修课，以劳立志，通过劳动磨炼专注精神和坚强意志，在接受劳动实践的过程中，培养热爱劳动、尊重劳动、热爱劳动人民的思想感情，树立劳动光荣而幸福的观念，磨炼出不懈奋斗的精神。

（二）参与日常生活劳动，培养生活技能

在重视学习的同时，作为一名新时代大学生，要积极参与日常生活劳动，培养生活技能，强化劳动、自立意识，从小事做起，学会积累生活经验，做到能劳动、会劳动、爱劳动、自觉劳动，养成勤劳的习惯，具有"能生存""能生活"的思想准备、知识装备和技能装备。在自我服务的劳动中去自我觉醒、自我觉悟、自我认知，为今后走向社会打下坚实的基础。

（三）参与服务性劳动，培养社会公德

课余时间，在保证安全的前提下，可以积极参与社会实践类的服务性劳动，利用知识、技能等为他人和社会服务，特别是在公益劳动和志愿服务中强化社会责任感，培养社会公德。

（四）弘扬劳动光荣、技能宝贵、创造伟大的时代风尚

大学生步入社会后，将会进入企业，参与生产劳动。选择喜欢的、适合你的职业，踏实肯干，勤勤恳恳，兢兢业业，弘扬劳动光荣、技能宝贵、创造伟大的时代风尚，努力培育"工

匠精神"，不断对自己提出更高的要求，并不断自我超越、自我提升、自我完善，始终追求做更好的自己，成就一番事业，实现自己的人生价值。

实践演练

林俊德：至死攻坚，唱响生命行歌

　　林俊德，我国核试验爆炸力学测试专业领军人物，中国工程院院士，于2012年病逝。林俊德入伍52年，参加了我国45次核试验任务，为国防科技和武器装备发展倾尽心血，在癌症晚期，仍以超常的意志工作到生命的最后一刻。2013年，他被追授为中央军委的"献身国防科技事业杰出科学家"。

　　林俊德的中学和大学都是靠政府助学金完成的。大学毕业后，他被分配从事核试验研究。由于核爆炸具有极大的破坏性，测量仪器的研制一直存在很大难度。林俊德根据当时的实际情况，独立创新制作了钟表式压力自记仪，为测量核爆炸冲击波参数提供了完整可靠的数据。在之后40多年的科研旅途中，他先后获得30多项科技成果。

　　2012年5月4日，他被确诊为"胆管癌晚期"。为了不影响工作，他拒绝手术和化疗。5月26日，因病情突然恶化，他被送进重症监护室。醒来后，他强烈要求转回普通病房，他说："我是搞核试验的，一不怕苦，二不怕死，现在最需要的是时间。"

　　林俊德住院期间，陆续做了几件事：整理移交了一生积累的全部科研试验技术资料；3次打电话到实验室指导科研工作，2次在病房召集课题组成员布置后续实验任务；完成了130多页、8万多字博士论文的修改，在剧痛中写下338字的6条评阅意见；与基地领导几次探讨基地爆炸力学技术的发展路线；向学生交接了两项某重大国防科研尖端项目。2012年5月31日20时15分，心电仪上波动的生命曲线，从屏幕上永远地消失了。生命最后时刻，林俊德从罗布泊的荒原戈壁，转战到医院病房这个特殊战场，完成了一名国防科技战士最后的冲锋。

　　2018年，经中央军委批准，他与张思德、董存瑞、黄继光、雷锋等各时期英模一起，成为中国人民解放军10位挂像英模。

　　在平凡中坚持，成就了不平凡，感动了大家，感动了中华儿女。平凡的人们奋战在不同平凡的岗位上，他们坚守着一个信念，"爱自己的祖国，爱自己的人民。"这种爱在他们的坚守中不是一时，不是一年，而是几十年如一日，是全部的心血、全部的爱。

　　林俊德院士是军人的楷模、院士的楷模、科研工作者的楷模！他将毕生的心血和才智都奉献给了崇高的核试验事业，一生无怨无悔，真正做到了"干惊天动地事，做隐姓埋名人"的誓言！他坚持自己的人生操守，不兼职，不走穴，不参加无关专业的评审会，真正做到了他的"一心一意搞科研，实事求是搞科学"的铮铮誓言！

　　（资料来源：共产党员网）

　　读完以上材料，谈谈林俊德院士的事迹对你有何启示。

心灵鸡汤

1. 幸福存在于生活之中，而生活存在于劳动之中。——列夫·托尔斯泰
2. 只有通过劳动，思想才能变得健全；只有通过思想，劳动才能变得愉快，两者是不能分割的。——罗斯金
3. 知识是从刻苦劳动中得来的，任何成就都是刻苦劳动的结晶。——宋庆龄

学有所思

二 励志章

主题十二

百年五四 薪火相传

教育导航

1. 了解五四青年节的由来、五四运动的历史及意义；
2. 认识五四精神，缅怀五四先驱崇高的爱国情怀和革命精神；
3. 传承五四精神，凝聚青春力量，以青春之我、奋斗之我建功新时代。

案例导读

五四青年节到来之际，习近平总书记给青年送出这份寄语

在2020年五四青年节到来之际，习近平总书记寄语新时代青年，要坚定理想信念，站稳人民立场，练就过硬本领，投身强国伟业。

习近平总书记深情寄语、殷切嘱托，激励广大青年积极拥抱新时代、奋进新时代。大家纷纷表示，要牢记习近平总书记寄语，继承和发扬五四精神，在实现中华民族伟大复兴中国梦的新长征路上奋勇搏击。

不畏艰险、冲锋在前、真情奉献，展现当代中国青年的担当精神

习近平总书记指出，面对突如其来的新冠肺炎疫情，全国各族青年积极响应党的号召，踊跃投身疫情防控的人民战争、总体战、阻击战，不畏艰险，冲锋在前，真情奉献，展现了当代中国青年的担当精神，赢得了党和人民的高度赞誉。认真学习习近平总书记寄语，广大青年深受鼓舞，倍感振奋。

宁夏回族自治区石嘴山市中医医院副主任医师朱斌是一名青年中医。面对疫情，他积极响应党的号召，请缨"逆行"武汉，在方舱医院发挥中医对新冠肺炎的防治作用。在2020年的五四青年节，他光荣获得"中国青年五四奖章"。"习近平总书记指出，青春由磨砺而出彩，人生因奋斗而升华。总书记的话给予我们莫大的鼓舞！"朱斌说，"现在中医药事业迎来了难得的发展机遇。作为中医人，要以青春之我、奋斗之我建功立业，以梦为马，不负韶华。"

始终保持艰苦奋斗的前进姿态，在新长征路上奋勇搏击

习近平总书记强调，今年是决胜全面小康、决战脱贫攻坚的收官之年，也是实现"两个一百年"奋斗目标的历史交汇之年。新时代中国青年要继承和发扬五四精神，坚定理想信念，站稳人民立场，练就过硬本领，投身强国伟业，始终保持艰苦奋斗的前进姿态，同亿万人民一道，在实现中华民族伟大复兴中国梦的新长征路上奋勇搏击。

"总书记寄语是一份珍贵的青年节礼物，让我浑身充满干劲。"27岁的共青团吉林省延边朝鲜族自治州委派驻汪清县老庙村第一书记金星辉，2015年从北京大学毕业后毅然回到家乡延边工作，后又主动投身脱贫攻坚一线。"驻村3年来，村民们从刚开始的质疑，到现在'有事就找小金子'，我在扎根基层、服务群众中逐步找到了人生价值所在。我将铭记总书记嘱托，继续做好驻村扶贫工作，带领村民巩固脱贫成果，致富奔小康。"

关心青年成长，支持广大青年建功立业

习近平总书记指出，各级党委和政府、各级领导干部以及全社会都要关心青年成长，支持广大青年建功立业。

"总书记寄语更加坚定了我们服务青年创业的信念。"北京中关村创业大街联合党委书记姚宏波说，中关村创业大街成立6年来，已助力数以万计的青年创业者实现梦想，新冠肺炎疫情发生后更从租金减免、人才服务、对接资源等方面提供支持、服务，"未来，我们将与广大青年共同成长和奋斗，支持广大青年建功立业，为民族复兴铺路架桥，为祖国建设添砖加瓦。"

（资料来源：《人民日报》，2020-05-05）

讨论：

读了习近平总书记对青年的寄语，你有何感受与启发？

点拨环节

青年兴则国家兴，青年强则国家强。青年一代有理想、有本领、有担当，国家就有前途，民族就有希望。中国的未来属于青年，中华民族的未来也属于青年。青年一代的理想信念、精神状态、综合素质，是一个国家发展活力的重要体现，也是一个国家核心竞争力的重要因素。

一、五四青年节的由来

每年5月4日是中国青年节，它起源于1919年5月4日爆发的以青年学生为主的反帝反封建的爱国运动——五四运动。1939年，陕甘宁边区西北青年救国联合会规定5月4日为中国青年节。1949年12月23日，中国人民政府政务院正式规定：5月4日为中国青年节。

每年青年节，全国各地都会举行丰富多彩的纪念活动，青年们还会集中参与社会实践及志愿服务活动，各级共青团组织会集中对优秀青年进行表彰，有的地方还会在青年节期间举行成人仪式。

课堂万花筒

传承五四薪火　　展现青春风采

2019年是五四运动100周年，为深入学习团的十八大精神，贯彻落实习近平总书记关于青少年和共青团工作的重要论述精神，响应全团关于"青年大学习"行动号召，增强青年对国家事业的理解和担当，由厦门团市委指导，厦门兴才职业技术学院团委主办的"青春心向党·建功新时代"2019年"团支书讲团课"优秀团课汇报会在学术报告厅隆重举行。

校团委于1月就开始进行本次活动的相关筹备工作，将共青团思想政治教育以一种新方式带到全校共青团员身边。本次活动跨四个学院，动员各级团基层组织，经二级学院团总支遴选推荐，择优录制团课视频推荐报送，由校级团组织进行评审，经过层层选拔，共有8名选手进入本次汇报会。

比赛选手的演讲或激情高亢，或深情吟诵，深切缅怀百年五四，将新青年青春热血展现在舞台上，抒发了对团的炽热情怀，坚定了高举团旗跟党走的信念，表达了"青春心向党·建功新时代"新青年的责任担当和奋斗理想。他们的精彩演讲打动了在场评委和观众，赢得现场阵阵掌声，充分展现了新时代大学生永远跟党走、建功新时代的坚定信念。

二、五四运动的发展历程及历史意义

鸦片战争以后，中国备受西方列强侵略、践踏和欺凌，逐渐陷入半殖民地半封建社会的深渊。1919年1月，第一次世界大战的战胜国在法国巴黎召开所谓的和平会议。会上，中国代表提出废除外国在中国的势力范围、撤退外国在中国的军队并取消"二十一条"等正义要求却被拒绝，西方列强全然不顾中国也是战胜国之一，决定将德国在中国山东的权益转让给日本。"弱国无外交"，巴黎和会上的外交失败传回国后，举国哗然，群情激愤。

1919年5月4日，一群爱国青年走上北京街头，主动抗争，为国家地位和民族尊严而呐喊，自此爆发了一场以青年学生为主，广大群众、市民、工商人士等阶层共同参与的，通过示威游行、请愿、罢工、暴力等形式进行的"外争主权、内除国贼"的爱国运动。他们的声声呐喊不仅是对帝国主义强权的抗议、对军阀控制的政府软弱无能的抗议，也是对中国国家主权的维护、对中华民族尊严的维护。自1919年6月3日起，五四运动的中心由北京转到上海，斗争主力由学生逐渐转向工人。继而，在全国各主要城市形成了罢工、罢课、罢市的"三罢"高潮，抗议斗争如燎原之火，扩展到20多个省和自治区、100多个城市。最终，在强大的压力下，北洋政府被迫让步，释放了被捕的学生，撤销了曹汝霖、陆宗舆、章宗祥三个卖国贼的职务，并拒绝在巴黎和会上签字。

五四运动是一场以中国先进青年知识分子为先锋，各地人民群众广泛参加的彻底的反帝反

封建的爱国运动。它以全民族的力量高举爱国主义的伟大旗帜，以全民族的行动激发了追求真理、追求进步的伟大觉醒，以全民族的搏击培育了永久奋斗的伟大传统。它是中国革命史上划时代的事件，是中国新民主主义革命的开端，是中国旧民主主义革命到新民主主义革命的转折点。

三、五四精神永放光芒

课堂万花筒

伟大的爱国主义者、民主革命战士：闻一多

闻一多（1899—1946），湖北浠水县人，中国民主同盟成员。1912年，他考入北京清华学校，是清华新剧社、美术社的发起者，曾担任《清华周刊》总编辑及《清华学报》编辑。

1919年，闻一多参加五四运动。同年6月，他作为清华学校学生代表去上海参加全国学生联合会成立大会。1922年赴美留学，先后在芝加哥美术学院、科罗拉多大学学习美术，同时继续投入大量精力从事新诗创作和文学研究。其间，他写下了著名的《七子之歌》等多篇爱国思乡之作。1923年在国内出版诗集《红烛》。

1937年7月，他随校迁往昆明，任北大、清华、南开三校合并后的西南联合大学教授。面对严酷的现实，他毅然投身到抗日救亡和"争民主、反独裁"的斗争中。1943年，他开始得到中共昆明地下党和民主同盟的帮助，党通过不同渠道，给他送去毛泽东的《新民主主义论》等著作。他开始认识到要救中国，必须从根本上推翻帝国主义和封建军阀的统治。蒋介石的《中国之命运》发表后，他说："五四给我的印象太深，《中国之命运》公开地向五四宣战，我是无论如何受不了的。"1944年，他加入中国民主同盟，后担任民盟中央执行委员、民盟云南支部宣传委员兼"民主周刊"社社长，成为积极的民主斗士。

1945年12月1日，昆明发生国民党当局镇压学生爱国运动的"一二·一"惨案，闻一多亲自为死难烈士书写挽词"民不畏死，奈何以死惧之"。出殡时，他拄着手杖走在游行队伍前列，并撰写了《"一二·一"运动始末记》，揭露惨案真相，号召战士们踏着四烈士的血迹继续战斗。1946年6月29日，民盟云南支部举行社会各界招待会，他在会上宣布民盟决心响应中共的号召，坚持"民主团结、和平建国"的立场，号召"各界朋友们亲密地携起手来，共同反内战、争民主，坚持到底"。

1946年7月11日，民盟负责人、著名社会教育家、当年救国会七君子之一的李公朴，在昆明被国民党特务暗杀。闻一多当即通电全国，控诉反动派的罪行。他为《学生报》的《李公朴先生死难专号》题词："反动派！你看见一个倒下去，可也看得见千百个继起的！"7月15日，在云南大学举行的李公朴追悼大会上，主持人为了闻一多的安全，没有安排他发言。但他毫无畏惧，拍案而起，慷慨激昂地发表演讲，痛斥国民党特务，并握拳宣誓："我们有这个信心：人民的力量是要胜利的，真理是永远存在的！""我们不怕死，我们有牺牲精神，我们随时准备像李先生一样，前脚跨出大门，后脚就不准备再跨进大门！"当天下午，他主持《民主周刊》记者招待会，进一步揭露暗杀事件的真相。散会后，闻一多在返家途中，突遭国民党特务伏击，

身中十余弹，为中国的民主斗争洒尽了最后一滴血。

（资料来源：新华网）

> 讨论：
> 1. 从闻一多先生身上，我们能看出哪些高贵的精神品质？
> 2. 谈谈你对五四精神的认识。

五四风雷，激荡百年。五四精神，薪火相传。

中华多傲骨，英雄出少年。五四运动，孕育了以爱国、进步、民主与科学为主要内容的伟大五四精神，这是五四运动创造的宝贵精神财富，亦是中华民族百折不挠、自强不息的民族精神的生动写照。这精神是一团火，划过民族的夜空就不曾熄灭过；这精神是一道光，成为驱动中华民族加速迈向伟大复兴的蓬勃力量。

（一）爱国

爱国主义是五四精神的源泉与核心，是我们中华民族精神的核心，是中华民族团结奋斗、自强不息的精神纽带。

五四运动爆发于民族危难之际，是晚清以来被压抑的爱国情绪的大爆发，它不是凭空产生的，而是历史的产物。自1840年鸦片战争开始，西方列强用最野蛮的手段打开了古老中国的大门，中华民族由此开始了长达百余年的屈辱和抗争。近代中国被迫签订了300多个不平等条约，逐渐沦落为半殖民地半封建社会。割地、赔款、开放通商口岸，一件件、一桩桩无不刺痛着中国人民的神经，挑战着中国人民忍耐的极限，而无耻分赃的巴黎和会彻底浇灭了善良的中国人的最后一丝希望，成为五四运动的导火索。中国的青年们面对国家和民族的生死存亡挺身而出，全国民众奋起抗争，誓言"国土不可断送、人民不可低头"，奏响了浩气长存的爱国主义壮歌，带领中国人民为拯救民族危亡、捍卫民族尊严、凝聚民族力量而掀起了一场伟大的爱国运动。

（二）进步

五四运动以全民族的行动激发了追求真理、追求进步的伟大觉醒，是一场深刻的思想解放运动。

近代以来，救亡图存一直是主旋律。一大批仁人志士在与西方霸凌的抗争中摸索中国道路。五四运动的斗争对象直指帝国主义和北洋军阀政府，表现出的反帝反封建的彻底性是前所未有的，打破了封建思想的桎梏，猛烈冲击了几千年来的封建旧礼教、旧道德、旧思想、旧文化，掀起了追求解放、追求真理的新热潮，实现了中国人民和中华民族自鸦片战争以来第一次全面觉醒。它以彻底反帝反封建的革命性、追求救国强国真理的进步性、各族各界群众积极参与的广泛性，推动了中国社会进步，揭开了全民族进行彻底的反帝反封建斗争的序幕。

（三）民主与科学

在五四运动中，勇于探索、敢于创新、解放思想、实行变革是民主与科学提出和实现的途径，理性精神、个性解放、反帝反封建是民主与科学的内容。

俄国"十月革命"的一声炮响，给中国送来了马列主义。五四运动促进了马列主义在中国的传播，促进了马列主义同中国工人运动的结合，为中国共产党的成立做了思想上的准备，为

新的革命力量、革命文化、革命斗争登上历史舞台创造了条件，是一场传播新思想、新文化、新知识的伟大思想启蒙运动和新文化运动，是中国旧民主主义革命走向新民主主义革命的转折点，在近代以来中华民族追求民族独立和发展进步的历史进程中具有里程碑意义。经过五四运动的洗礼，越来越多的中国先进分子集合在马列主义旗帜下，1921年中国共产党正式成立，中国历史掀开了崭新的一页。

在浩瀚的历史长河中，1919年的热血仍有光亮，1919年的呐喊依然铿锵有力。时代永远记得，中国青年在民族危难之际，勇立时代潮头，传播一种理想，坚守一种信念，宣扬一种精神，那些青春的面庞，带领中国人民发出了历史的最强音。斗转星移，一百多年来，以爱国、进步、民主、科学为核心的五四精神从未走远，中国青年一代又一代接续奋斗、凯歌前行，用他们的青春甚至生命，诠释着五四精神。

四、青春心向党，建功新时代

一代人有一代人的长征，一代人有一代人的担当。如今，社会主义进入了新时代，我们比以往任何时候都更接近中华民族伟大复兴的中国梦。在今天，五四精神已化为不灭的火种，历久弥新、与时俱进，具有更深刻的现实意义，也激励着广大青年拥抱新时代、奋进新时代。

青年是整个社会力量中最积极、最有生气的力量，作为新时代青年，要树立远大理想，把小我融入祖国和人民的大我之中，志存高远，信念坚定；要热爱伟大祖国，自觉把爱国情、强国志、报国心融入自己的一言一行；要砥砺奋斗，锐意进取，只争朝夕，不负韶华；要练就过硬本领，真抓实干，学以致用；要锤炼品德修为，勤学、修德、明辨、笃实，唱响时代主旋律，引领民族新风尚，传递社会正能量；要担当时代责任，勇于挑战、勇于开拓，做事业的佼佼者，做时代的弄潮儿，做人生的追梦人，努力成长为担当民族复兴大任的时代新人，成为德智体美劳全面发展的社会主义建设者和接班人。

广大青年既是追梦者，也是圆梦人。追梦需要激情和理想，圆梦需要奋斗和奉献。青春由磨砺而出彩，人生因奋斗而升华，广大青年要把爱国、进步、成才、报国作为人生理想与奋斗的硬坐标，用奋斗书写无悔的青春，用奋斗铸就精彩的人生，在奋斗中释放青春激情、追逐青春理想，以青春之我、奋斗之我，为民族复兴铺路架桥，为祖国建设添砖加瓦。

实践演练

自古英雄出少年。在漫漫历史长河中，人类社会青年英雄辈出，中华民族青年英雄辈出。《共产党宣言》发表时马克思是30岁，恩格斯是28岁；列宁最初参加革命活动时只有17岁；牛顿和莱布尼茨发现微积分时分别为22岁和28岁；达尔文开始环球航行时是22岁；爱因斯坦提出狭义相对论时是26岁；贾谊写出"西汉一代最好的政论"时不到30岁；王勃写下千古名篇《滕王阁序》时才20多岁。在我们党领导人民进行革命、建设、改革的伟大历史进程中更是青年英雄辈出。中共一大召开时毛泽东是28岁，周恩来参加中国共产党时是23岁，邓小平参加旅欧中国少年共产党时是18岁。杨靖宇牺牲时是35岁，赵一曼牺牲时是31岁，江姐牺牲时是29岁，

红三十四师师长陈树湘牺牲时是29岁，邱少云牺牲时是26岁，雷锋牺牲时是22岁，黄继光牺牲时是21岁，刘胡兰牺牲时只有15岁。守岛32年的王继才第一次登上开山岛时26岁，航天报国的嫦娥团队、神舟团队平均年龄是33岁，北斗团队平均年龄是35岁。这样的青年英杰数不胜数！

（资料来源：节选自习近平《纪念五四运动100周年大会讲话》）

说说你还知道哪些青年英杰的故事，与大家一起分享。

心灵鸡汤

1. 白日莫空过，青春不再来。——林宽
2. 一个民族的年轻一代人要是没有青春，那就是这个民族的大不幸。——赫尔岑
3. 青年需要经受各种锻炼。所谓百炼成钢，在暴风雨中成长，就是这个道理。希望不经过困难、波折轻而易举地成名，那是不长进的、没出息的幻想。——郭沫若

学有所思

主题十三
理性消费

教育导航

1. 树立正确、理性的消费观念；
2. 认识理性消费对成长的意义；
3. 看清网贷深坑的危害。

案例导读

网贷深坑知多少

一、极易引发高利贷

典型案例：2017年4月，上海大学生小侯为了缓解手头紧张，借款4万元，在高利贷的层层套路下，半年时间，欠下贷款100多万元！

案例分析：据查，超90%的学生不懂高利贷。《最高人民法院关于审理民间借贷案件适用若干法律问题的规定》第二十六条规定：借贷双方约定的利率未超过年利率24%，出借人请求借款人按照约定的利率支付利息的，人民法院应予支持。借贷双方约定的利率超过年利率36%，超过部分的利息约定无效。借款人请求出借人返还已支付的超过年利率36%部分的利息的，人们法院应予支持。由此可见，年利率超过36%为高利贷，年利率24%~36%为灰色地带。校园贷先以月息"0.99%"进行分期为噱头造成"低息"假象，再加上平台服务费成为年利率超过24%的超高利息，这是银行贷款利息的5倍，若再缴纳滞纳金，就会成为年利率超过36%的非法高利贷。

二、引发过度负债

典型案例：2016年3月，河南某学院大二学生郑某以28名同学之名，在诺诺镑客、名校贷等10多个校园金融平台贷款，负债近60万元，最终因过度借贷压力选择跳楼，走向绝路。2017年4月，福建大二女生因在多家校园贷平台进行"信贷"或"裸贷"，最终不堪催债压力而自杀身亡，她仅从一家平台就借款57万元。

案例分析：当下校园贷市场中的不良校园贷平台进行"零首付""降低审核门槛""极速放款"等虚假宣传，存在诱导学生过度消费或恶意发放贷款嫌疑；很多大学生由于涉世未深、缺乏风险防范意识等，在盲目攀比、虚荣心、贪小便宜等心理驱使下，极易引发过度消费和不良贷款，并演化为拆东墙补西墙等不择手段的冒险做法。

三、刷单——新型传销式诈骗

典型案例：2017年2月，吉林长春警方破获一起以传销方式敛财的特大校园贷诈骗案。主人公小郑受利益诱惑通过代理兼职身份发展下线20余名同学并进行校园贷款，下线又继续发展下线，按照逐层提成的方式，获利数万元。可惜后来遭到贷款公司和下线上门催款，而像小郑这样的涉案学生有150余人。

案例分析：大学生利用校园贷平台进行刷单兼职并逐级发展下线，以代理名义骗取学生信息并进行贷款，成功一笔贷款将获取佣金，这实为一种逐级敛财式传销诈骗行为，最后导致刷单公司无力支付后续款项而使大学生陷入还款泥潭，而学生既是受害者又是作案者。

四、新变种之"套路贷"

典型案例：2017年3月，福建某大学生通过校园贷小广告借款800元，在套路贷的作用下，最终导致背负债务接近20万元！2017年4月，福建厦门大二学生因卷入"裸条"套路贷，因不堪还债压力和催债骚扰，选择走极端的解决办法。

案例分析："套路贷"主要有以下几种方式：以借款金额达到借贷合同上限为由，放贷人将借款人债务转移到下一家放贷人，当向多个平台进行借款时，导致借款的年利率爆炸式上升并造成巨额还款"黑洞"；以培训名义要求学生通过贷款缴纳培训费，当一次性成功付费后跑路；以作为贷款凭证为由骗取裸照信息，一旦获取成功后便以散发裸照进行威胁或敲诈；以"好处费"为诱饵，通过虚假制作贷款申请表等方式骗取学生身份信息进行个人贷款，然而一旦贷款成功就人间蒸发；网上发布放贷信息并伪造虚假合同，当诱骗学生缴纳高额保证金后消失；以谎称"黑户"漏洞为由，骗取学生进行注册贷款，当获取注册费用后失去联系等。

五、分期陷阱

典型案例：有一部分校园网贷的代理在向同学介绍网贷的时候，一味地强调可以分期，没什么压力。某高校学生就透露，有代理向他介绍网络贷款，贷5 000元，分12个月还清，每个月仅需偿还551元，这听起来很划算，可仔细算下来，12个月该学生总共需要支付6 612元，折合贷款年利率为32.2%，而事实上，年利率超过24%就已经属于高利贷了！

案例分析：由于现阶段存在不少挂羊头卖狗肉的网贷平台，若学生确实存在贷款的需要，一定要去正规银行办理。

[资料来源：高小雨，濮凡，张又帆，唐帅.网贷深坑知多少.新教育时代（教师版）.2018（02）]

讨论：
网贷会给同学们带来哪些危害？

点拨环节

大学生是当代社会的生力军，是富有活力的一个特殊群体。他们既是当前消费的主体之一，也是未来消费潮流的引导者。大学生作为一个特殊群体，其消费观念和消费行为不仅关系到自身的成长，也对社会各方面产生一定的影响。多数大学生的经济来源是父母，经济独立性差，有的是第一次走出家门，走向独立生活，自控能力差。培养和引导大学生形成科学、理性、文明、负责任的消费观，在当前经济环境下显得尤为重要。

一、国家主张理性消费

子曰："奢则不孙，俭则固；与其不孙也，宁固。"即在"奢侈"与"节俭"两者的抉择中，孔子倾向于"节俭"，或者说孔子反对奢侈浮华的生活方式，主张节俭朴素的生活方式，但又不赞成过于节俭。一直以来，坚持适度消费、理性消费观念，是我国优秀的文化传统。

理性消费是大学生这个特殊群体根据其经济条件，在进行物质产品和精神产品消费过程中，坚持中华民族艰苦朴素、勤俭节约的优良传统，不依赖任何惯性或心理上的因素，不形成攀比消费等盲目行为，对消费过程能够准确认知和预测，以达到物有所值的一种消费方式。理想消费能够通过仔细分配自己的资源达到追求效用最大化和满足最大化的目标。

二、理性消费养成的意义

大学生理性消费对于国家经济发展、民族文化传承、大学生思想教育成效的提升以及大学生自身素质的提高有着重要意义。理性消费会影响大学生的未来发展方向，大学生作为未来社会的主人翁，在国家复兴与民族富强的道路上将发挥顶梁柱的作用，他们作为社会精英，将活跃在国家经济建设的各个领域并发挥着重要的作用，不但其自身拥有很强的消费能力，而且是未来社会消费的重要主体，同时，其消费特征也对未来社会的生产发展和企业经营以及消费市场变动等有很重要的导向作用。因此，大学生能否理性消费，将对国家未来的经济健康发展产生影响。

大学生作为一个青年群体，他们的消费观念、消费状况、消费模式，不仅影响个人的生活满意度和幸福感，也影响自身家庭的生活水平，还会引起同龄人学习和效仿，进而影响消费潮流的走向。因此，大学生需要认真思考，积极努力完善自身消费结构，反对奢侈浪费、盲目攀比等不良消费风气，崇尚科学理性消费观念，引领健康和谐消费时尚。

三、如何构建理性消费

（一）家校携手进行理性消费观教育

大学生在消费方式上的不理性无疑对他们的成长不利，对家庭、社会不利。

学校应加强教育指导，把引导大学生理性消费纳入思想政治教育工作之中。在学生理性消费观的培养过程中，要充分发挥学生辅导员、学生党支部、团组织等高校思想政治教育工作载体的有效作用，充分利用校内传播工具，进行直观形象的消费教育，引导理性消费舆论，积极营造健康消费、合理消费的校园氛围。

家庭的消费观念和消费行为对子女的消费行为有着深刻的影响，家长在做好言传身教的同时，要及时了解子女的消费状况，帮助子女养成良好的消费习惯，对其消费情况进行有效的监控和管理。家长应督促子女养成理性消费观，让子女认识到，作为青年一代，必须养成正确的消费习惯，培养正常的消费方式，以适应当今社会的经济活动需要。

大学生理应建立合理的消费观。理性、健康的消费观是每个人都应该具备的品质，大学生尚未步入社会，并没有稳定的经济收入来源，更应当树立健康的消费观。虽说步入大学之后，由于身处环境的变化，在社交和娱乐等方面的需求增多，需要一定的经济花费理所应当。但如果不顾自身的家庭条件，盲目与他人攀比高消费，一味追求高档物品、高消费娱乐，甚至不惜通过校园贷等方式来满足自己的虚荣心理，这就是一种病态消费观，容易给自身和家庭造成危害。大学生的本职依然是学习，还没到追求物质享受的阶段，理应将主要精力放在学业上，切莫"捡了芝麻丢了西瓜"，最终追悔莫及。

大学生应按需求结构消费，即按生存需求、发展需求、享受需求的顺序考虑自己的消费开支。消费要量力而行，避免不必要的消费。精打细算消费，注重效益，不仅要算金钱账、时间账、精力账，还要注重每种消费品的实用性。要适时消费，在消费中要注意消费观念、消费习惯的变化，尽量避免在"过时"或即将过时的消费品上花钱而造成浪费。树立理性消费观，切勿盲目攀比。作为不具备独立经济能力的大学生，仍然需要依靠父母的资助，在生活上要不羡慕、不嫉妒、不攀比、不盲从，合理安排生活支出，做到量入为出、适度消费，减少情绪化消费、跟风消费，拒绝过度消费、超前消费；要树立理性科学的消费观，不可一味考虑自己的需求、偏好，而不顾家庭承受能力；要提倡健康、文明的生活方式，让"独立生活"和"理性消费"成为校园风尚。

（二）融入社会，培养经济独立意识

大学生作为成年人，具备了一定的知识水平和技能，完全可以摆脱"伸手要钱"的状况，通过自身的努力实现自食其力。比如，可以通过努力学习申请奖学金、助学金，可以参加勤工俭学和社会实践，可以利用课余时间从事兼职，还可以投身创业创新的热潮。有很多种途径可以让大学生赚取所需的生活花费，并借此锻炼能力、丰富学识，同时也会让他们更深刻地认识到赚钱的不易，在面对物质诱惑时能够有更加清醒和理性的认识。除此之外，要培养学生的家庭责任感，形成社会责任意识，作为家长，把自己"勤俭持家"的理念进行言传身教，让子女明白父母挣钱的不易，摆脱依赖心理。在对学生的经济供给上，家长要变"无私奉献"为"适度供给"，对子女的消费观念态度要明确：凡是子女学习生活所必须的合理开支，即使钱再多，也应尽全力给予支持；凡是非理性的消费，即使钱再少，也应严格控制。

学校也要整合资源、搭建平台，给大学生提供勤工助学锻炼的岗位，让他们通过劳动赚取报酬，切身体会父母养育的艰辛，通过劳动教育增长劳动技能，增加社会阅历，并在一定程度上减轻家庭经济负担，让大学生自食其力。大学生只有通过培养自己的才智，才能增强经济独

立的能力，也才能提高消费水平。学校有责任引导学生合理消费、科学消费、文明消费、自觉理性消费，杜绝一切非理性的消费行为。

青年一代必须养成正确的消费习惯，培养正确的消费方式，以适应当今社会的经济活动需要。培养科学理性的消费观念，需把握好消费的"度"，明白理性消费对个人、对家庭、对学校、对社会的意义，力戒攀比消费心理以及享乐消费倾向，树立适应时代潮流的、正确的、科学的理性消费观，看清网贷的危害。

课堂万花筒

理性消费，拒绝校园不良网贷

校园网络信贷（简称校园贷）是"互联网+"时代针对学生群体提供金融服务的一种新模式。近几年随着互联网的迅速普及，网络贷款在大学生群体中迅速"走红"。但校园网贷在带来便利的同时，也助长了一些大学生的非理性消费行为，特别是不良网贷带来的隐患和风险，导致各种乱象滋生。"欠款跳楼""裸条借贷""暴力催收"等不断上演的现实悲剧不得不引起我们的警醒和反思。校园不良网贷一般有以下几个特征：

特征一：费率不明

校园不良网络借贷平台往往只宣传分期产品或小额贷款的低门槛、零首付、零利息等好处，却弱化其高利息、高违约金、高服务费的分期成本，甚至隐瞒或模糊实际资费标准、逾期滞纳金、违约金等。看似免息、低息的平台年利率通常超过20%，成了"高利贷"，逾期后每日费率最高与最低相差60倍之多。一些大学生因为一时冲动购物而选择贷款，最终要偿还的"本息和"可能相当于贷款本金的1.5倍，甚至更多。

特征二：隐形担保

一些购物分期平台并非真的"免担保"，大学生申请过程中提供的家庭住址、父母电话、同学电话、辅导员联系方式等信息，实际上就是隐形担保，如不能按期还款，这些平台就会向贷款人的父母、同学、辅导员催款。

特征三：高额度诱惑

如果看到"只要是大学生都可办理贷款，最低×万起"的广告，千万不要相信，因为一般大学生无论如何也无法纯信用贷款几万元。高利贷提高授信额度，诱导贷款，易导致学生陷入"连环贷"陷阱。

特征四：门槛低，身份可冒用

一些不良网贷平台打出"零门槛，无抵押""线上审核，最快3分钟到账"等广告，在一些校园不良网贷平台上注册用户，一般只需要学信网数据、学生证、身份证以及常规联系人信息，就可贷款2万～3万元。这一方面可刺激、诱导学生非正常消费或使用资金，另一方面很容易造成学生信息被泄露，身份被冒用。大部分校园贷只需提供身份证及学生信息，并且只需要通过网络申请，资质审核方面存在漏洞。如果一名学生获取了另一名学生的身份信息，便可冒用身份去贷款，而被冒用身份的学生，将不得不面对信用记录遭抹黑、莫名成为追债对象等棘手问题。校园网贷还会衍生出"黑中介"盗用他人身份信息进行网贷的乱象。

特征五：黑恶的催收

校园不良网贷平台普遍存在不文明的催收现象，比如"关系催收"，学生借款时被要求填写数名同学、朋友或亲属的真实联系方式，如果不能按时还款，平台就会把其逾期信息告知该学生的关系圈，严重干扰和伤害了借款学生。大多数放贷公司或平台将催收工作外包给催收机构，采取短信、电话、上门骚扰，口头恐吓，胁迫、跟踪、盯梢，非法拘禁等极端手段进行催收，暴力追债现象威胁学生人身安全，特别是"裸条"现象的发生，严重影响大学生的身心健康。

（资料来源：广西大学网站，有改写）

实践演练

培养合理消费习惯

1. 有计划地消费：多数父母都会担心刚独立的孩子不会合理消费，每月定时给孩子卡里存钱，也有少数父母一次性把一个学期的生活费存入孩子卡中。不管以哪种方式收到父母给予的生活费，大学生都应该对生活费这笔钱有一个规划。可以将生活费根据是否必须消费来按比例划分，比如说一日三餐的消费这是必需的，可以按60%计划，生活用品按20%计划，另外20%作为其他生活需要。

2. 养成记账的习惯：记账可以帮你记住所有的消费项目，了解的自己消费走向，有利于定期总结哪些项目是该消费的，哪些项目是不该消费的，为今后的消费提供依据；同时还可以锻炼自己的理财能力，造福家庭。

3. 拒绝超出能力范围的消费：生活费之所以称为生活费，是因为它是大学生一日三餐必需的资费，所以大部分肯定是用于一日三餐花费。超出自己能力范围的消费要杜绝，品牌的物品质量好，但也不能把大部分的钱花费在品牌衣服、鞋帽上。追求高品质的物质生活得量力而行，等到以后工作了，负担得起再来买。求学阶段，对超出自己能力范围的消费要说"NO"。

4. 喜欢的东西不能都买：喜欢电脑、高端手机、名牌包、品牌衣帽和鞋子等，但是不能喜欢就买，不然父母要为我们承担很大的经济压力。建议只挑一些对自己学习生活有帮助的物品。另外，要切记不重复消费，够用就行。

5. 不要为面子买单：大学生活是丰富多彩的，大学生与同学、朋友偶尔会出去聚会，联络感情。只要有聚会，就会有消费，对于这些消费，一个人承担是很吃力的，建议大家一起分担，采取AA制。有的同学会觉得面子上过不去，不好意思，干脆自己买单。买单的后果就是接下来的日子过得紧巴。

6. 尽量避免负债：有的同学才月初，生活费就花完了，不敢打电话回家向父母要钱，于是就向同学、朋友借。要尽量避免不必要的负债，多考虑父母的不易，不给他们过度加压。

（资料来源：中国教育信息网）

心灵鸡汤

1. 简单淳朴的生活，无论在身体上还是在精神上，对每个人都是有益的。——爱因斯坦
2. 我们手里的金钱是保持自由的一种工具。——卢梭
3. 正直的人厉行节约，注意细水长流，不会大手大脚、胡支滥花，他绝不会沦落到打肿脸充胖子或借债度日的地步。——塞缪尔·斯迈尔斯

学有所思

主题十四

职业生涯规划

教育导航

1. 了解职业生涯规划的概念及重要性；
2. 认识职业生涯规划的类型；
3. 掌握职业生涯规划的流程。

案例导读

学生的困惑与迷思

A同学：他是应用物理系三年级的学生，最近因为选择考研还是选择本科毕业就找工作和父母有了分歧。父母认为现在的社会看重高学历，有些专科生能做的工作企业要求本科生来做，有些本科生能做的工作企业要求研究生来做，本科毕业已经不是香饽饽，必须获得更好的学历才能有更好的发展。他觉得父母说得虽然有些道理，但自己实在不愿意再读书了，一想起考研要复习和准备那么多知识就头疼，难道现在的用人单位真的对学历要求越来越高吗？

B同学：她到学校就业指导中心寻求帮助。她读的是法律专业，也比较喜欢自己的专业，但是不知道毕业后除了做律师、公检法公务员或者法律咨询顾问，还有什么工作可以选择。这些职业的具体情况如何，需要什么技能，她也不是很清楚，希望老师能帮助她。

C同学：上大三的他面对未来非常迷茫，对所学的管理科学专业没太多认识。别人都说这个专业一方面是万金油，另一方面没什么竞争优势，所以他想利用业余时间学习一些其他专业的知识或技能。但究竟社会上都有哪些工作岗位，这些工作岗位的用人要求是什么，他一点也不知道，况且他自己也谈不上喜欢哪种工作。这让他怎么准备呢？

（资料来源：人力资源网）

讨论：
谈谈你对职业生涯规划的了解。

点拨环节

凡事预则立，不预则废。人生就是不断地选择的过程，不同的选择决定着每一个人的现在与未来。亚里士多德曾经说过："人是一种寻求目标的动物，他生活的意义仅仅在于是否正在寻找和追求自己的目标。"只有有了明确的目标，才能激励我们积极地去实现目标，以免随波逐流，碌碌无为。对于大学生来说，寻求自己的目标就在于职业生涯规划。

在学校读了十几年的书，突然要面对社会，面对工作，这份陌生感对大学生而言，是正常的。他们对职业生涯不了解，通常表现出两种极端状态：一无所知和想当然。这两种状态常常令他们在进行职业生涯规划或求职时产生困惑，在职业生涯规划中难以决策，陷入被动。所以，学习职业生涯规划可以帮助大学生更为主动地把握个人职业生涯的发展。

一、职业生涯规划的相关概念

（一）生涯

生涯是很宽泛的概念，它从本质上说是一个过程，是人生的发展道路，是指一个人的一个经历，也可以指与个人一生所从事的工作或职业等有关的活动过程。从这个概念可以看出，生涯不是个人随意的、短暂的行为，也并不简单地就是一份工作，它是人们规划、思考、权衡之后创造出来的、具有独特个性的一种生活模式。

（二）职业生涯

职业生涯是指个体正式进入职场直到退出职场这段时间内的与工作相关的经历、态度、需求、行为等，是一个人的职业经历。整个历程可以是间断的，也可以是连续的，不论职位高低，不论成功与否，每个工作着的人都有自己的职业生涯。

（三）职业生涯规划

职业生涯规划是为了实现个人职业理想而制订的职业生涯计划，是指个人与组织相结合，在对自己职业生涯的主客观条件进行测定、分析、总结的基础上，对自己的兴趣、爱好、能力、特点进行综合分析与权衡，选择职业道路，确定教育、培训和发展计划，为自己实现职业生涯目标确定最佳的职业奋斗目标，并为实现这一目标做出行之有效的行动计划。职业生涯规划包括以下几个步骤：认识自我、认识环境、确定目标、根据目标制订规划、制订实施方案、对行动结果进行评估（找出目标与结果之间的差距以及差距产生的原因）。

二、职业生涯规划的类型

职业生涯规划的类型，一般按照规划的时间长短来划分，包括短期职业规划、中期职业规划、长期职业规划和人生规划四种。

（一）短期职业规划

短期职业规划是指2年以内的职业生涯规划。规划的目的主要是确定近期目标，规划近期完成的任务。例如，如何学习专业知识、2年内掌握哪些业务知识等。

（二）中期职业规划

中期职业规划是指 2~5 年的职业生涯规划。这是最常用的一种职业生涯规划。例如，规划到不同业务部门做经理，规划从大型公司部门经理到小公司做总经理等。

（三）长期职业规划

长期职业规划是指 5~10 年的职业生涯规划。规划的目的主要是设定比较长远的目标。例如，规划 30 岁时成为一家中型公司的部门经理，规划 40 岁时成为一家大型公司副总经理等。

（四）人生规划

人生规划是指对整个职业生涯的规划，时间跨度可达退休之后的生活规划。规划的目的是确定整个人生的发展目标。例如，规划成为一个数亿资产的公司董事等。

在实际操作过程中，规划的年限如果太长，会因为个人和环境的变化而难以准确把握；但如果规划的年限太短，规划的意义和作用又难以完整体现。因此，比较理想的职业生涯规划是中期职业规划，既便于根据实际情况设定可行目标，又便于随时根据现实的反馈进行修正和调整。

课堂万花筒

同学们，现在你对你所学的专业了解多少？你是不是认为，会计专业将来就是记记账、做做报表？营销专业将来就是搞推销？植物保护专业将来就是种种地？药物制剂专业将来就是配配药？建筑工程技术专业将来就是搬砖……

实际上，学校里任何一个专业相对于职场中的具体工作岗位来说，都是一个大范围的概念，以应用化学专业为例，就有很多岗位。如石油化工、环保、商品检验、卫生防疫、海关、医药、精细化工厂等生产、技术、行政部门和厂矿企业从事应用研究、科技开发、生产技术和管理的工作。

随机调查表明，大部分人在从事一个工作之前，并不知道工作是否理想，只有进入某个职业后，才会真正知道该职业是否适合自己。职业生涯规划专家说，对任何人来说，都有一片天空最适于你做职业飞翔，但职业选择是一个不断进行的过程，而不是一个简单的结果。专家建议，在寻找理想工作的同时，你需要花点时间认识一下自己，不妨给自己的职业生涯提前做一个小小的规划。

（资料来源：人力资源网）

三、职业生涯规划的重要性

职业生涯活动将始终伴随着我们，而拥有成功的职业生涯更有助于实现完美人生。因此，职业生涯规划具有特别重要的意义。

（一）可以发掘自我潜能，增强个人实力

一份行之有效的职业生涯规划对大学生正确认识自我有重要作用。

1. 正确认识自身的个性特质、现有与潜在的资源优势，帮助你重新对自己的价值进行定位并使其持续增值。

2. 对自己的综合优势与劣势进行对比分析。

3. 使自己树立明确的职业发展目标与职业理想。
4. 评估个人目标与现实之间的差距。
5. 使大学生做出前瞻与实际相结合的职业定位，搜索或发现新的或有潜力的职业机会。
6. 学会如何运用科学的方法采取可行的步骤与措施，不断增强职业竞争力，实现自己的职业目标与理想。

（二）可以增强发展的目的性与计划性，提升成功的机会

职业生涯发展要有计划、有目的，不可盲目地"撞大运"，制订职业生涯规划，必须遵循七大基本原则和"三定"原则。

1. 七大基本原则

七大基本原则包括可行性、清晰性、适时性、适应性、连续性、长远性、挑战性。

2. "三定"原则

（1）定向：职业生涯规划首先要定一个方向。
（2）定点：确定职业发展地点和区域。
（3）定位：结合自身的能力和条件进行全面分析，做出定位。

按这些原则制订自己的规划，方能达到事半功倍的效果。很多时候，我们的职业生涯受挫统统是由于职业生涯规划没有做好。

（三）可以提升应对竞争的能力

当今社会是变革的时代，到处充满着激烈的竞争。物竞天择，适者生存。职业活动的竞争非常突出，尤其21世纪我国加入WTO后，我国从一个积贫积弱的国家变成世界第二大经济体，国家之间竞争更加激烈，国家的发展离不开改革，离不开创新。

作为大学生的我们，要想在这场激烈的竞争中脱颖而出并立于不败之地，就必须抛弃墨守成规的思维，学会用新时代的创新思维来设计好自己的职业生涯规划。这样才能做到心中有数，不打无准备之仗。现在不少应届大学毕业生不是先坐下来做好自己的职业生涯规划，而是拿着简历与求职书到处乱跑，总想靠撞运气找到好工作。结果却适得其反，浪费了大量的时间、精力与金钱。这部分大学毕业生没有充分认识到职业生涯规划的意义与重要性，单纯地认为找到理想的工作靠的是学识、业绩、耐心、关系、口才等，而视职业生涯规划为纸上谈兵，耽误时间，他们往往认为职业生涯规划所花费的时间还不如多跑两家招聘单位，这是一种错误的想法。实际上，未雨绸缪，先做好职业生涯规划，有了清晰的认识与明确的目标之后再把求职活动付诸实践，这样做效果要好得多，也更经济、更科学。

课堂万花筒

有一个流传很广的故事。在非洲撒哈拉沙漠里，有一个名叫比塞尔的小村落，不为人知，与世隔绝。当地的人没有一个走出过村庄。

据说不是他们不愿意离开这块土地，他们当中有人也曾多次试图走出沙漠，但是每次最终都会走回原地。后来，有一个叫肯莱文的欧洲青年来到了比塞尔，建议他们走出沙漠。当地一个叫阿古特尔的青年跟随着肯莱文一直向着北斗星的方向走，用三天时间走出了沙漠。原来，比塞尔村处在浩瀚的沙漠中间，在一望无际的沙漠里，如果一个人凭着感觉往前走，会走出许

多大小不一的圆圈，最后的足迹会是一把卷尺般的形状，只能回到起点。

比塞尔村方圆上千千米没有一点参照物，比塞尔人不认识北斗星又没有指南针，想走出沙漠确实是不可能的。多年以后，比塞尔村成了远近闻名的旅游胜地。比塞尔人在村子中央小广场上，设立了一个阿古特尔的铜像，铜像的基座上镌刻着一句话：新生活从选定方向开始。

比塞尔人之所以走不出沙漠，是因为他们没有任何导航工具，并且不认识北斗星。

案例分析： 今天的你们正站在人生关键阶段的起点，在迈向职场的路上能不能少些遗憾和后悔呢？人生是可以选择、可以规划的，机会总是青睐有准备的人。认真的职业生涯规划非常有利于我们的自身成长和以后的职业发展。所以，大学生的职业生涯规划，就像故事里讲的北斗七星一样，是指引大学生行动的指南。

（资料来源：人力资源网）

四、职业生涯规划的流程

（一）自我评价

首先要全面了解自己。一个有效的职业生涯规划必须是在充分且正确认识自身条件与相关环境的基础上进行的。要通过科学认知的方法和手段，客观地审视自己、认识自己、了解自己，做好自我评估，包括自己的兴趣、特长、性格、学识、技能、智商、情商、思维方式等，清楚自己的优势与劣势，即要弄清我想干什么、我能干什么、我应该干什么、我会选择什么等问题。

（二）环境评价

职业生涯规划还要充分认识与了解相关的环境，评估环境因素对自己职业生涯发展的影响，分析环境条件的特点、发展变化，把握环境因素的优势与限制；了解本专业、本行业的地位、形势以及发展趋势。

（三）职业定位

职业定位就是要为职业目标与自己的潜能以及主客观条件谋求最佳匹配。良好的职业定位是以自己的最佳才能、最优性格、最大兴趣、最有利的环境等信息为依据的。

（四）职业生涯路线选择

选择职业生涯路线就是把目标转化成具体的方案和措施。这一过程中比较重要的行动方案包括职业生涯发展路线的选择、职业的选择、相应的教育和培训计划的制订。

（五）目标确立

确立目标是制订职业生涯规划的关键，通常目标有短期目标、中期目标、长期目标和人生目标之分。长期目标需要个人经过长期艰苦努力、不懈奋斗才有可能实现，确立长期目标时要立足现实、慎重选择、全面考虑，使之既有现实性又有前瞻性。短期目标更具体，对人的影响也更直接，是长期目标的组成部分，在确立目标时应充分说明各目标的内容，才能使职业生涯规划详细、具体。

（六）行动计划

职业生涯规划行动计划是个人对自己不断认识的过程，也是对社会不断认识的过程，是使职业生涯规划更加有效实现的有力手段。行动计划可以根据自己的时间状况来安排。

课堂万花筒

广东一家全国500强企业的电子工厂里，有一位名叫刘倩的湖南女孩。她2007年毕业于武汉某职业技术学院计算机专业，被推荐到该厂。三年多的时间里，刘倩连年被评为先进个人、优秀共产党员、质量服务标兵，后被破格提升为人事科副科长、科长、部门经理。

刘倩的事业发展得这样快，在如此短的时间内有如此骄人的成绩是有原因的。在入校时，她就开始规划着自己的职业生涯，树立了自己的职业理想。她选择的专业是自己最热爱的专业，也是当时最热门的专业。她潜心学习、苦练书法、热爱集体、遵章守纪，尤其注意良好行为习惯和职业道德修养的养成，每学期的学习成绩都排在全校前三名，颇受学校领导和老师器重。她先后担任班长、团委组织部部长、学生会副主席。

她进入工厂时，由于填写的个人推荐表、毕业生推荐名册字体亮丽、刚劲有力，又是计算机专业，被留在了人事科。工作时她总是兢兢业业，积极主动。人事科的计算机她总是主动维护，深得领导和同事的好评。

刘倩并没有满足于此，她正沿着自己的职业规划向着更高的目标挺进。

案例分析： 刘倩的事例告诉我们，进入大学校园，我们就应树立自己的职业理想，进行自己的职业生涯规划。这样，才会更加珍惜校园生活，指导我们的学习，满足我们自身发展的内在需要，扎实基本功，经得起挫折，经得住时间的考验，成功地实现自己的职业目标。

（资料来源：人力资源网）

实践演练

职业生涯自我规划五步法

职业生涯规划可使用一些简便易行的方法，如五步法——用五个问题归零思考。

归零思考的模式，从问自己是谁开始，然后一路问下去，共有五个问题：

1. 我是谁？
2. 我想做什么？
3. 我会做什么？
4. 环境支持或允许我做什么？
5. 我的职业与生涯规划是什么？

回答了这五个问题，找到它们的最高共同点，你就有了自己的职业生涯规划。如果您有兴趣，现在就可以试试：

先取出5张白纸、1支铅笔、1块橡皮，在每张纸的最上边分别写上以上5个问题。然后，静下心来，排除干扰，按照顺序，独立、认真思考每一个问题。

对于第一个问题"我是谁"，回答的要点是面对自己，真实地写出每一个想到的答案，写完了再想想有无遗漏，确认没有了，再按重要性进行排序。

对于第二个问题"我想做什么"，可将思绪回溯到孩童时代，从人生初次萌生第一个想干什么的念头开始，然后回忆随着年龄的增长，自己真心向往过想干的事，并一一记录下来，写完后再想想有无遗漏，确实没有了，再认真进行排序。

对于第三个问题"我会做什么"则把自己的能力和自认为还可以开发出来的潜能都一一列出来，认为没有遗漏了，再认真进行排序。

对于第四个问题"环境支持或允许我做什么"的回答，则要稍微分析：环境，有本单位、本市、本省、本国和其他国家的环境，自小向大，只要认为自己有可能借助的环境，都应该在考虑范畴之内。认真想想在这些环境中，自己可能获得什么支持，想清楚后一一写下来，再按重要性进行排列。

如果能够成功回答第五个问题"我的职业与生涯规划是什么"，你就有了最后的答案了。做法是：把前面四张纸和第五张纸依次排开，然后认真比较第一至第四张纸上的答案，将内容相同或相近的答案用一条横线连起来，你会得到几条连线，而不与其他连线相交的且处于最上面的线，就是你最应该去做的事情，你的职业生涯应该以此为方向。请在此方向上以三年为期限，提出近期、中期与远期的目标；再在近期的目标中提出今年的目标；将今年的目标分解为每季度目标、每月目标、每周目标、每天目标。这样，你每天睡觉前就可以对照自己的目标进行反省，总结当日的成就与失误、经验与教训，修正明天的目标与方法，第二天醒过来后稍加温习就可以投入行动了！这样日积月累，就没有不能实现的规划。

[资料来源：刘岩松. 职业生涯自我规划五步法. 经理人，2002（05）]

心灵鸡汤

1. 职业选择经历是从模糊的空想走向现实。职业在个人生活中是一个连续的、长期的发展过程。——金斯伯格

2. 尽管我们常常谴责人类不了解自己的缺点，但恐怕也很少有人了解自己的长处。就像在泥土中埋藏着一罐金子，土地的主人却不知道一样。——约拿旦·斯威夫特

3. 人的一生应当这样度过：当他回首往事时，他不会因为虚度年华而悔恨，也不会因为碌碌无为而羞愧……——保尔·柯察金

学有所思

百周树人篇

——厚德知理 格物善学

三 善学章

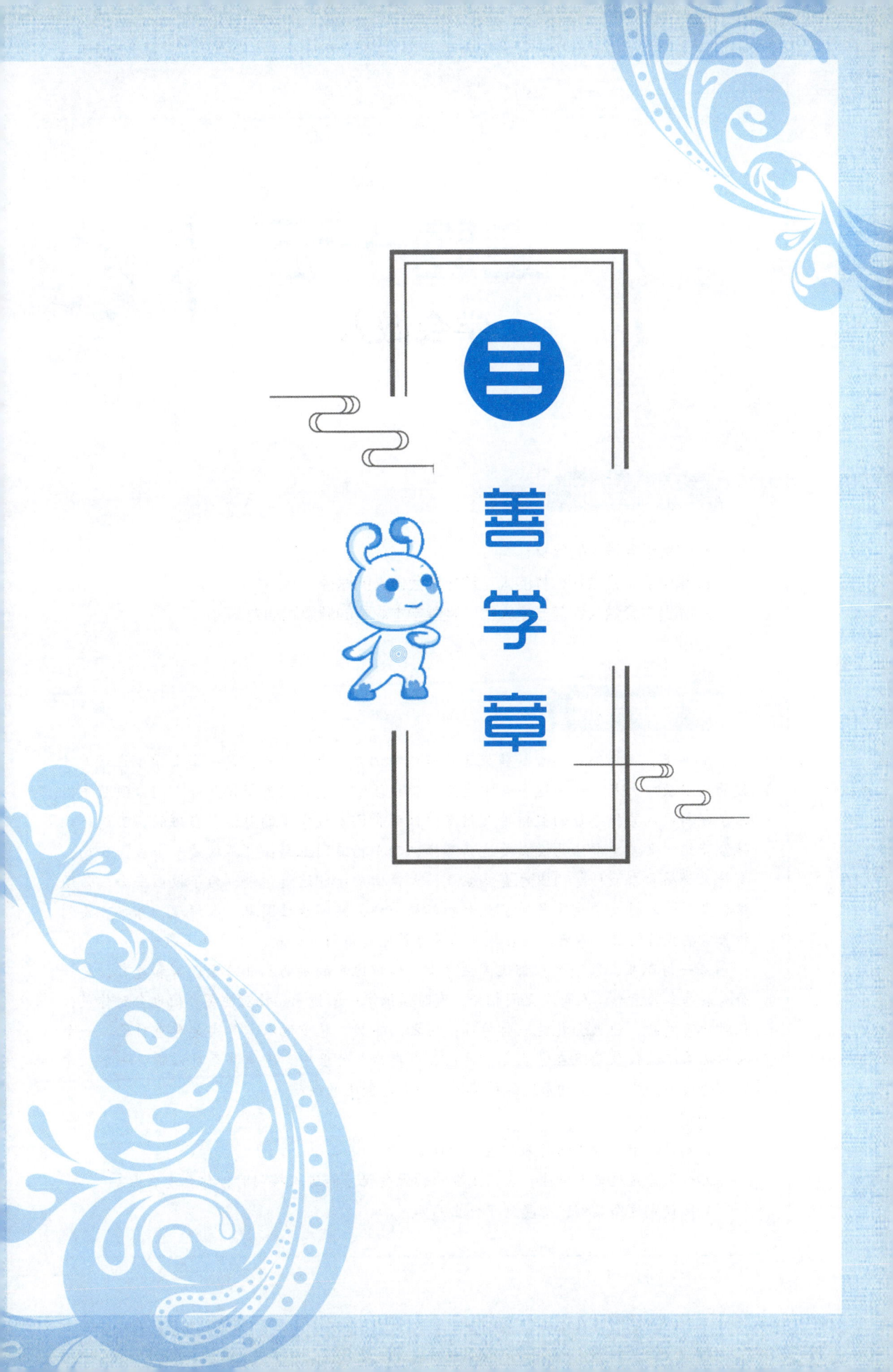

主题十五
学会做人

教育导航

1. 了解学会做人的含义；
2. 明确要学会做什么样的人，掌握学会做人的途径；
3. 通过学会做人完善学生人格，唤醒学生心灵的源泉和动力。

案例导读

有一天，一所高校门口处传来了一阵阵吵闹声。大家一看，是一个女学生正对着学校的门卫破口大骂。原来这个女学生忘了带校园卡，想让门卫帮忙开一下门，便随手出示了她与校内某辅导员的微信聊天信息以证明自己本校学生的身份。当班的门卫例行让她做登记。女学生却认为没必要这么麻烦，动手指着门卫骂："不就是一个破保安吗，有什么资格要求我！"门卫也有些生气，大声回应："这是学校，为了校园安全，必须这样做。"不料女学生像是受了天大的委屈一样，哭闹着让围观的人评理，并扬言要到校长室去投诉门卫。幸好，随后赶来的辅导员连连跟门卫道歉，才平息了争吵。

每一份职业、每一个人都值得被尊重。体谅他人的不易，并给予理解和宽容，是一个人最基本的素养。人与人之间相处，有时候很像一面镜子。你对他笑，他也会对你笑；你对他有礼貌，他也会礼貌地对待你；反之，亦然。尊重他人，其实是尊重自己。一个人的优秀不应仅仅局限在学业上，更应表现在为人处世中。道德甚至可以弥补一个人才能上的缺陷，然而才能却永远弥补不了一个人道德上的缺陷。

讨论：

1. 本案例中女学生的行为对吗？为什么？
2. 如果你是这名女学生，当门卫要求你做登记才能进入校门时，你会怎么做？
3. 阅读完这个案例，你受到了什么启示？

点拨环节

为了贯彻党的教育方针，落实全国教育大会、全国高校思想政治工作会议精神，围绕"培养什么人、怎样培养人、为谁培养人"这个根本问题，普通高等学校教育要坚持以立德树人为育人理念，力求把学生培养成"有理想、有本领、有担当"的时代新人。

陶行知先生说过："千教万教教人求真，千学万学学做真人。"一撇一捺，构成"人"字，看似简单两笔画，但"人"字表达的却是一种相互支撑、相互依赖的人际关系。学会做人是成功的第一要务，学会做人其实就是学会处理个人与他人的关系。如何打造相互支撑、相互依赖的人际关系，正是我们要学会做人的意义所在。

一、学会做人的含义

《论语》几乎句句不离"做人"，被历代圣贤视为治国平天下必读之作，甚至有"半部《论语》治天下"的说法。习近平总书记一直十分重视研究和解决"做人"的问题，党的十八大以来，从新闻报道中我们读到习近平总书记22次谈"做人"，在习近平总书记公开发表的文章中，有29处用到"做人"这个词。

2011年联合国教科文组织把大学生的主要任务界定为"四个学会"，"学会做人"便在其中，是指建构符合道德的价值体系，并承担个体的社会责任，热爱生命并感激生活的给予。学会做人还意味着除关注自己，还有对亲情和友情的看重，与亲朋好友之间的密切联系，对父母的关心和体贴以及应尽的义务。

本文所说的"做人"是指一般意义上的人，作为一般的人，除了要具有爱心、同情心、公正、诚实，乐于助人，能设身处地为他人着想、能具有一定的社会技能，还要塑造良好的品德、健全的人格，培养良好的习惯。

二、学做什么样的人

（一）学会做人，做个有道德的人

学会做人，道德为先。道德包含着丰富的内容，可简要概括为五个方面：

一是"仁"。"仁"本指人与人之间相互亲爱。子曰："仁者，爱人也。"简单一个"仁"字蕴含丰富，其包含仁爱、仁慈、仁厚之心。仁爱是指对待所有的人都有爱，推己及人；己所不欲，勿施于人，对谁也不要生坏心。仁慈是指对待别人善良温和。仁厚是指为人忠诚老实。

二是"义"。"义"本指公正、合理而应当作的。中华传统文化把"义"作为人生的终极目标和价值取向。"义"是合宜、应当、应该之意，是作为人应该遵循的最高道义。"义"不以损害和出卖他人来换取一己的生存和利益。"义"还有情谊、恩谊之意，包括人与人之间的互相牵挂、互相关照、互相提携。"义"能使亲情和友情升级到完美的程度，有"义"会使友情更加天长地久，使亲情更加相亲相爱。重情重义是中华民族崇高的道德表现。

三是"礼"。"礼"本指社会等级秩序，如尊卑长幼等不可逾越和挑战。"礼"是"法"出现之前的一种过渡形式，是介于道德和法律之间的一种社会规范，强调的是人的行为要符合要求与规范。《礼记》有云："凡人之所以为人者，礼义也。""无别无义，禽兽之道也。"礼是人的标志、文明的标志。古人云"不学礼，无以立""礼以节人"，这里的"礼"讲的就是对于个人修养上的根本思想：于内，就是懂得节制，能够抵御诱惑，有定力，不飞扬浮躁；于外，就是懂得为他人着想，不可恣意而为不顾及他人。仅就"礼"本身，它是人和人之间交往的大智慧。

四是"智"。"智"本指人们普遍具有的辨认事物、判断是非善恶的能力或认识。孔子说："多见而识之，知（智）之者不惑。"他把见多识广，具有观察、辨别、判断事物的能力和远见卓识的人称为智者并最先把"智"视为道德规范、道德品质或道德情操来使用。学会做人中的"智"则体现在关注人际交往中的细节，掌握为人处世的技巧，维护好人际关系，让别人和你交往时感到轻松愉悦，让自己做一个受欢迎的人，赢得别人的尊重。

五是"信"。"信"本指诚实可靠，不欺不诈，言而有信。子曰："人而无信，不知其可也。"诚实守信是做人之根本，是中华民族的传统美德。在人际交往中，我们可能会接触到一些爱占小便宜、爱耍小聪明又言而无信的奸佞小人，然而路遥知马力，日久见人心，不讲信誉的人势必会名誉扫地。诚信是建立良好的人际关系的开端，是收获成功事业的基石。拥有诚信才能真正地收获成功，并获得他人的尊重与信任。

"仁义礼智信"，乃道德五常，五常是做人的起码道德准则。要学会做人，做个符合"仁义礼智信"标准的人，并且要做到"常"，即永远都不能改变，持之以恒。

（二）学会做人，做个有担当的人

学会做人，担当为重。做人要有"士以天下为己任"的情怀；要有"欲治太平，舍我其谁"的使命感；要有直面问题不逃避，负责到底的责任感；要有挺起脊梁，活出担当，活出自信和尊严的胆识与魄力。

"天下兴亡，匹夫有责"口号总是很响亮，都晓得天下兴亡是"匹夫"的责任，而"匹夫"是谁？是别人，还是自己？我们应该主动站出来说："天下兴亡，我的责任。"这是一种担当，一种做人境界。学会做人，学会担当，小至个人，大至国家，从身边小事做起，从个人责任意识做起。对个人而言，人非圣贤孰能无过，但是一定要正视自己，知错就改，敢于主动承担责任，不推脱责任，不为自己的错误找借口，让责任从自己开始，也要从自己结束。对社会而言，从随手捡起垃圾做起，从顺手扶老人过马路做起，这都是为社会贡献一己之力、勇于担当、主动担责的最好体现。担当做人、负责做事，担当、负责决定做人的高度和做事的成败，现在有多大担当，未来就有多大舞台。

课堂万花筒

人生最好的七种状态

一个人最好的状态是什么样？有人说，无非是"眼里写满故事，脸上却不见风霜。每天笑意满满，自信温和，不羡慕谁，也不嘲笑谁"。把日子过得越来越好的人，几乎都有以下相似的人生智慧。

第一，扬在脸上的自信。

想要越活越好，首先要发自内心地认可自己。如果有比别人好的方面，不骄傲自满、不恃才傲物；遇到不如别人的地方，也不气馁沉沦、不眼红妒忌。自信的人，能够保持一颗平常心，坦然接受自己的缺点和不足，并永不停歇地打磨自己，努力使自己得到提升。

第二，长在心底的善良。

世间的惊喜往往源自累积的善良。想要收获更多好运气，就要从做一个友善的人开始，用更柔软的眼光看世界，用更温暖的心去生活。善良的人，往往都是这样的：对家人体贴，待朋友真诚，和陌生人相处交谈也能眉目温柔；多为别人着想，能帮助别人时尽力而为；不管对方的职业、学历如何，都保持尊重。对于别人微小的幸福，他们常报以真诚的祝福；待人接物有分寸感，不尖酸刻薄也不斤斤计较。

第三，丰盈在大脑里的知识。

俗话说，你的气质里藏着你走过的路、读过的书和爱过的人。想要越来越强大，一定要多读书，努力充盈自己、丰富身心。多读书的人，就算跌入烦恼，也能有不一样的心境；身处重复的日常，也能有不一样的情调；处理同样的事情，也会有不一样的素养。

第四，融进血里的骨气。

行走社会，迷茫不可避免，诱惑随处可见。要懂得在迷雾中拨云见日，在乱象中抽丝剥茧，不囿于眼前的长短，亦不忘怀自己的初心。不要去贪一些小便宜，不要在爱里一味索求，更不要过于依赖别人。要时刻谨记，安全感是自己给自己的。更要明白，一个人最迷人的样子，是有了更好的生活也不忘记努力。

第五，刻进生命里的坚强。

面对打击，别一蹶不振，可以给自己一段疗伤的时间，然后默默振作起来。失意了，重新站起来，可以和生活握手言和。坚强起来，勇敢一点，和过去体面告别，才能以更好的姿态迎接新的人生。可以适当发泄情绪，但千万别深夜买醉，更别糟蹋自己的身体。为不值得的人和事折磨自己，是最愚蠢的做法。请相信，什么时候开始新生活都不晚，前方总有更好的风景和更好的人在等着你。

第六，挂在嘴角的微笑。

时刻做一个明媚爱笑的人，经历了世俗而不世故，笑着接受人生的风风雨雨。请让自己的每一天都充满阳光，也给身边的家人和朋友带去好心情。不抱怨，保持乐观，相信一切都是最好的安排。即便走过了黑暗曲折的路，也始终记得去笑，去期待彩虹与阳光。

第七，藏在心里的梦想。

不管年龄多大、日子多忙，依旧愿意去学习、探索、拥抱新知，永远不放弃梦想、不失去自我。努力过好每一天，记录每一个幸福的小瞬间，乐于寻找平凡生活中的乐趣，让柴米油盐也开出花。享受运动，热爱旅行，懂得好身体才是未来人生最大的资本。在追梦路上，永远保持年轻的心态，永远热泪盈眶，不被岁月磨去棱角……

希望你能永远记得：努力让自己成为更好的人，是一件重要的事。或许塑造自己的过程很痛苦，但未来的你，一定会感激现在拼命变好的自己。愿你与世界握手言欢，为自己感到骄傲。

（资料来源：《人民日报》，2020-05-30）

三、学会做人的基本途径

（一）认识自我，评价自我，开放自我，不卑不亢，不自负

充分认识自我，妥善管理情绪，时时自我激励，不以物喜不以己悲，自信从容，不卑不亢，这是做人的底气。做人底气要足，没有底气抬不起头，没有底气挺不起胸，没有底气做不成事，没有底气丧失做人最基本的尊严。

（二）热情坦诚，和谐相处，真心待人，快乐学习，阳光生活

性格决定我们做人做事的方法，也决定我们所走的道路和命运。性格开朗、活泼乐观、心直口快、不说违心话、不做违心事的人往往更受欢迎，他们的性格使得人与人之间的交往变得更顺利、轻松、愉悦。在阳光下做人，在风雨中做事是最难能可贵的。

（三）注重学习，开阔视野，有主见，有头脑

要多读书，多积累，注重学习，开阔视野，勤于动脑，善于思考，有自己的真知灼见，不人云亦云、不随波逐流、不固执己见、不偏激执拗。在大是大非面前，相信科学，尊重事实，追求真理，遇事有主张、有见地、有头脑，从容淡定，临危不乱。

（四）实践出真知，用事实说话，不浮夸，不吹嘘

任何时候都要低调做人，不吹嘘，不浮夸，用事实说话。实践是检验真理的唯一标准，实践出真知，任何事只有通过实践探索，亲自体验，才能真正地认识、理解、掌握，才会拥有话语权。

（五）脚踏实地，不虚荣，不攀比，不嫉妒

穿过荆棘，走出泥泞，在坎坷中前行，在痛苦中领悟，这是做人的必经之路。要心怀美好与向往，脚踏实地，用勤劳的双手去创造属于自己的幸福。要清醒认识理想和现实的差距，不好高骛远、缘木求鱼，不盲目攀比、爱慕虚荣，遇事能处之泰然、宠辱不惊。

（六）言必行，行必果，说到做到，言而有信

毛泽东曾经说过："当老实人，做老实事，说老实话。"诚实是一个人最起码的做人准则，守信是一个人的基本素质。"诚实守信"是一块活字招牌，做人如果不诚实守信则飞不高，走不远。在工作、生活中与人交往时，讲究说话算话，不轻易承诺，说到做到，否则只有自毁形象，自断后路。

（七）言多必失，言多必败，少说多做，善于倾听

言多必失，多说不如多做。除此之外，还要学会倾听。倾听是人际交往的开始，善于倾听的人更容易交到朋友。人的一生，可以没有金银财宝和高官厚禄，但是不能没有朋友。学会倾听是学会做人的必备技能。

（八）敢于认错，勇于负责，直面生活，提升自我

知错能改，善莫大焉。面对逆境，要直面生活，鼓足勇气；面对诱惑，要不为所动。执着勇敢，发挥潜能，才能奔向成功。"人生所有的履历都必须排在勇于负责的精神之后。"一个人只有具备了勇于负责的精神之后，才会产生改变一切的力量，提升自我。

（九）宽以待人，乐于助人，不争强好胜，不与人争锋

宽以待人，不苛求于人，不强人所难，得让人时且让人，能容人处且容人。交往贵在与人为善，

宽以待人，乐于助人，向他人提供方便和帮助，这是一个道德水平较高的具体表现。在日常生活和为人处世中，切记不要争强好胜，不要与人争锋，做普通人，干正经事。

（十）看破不说破，话到嘴边留三分，点到为止

谁言世事不可说，只是看破不说破。拯救不了世界没关系，能给身边的人带来温暖和快乐已经足够了。为人处事，看破不说破，是一种大智慧。看破不说破，知人不评人，知理不争论。尊重别人，就是尊重自己；给别人留面子，就是给自己攒面子。

（十一）玩笑讲分寸，不中伤他人，说者无意，听者有心

"开玩笑"是人际交往中最常见的一种交流方式。它可以活跃气氛、调节情绪，可以营造一个和谐轻松的氛围，并能使语言更具魅力。但是，开玩笑时，必须注意内容是否高雅，如果内容过于庸俗，会适得其反，伤害他人的自尊和感情。开玩笑时，要注意分清场合，把握好尺度。

（十二）换位思考，己所不欲，勿施于人

做人要学会换位思考，设身处地地为别人着想，做到己所不欲，勿施于人，这是处理人际关系的重要原则，也是学会做人最基本的要求。倘若将自己所不欲的，硬推给他人，不仅会破坏与他人的关系，也会将事情弄得僵持而不可收拾。

（十三）注重细节，从小事做起，赠人玫瑰，手留余香

做人无小事，细节决定成败。也许一个小决定，一个微不足道的细节，恰恰决定了你做人的成败。关心他人，从小事做起，比如复习资料共享，提醒舍友按时交作业，陪同学去看病等。平日随手撒下一颗真善美的种子，赠人玫瑰，手留余香，别人收获了感动，同时自己也赢得了真心。做人难得的是雪中送炭，而不是锦上添花。

（十四）入乡随俗，求同存异，相互理解，相互尊重

当不同国家、不同民族、不同文化、不同信仰的人走到一起时，不要排斥对方，要相互理解，尊重对方，入乡随俗，求同存异，和谐相处，才会使自己的交际圈越来越广，生活如鱼得水，得心应手。

（十五）近朱者赤，近墨者黑，远离损友，广结益友

人与人之间的影响是潜移默化的。在做人的道路上选择一个良师益友，会让自己少走很多弯路，朋友不在多，而在精。真正的良友，是懂你心事，知你心意的人；是与你欢笑，陪你哭泣的人；是给你开心，为你暖心的人；是看在眼里，记在心里的人。做人要远离损友，杜绝酒肉之交，以免误入歧途。

（十六）学会感恩，礼尚往来，不滥用人情，不把情分当本分

不滥用人情，不把别人的情分当本分，没有一味付出的人，也没有一味索取的人，做人要学会感恩，知晓礼尚往来。要学会感恩遇见的每一个人，更要学会感恩拥有，学会知足常乐。

课堂万花筒

同个屋檐下，你是否给感冒发烧的舍友递过一杯温水？下课离开时，你是否随手关闭教室里的电灯、电风扇？出门搭车时，你是否给身边的老人、小孩让过座位？行走在校园里，你是否给迎面而来的老师一声诚挚的问候？学做人要从小事做起，"莫以善小而不为"，小细节往

往最能流露真性情；从现在做起，不要总是信誓旦旦、高谈阔论表示自己将来要怎么做人，现在不学，现在不做，你拿什么保证自己将来能成功？

实践演练

"人"字结构的游戏

一、游戏规则

1. 将班级同学按照人数平均分成红、蓝两组比赛，组内采取两两搭配，按直线队形排开。

2. 组内采取两两同学配对，配对的两个同学必须背靠背，手挽手，手不可以松开。

3. 所有同学统一蹲下，比赛口号响起。红、蓝两组成员分别用自己的方法让配对的两人同时起立并站稳。

4. 如有犯规的同学，比如出现没有背靠背、没有手挽手、有手松开等犯规行为，则重新蹲下完成指定动作。

5. 各组组员完成指定动作，并且要求在动作规范标准的情况下，最终以完成时间最短的小组获胜。

二、游戏小结

这个游戏考验的是同学的默契和配合度，想要让两人同时起立并站稳，不能光顾着自己。只有和对方动作一致才能和对方同时起立。要想成功，就必须相信对方，必须和对方团结，静下心来。如果一个人着急，就很容易导致二人动作不协调，最终无法成功。"人"字的结构就是相互支撑、相互依存的。无论是做人还是做事，只有互相团结、互相支撑，才能成功。

提高与人交往能力的游戏

一、游戏规则

1. 通过幻灯片展示几种性格特征较为突出的典型动物的图片。

2. 让同学们分别描述不同动物的性格，它们在心情愉悦和性情狂躁时会做出什么样的反应，在遇到危险时如何自我保护？比如说，狗遇到危险以后，就会用嘶吼来捍卫自己的主权，试图吓走敌人。

3. 同学们回想一下，当自己心情好和心情糟时对身边人的态度分别是怎么样的？面对矛盾的时候会有什么反应？谈谈自己在这一方面和图片中的哪种动物最像。

二、游戏小结

游戏结束时你会发现，无论是动物还是人，每个个体都有自己独特的性格，有些时候，你对人对物的认识和了解都仅仅停留在表面上，因为肉眼所见，所以信以为真，但当你深入了解时你会发现，你们之间并非格格不入。因此，主动伸出手来和别人交往，提升与人交往的能力尤为重要，学会做人最关键的环节就是拥有与人交往的能力。建立良好的人际关系是事业成功的有力保障。

心灵鸡汤

1. 先做人，后做事，只有做人到位，才能做事成功。——佚名
2. 择善人而交，择善书而读，择善言而听，择善行而从。——《资治通鉴》
3. 达则兼济天下，穷则独善其身。——《孟子·尽心上》

三 善学章

学有所思

主题十六

学会做事

教育导航

1. 帮助大学生认识学会做事的意义；
2. 了解自己应该学会做什么事；
3. 通过掌握学会做事的基本途径，养成终身受益的做事习惯，为今后的人生保驾护航。

案例导读

华为公司招了一个北京大学毕业的新员工，刚到公司时，该新员工就公司目前的发展经营战略问题，洋洋洒洒写了一封"万言书"给董事长任正非。新员工原以为凭自己独到的见地定能够让领导对其刮目相看，委以重任。但结果却令人大跌眼镜，任正非直接批示："此人如果有精神病，建议送医院治疗；如果没病，建议辞退。"

（资料来源：赵凡禹，燕君.任正非正传.武汉：华中科技大学出版社，2010，有改写）

读者视角一：年轻人有想法、有朝气是好事，但这名新员工怕是走错了场吧，职场不是片场，把自己当做肥皂剧中的主角，顶着个主角光环，想靠一封万言书引起老板的赏识，那是不可能的。

读者视角二：作为职场新员工有理想，有抱负，积极上进这是值得我们肯定的。但应该脚踏实地，低调做人。作为一名职场新员工行事如此高调，没有积累实践经验，纸上谈兵，不免被认为孤芳自赏，自命不凡；直接越级上书，又这般急功近利，难免踩空，这样的人被辞退，实在不足为奇。

读者视角三：虽说不想当将军的士兵不是好士兵，但一个士兵如果不去处理好眼前的任务和敌人，而是只顾着给将军提意见，吐槽种种问题，这个仗还能打吗？如果这名高材生摆正自己的位置，从新员工的视野看待企业的各种问题，他心中的很多困惑自然会迎刃而解，也不至于行事那么鲁莽。

读者视角四： 这位新员工缺乏的绝非才华，而是做事的态度。他对公司所面临的市场环境、采用的运营模式和管理策略尚未深入了解，便急于求成，花式博取领导眼球，反而弄巧成拙，错失工作良机。这样的人能力再出众，没有夯实的实干基础，任何公司都难以对其委以重任。

讨论：
1. 本案例中，这位新员工被华为辞退，与其能力大小是否有关？
2. 他身上存在的最大问题是什么？
3. 假如你是一名职场新人，初到公司你会怎么做？

点拨环节

如果说学历是大学生踏入职场的一张通行证，那么能力则是大学生在职场中站稳脚跟的一块试金石。随着现代社会竞争与发展，资历和学历仅起到敲门砖的作用。当今企业用人更偏向于做事能力，唯才是用。作为初入职场者首先要考虑的问题不是升职加薪，而应该考虑如何学会做事，如何立足于本职工作，踏实做事。只有扎扎实实做好每一件小事，才能最终胜任一件大事，才能施展才华，崭露头角，获得一席之地。

一、什么是学会做事

（一）学会做事的定义

联合国教科文组织把大学生的主要任务界定为"四个学会"。其中，学会做事是指用一种善始善终的态度认真地对待和处理各种事务，坚持不懈并力求完善。很多学生做事只注重其中某些"有意思"的环节，而不太注意那些需要默默无闻工作的环节，殊不知这样是做不好事情的。能否成功做好一件事体现的是一个人的效用价值高低，一个人的根本才干多少。

（二）学会做事的必要性

1. 响应新时代的号召，时代要求我们必须学会做事

国际 21 世纪教育委员会的报告——《学习——内在的财富》更注重强调人的整体能力的培养。报告认为：学会做事，除了继续学习从事一种职业外，从某种意义上说，还必须获得一种能力，这种能力使其能够应付各种情况，其中包括某些预料不到的情况，学会做事能促进集体劳动。当代大学生作为中国特色社会主义现代化的建设者和接班人，担负着实现中华民族伟大复兴的历史重任，新时代要求我们必须学会做事。

2. 适应社会生存的要求，能力比学历更重要

学历只是能力的一纸证明，它代表的是过去的学习经历，而能力则代表未来发展的巨大潜力。在现实生活中，一些从高等学府走出来的大学生、研究生乃至博士生在求职就业方面却屡遭挫折，不受欢迎，究其根本原因是他们没有学会如何做事，对工作挑三拣四，眼高手低。他们身上缺的不是学历，而是学会做事的能力。为了更好地适应社会生存的要求，实现自身价值，绝不能再沾沾自喜地停留在过去的文凭学历上，而是要注重自身实践能力的培养和提升，学会做事。

二、大学生应学会做什么事

周海中教授说过："做应该做、能够做和喜欢做的事情，才能做得最好。"具体哪些事是符合大学生身份应该做、能够做和喜欢做的呢？

（一）学习

学习讲究的不是知识本身，而是获得的能力、方法和技巧。我们需要明确了解自己需要或想要学习的内容和方向。大学里会开设很多专业课程，学会学习并不意味着所有课程都要达到优秀。衡量大学生是否会学习的标准绝不是单纯的卷面成绩好坏，而是学习的深度与成效。为了促进学习的深度和成效，我们提倡的是术业有专攻，在各学科及格的基础上至少要学好一门自己感兴趣的专业课，并把它学细、学精、学透，以便在今后工作中打造出自己的特色和核心竞争力。

（二）考证

都说技多不压身，于是大学里出现了很多"考证党"，他们牺牲掉自己所有的兴趣爱好、课余时间，每天忙忙碌碌，藏身于图书馆、自习室，会计证、教师资格证、计算机等级证、大学英语四六级证等，能考能报的几乎来者不拒，结果等到毕业就业的时候却发现没有一本用得上。因此，大学生要考的证不在于多，而在于精，所谓的精除了要考量证书本身的含金量以外，也要结合自己的喜好、兴趣且与未来可能从事的职业的相关性来选择。毕竟，有一本拿得出手的通用类证书或专业证书，对于将来就业肯定起着推波助澜的作用。

（三）交友

大学是人际关系走向社会化的重要转折期。从师生之间、同学之间，再到个人与集体之间，处理好每一种人际关系，并建立良好的人际关系，是锻炼和提升我们的人际交往能力的基础。培根说过："没有真挚朋友的人，是真正孤独的人。"大学绝不要吝啬于交友。用真心以待之，幸运的话，我们或多或少都会在大学里收获几个挚友。他们不仅会在大学生活里温暖我们的心田，也可能出现在我们今后人生的某个困境中，对我们伸出援手，助我们走出困境。总之，大学正是我们积累人脉资源的最佳时期，每一次成功的人际交往经历都将会成为我们人生中一笔宝贵的财富。

（四）实践

正如陆游所说的："纸上得来终觉浅，绝知此事要躬行。"我们在大学课堂中学到的大部分都是理论知识，只有通过实践，理论联系实际，才能检验出大学生对理论知识转化及运用的能力，从而使抽象的理论知识转化为解决实际问题的能力。大学生实践主要包括校内的个人、班级、社团实践活动，也包括校外的社会实践活动。参加各类实践活动，有利于调动大学生的主观能动性；有利于发展大学生的组织能力、协调能力和管理能力；有利于增强大学生的社会适应性和社会服务意识；同时，有利于大学生在实践中发现不足之处，及时改正，不断更新知识结构，获取新的知识信息，以适应社会的发展和变化。

课堂万花筒

结合自身情况，谈谈大学期间你还想要学会做哪些事。这些事对你未来的工作和生活将会有什么影响？

三、如何学会做事

（一）遵守规矩是学会做事的核心

《韩非子·解老》中说："万物莫不有规矩。"在任何社会环境中，都有特定的规矩，学会做事的核心是遵守规矩，按规矩做事。《高等学校学生行为准则(试行)》是高等学校学生必须遵守的行为规范。大学生应该遵守的规矩有：志存高远，坚定信念；热爱祖国，服务人民；勤奋学习，自强不息；遵纪守法，弘扬正气；诚实守信，严于律己；明礼修身，团结友爱；勤俭节约，艰苦奋斗；强健体魄，热爱生活。

（二）注重效率是学会做事的灵魂

伟大的思想教育家培根说过："如果说金钱是商品的价值尺度，那么时间就是效率的价值尺度。因此对于一个办事缺乏效率者，必将为此付出高昂代价。"注重效率是学会做事的灵魂。大学生的任务大部分来自于个人学习及能力提升方面。

1. 学习方面

（1）明确学习的目标，根据学科特点合理安排学习计划。

（2）培养浓厚的学习兴趣，增强学习的主动性和自觉性。

（3）课堂注意力集中，学会自控，落实无手机课堂。

（4）勤动手，做笔记，划重点。对学习材料进行精细加工，促进深度理解。

（5）学习知识要由浅到深，由易到难，循序渐进，并有针对性地进行查漏补缺。

（6）注重方法，及时复习，防止知识遗忘。

（7）保持劳逸结合，做到快乐学习，快乐生活。

2. 能力提升方面（以社团负责人的工作为例）

（1）了解社团情况，清楚社团可用资源，明确社团的发展定位，有针对性地开展活动。

（2）活动是社团的生命线，打造活动品牌，形成核心竞争力，扩大社团影响力。

（3）社团工作合理分工，注重团结协作，加强沟通交流。

（4）以社团活动为契机，推进社团文化发展，提升社团成员归属感。

（5）用有效的激励方法挖掘隐性资源，激发成员潜力。

（6）以社团活动为导向培养社团骨干人才。

课堂万花筒

小明早上起床，叠被子用2分钟，刷牙洗脸用5分钟，烧开水用10分钟，吃早饭用8分钟，洗碗用1分钟，整理书包用2分钟，冲牛奶用1分钟。

请同学们帮小明制订一套最省时间的方案，并计算出完成上述任务最短需要多长时间。

（三）踏实肯干是学会做事的法宝

踏实肯干是学会做事的法宝，更是被赏识重用的前提。《道德经》说："天下难事，必作于易；天下大事，必作于细。"职场上从不缺少想做大事的人，缺少的是愿意把小事做细、做透的人，缺少的是精益求精的执行者，缺少的是具有"工匠精神"的敬业者。"一屋不扫，何以扫天下"，那些眼高手低、好高骛远的人在职场上是没有未来可言的。相反的，那些安分守己、实事求是、踏实肯干的人到最后恰恰都能够受领导赏识重用。学会做事就是从小处抓起，从细节着手，立足于本职工作，不怕苦，不怕累，不搞形式主义，以求真务实的作风，勤勤恳恳、兢兢业业，任劳任怨，勇于担当，善作善成，不图虚名，不务虚功，取得扎扎实实的工作成效。工作态度决定人生高度，踏实肯干的工作作风不仅是学会做事的一份责任担当，更是一种重要的精神品质……

（四）诚信友善是学会做事的根基

诚信就要做到信守承诺、坦诚无欺，说老实话，做老实人，办老实事。如考试不作弊，诚信作答；拾金不昧，原封归还；坦诚待人，不欺不瞒；他人财物，不偷不抢等。友善就要做到待人友好，与人为善，成人之美，宽以待人，助人为乐，谦敬礼让。诚信友善是我们中华民族大力弘扬和传承的美德，是社会主义核心价值观的一面闪亮旗帜，是我们做人做事的命脉根基，是公民基本的道德规范，是构建和谐社会必不可少的重要力量。想做成事、做大事就要学会诚信友善求共赢，互帮互助促发展。

课堂万花筒

《左传》是中国第一部编年史著作，主要记载了春秋时期的历史。其中含有大量古人说话、做事的智慧，可以说它不仅是一部史学著作和文学著作，更是一部教人做事的宝典。聪明人总会从中汲取做事的大智慧。

1. 量力而行之，相时而动。

译文：估量自身的力量而去做事，观察并掌握时机而采取行动。

感悟："量力而行，相时而动"，这可以说是我们做事的八字箴言。我们要选择最适合自己当下实力的事来做。就像举重的人，如果选择的重量太轻，即便成功了也不会有成就感；但如果选择的重量太重，超出自己的能力范围，不仅不会成功，还有可能伤及身体。只有量力而行，才能步步为营，把事情做成、做好。而相时而动，就是我们要选择最好的时机做事。时机选择得好，就能事半功倍，反之就事倍功半。

2. 一鼓作气，再而衰，三而竭。

译文：第一次击鼓士气会大大增加，第二次击鼓士气就会减弱，第三次击鼓就没有士气了。

感悟："一鼓作气"的成语由此而来。《孟子》里记载了这样一个故事，有一个人，每天偷邻居家一只鸡。有人劝告他说："做这种事情，不是有道德的人该有的行为。"那个偷鸡的人说："好吧，我减少一点儿，每月偷一只鸡，等到了明年再停止。"这个故事语言犀利，讽刺而又幽默，发人深省。我们做事也好，改正错误也好，一定要有一鼓作气的精神，不要拖拖拉拉，明日复明日，明日何其多？缺乏这种一鼓作气的精神，人很难做成事。

3. 人谁无过？过而能改，善莫大焉。

译文：谁能没有过失？有了过失而能够改正，那就没有比这再好的了。

感悟：《论语》中说，"君子之过也，如日月之食焉：过也，人皆见之；更也，人皆仰之。"意思是说，君子坦坦荡荡，正道直行，即便犯了过错，别人也能看到。而且一个君子总是能及时改正错误，别人也一定会更加尊重他。因此，当我们知道自己犯了错，第一个反应就是要及时改正。别人不会因为我们改正了错误而嘲笑我们。

4. 川泽纳污，山薮藏疾，瑾瑜匿瑕。

译文：河流、大泽中也容纳污水，深山草野中也会藏瘴疬之气，美玉中也会微有瑕疵。

感悟：美和丑是对立的，又是相互依存的。没有丑也就没有美，美丑总是共存的。这就要求我们在为人做事的时候千万不能求全责备，每个人都是有缺陷的，我们要包容这些缺陷，发现别人身上的优点。古语说，"水至清则无鱼，人至察则无徒"，水过于清澈养不住鱼儿，人太过苛责，太过计较，最后都没有朋友了。

（资料来源：国学文化讲坛）

实践演练

一、游戏名称

无敌风火轮

二、游戏要求

1. 道具要求：报纸、胶带

2. 场地要求：一片空旷的大场地

3. 游戏时间：约10分钟

4. 详细游戏玩法：12~15人一组，利用报纸和胶带制作一个可以容纳全体团队成员的封闭式大圆环，将圆环立起来全队成员站到圆环上边走边滚动大圆环。如图3-1所示。

5. 游戏目的：培养学生团结一致、密切合作、克服困难的团队精神；培养他们的计划、组织、协调能力；培养他们服从指挥、一丝不苟的工作态度；增强队员

图3-1 无敌风火轮

间的相互信任和理解。

（资料来源：罗家永.心理拓展游戏270例.福州：福建教育出版社，2014，有改写）

心灵鸡汤

1. 凡事都要脚踏实地去做，不驰于空想，不骛于虚声，而惟以求真的态度做踏实的工夫。以此态度求学，则真理可明，以此态度做事，则功业可就。——李大钊

2. 滴自己的汗，吃自己的饭。自己的事情自己干。靠人、靠天、靠祖上，不算是好汉。——陶行知

3. 成功=艰苦的劳动＋正确的方法＋少说空话。——爱因斯坦

学有所思

主题十七

学会学习

教育导航

1. 了解学习的概念、动机及特点；
2. 认识学习的重要性；
3. 激发学习兴趣，掌握学习技巧，树立正确的学习观。

案例导读

小张出生于独生子女家庭，是家里的长孙，由爷爷奶奶一手带大，父母长年在外经商，较为忙碌，平日无暇顾及小张。小张的父母总是在物质需求上尽可能去满足和弥补他。

小张的父母平日里对他的学习要求并不高，他们甚至对小张说过，只要小张能拿到大专毕业证，毕业找工作的事家里自有安排。刚进大一的小张，虽然对于学习毫无兴趣，但在辅导员每天严查出勤率的督促下，由于怕受到处分影响自己获得毕业证，还算收敛，每天按部就班到教室上课。可是小张每天都坐在教室后排角落，倒头呼呼大睡，实在睡足不困了，就偷偷拿出手机玩游戏。他每天就这么浑浑噩噩地过着。

临近期末考试，舍友都在"开夜车"抓紧复习的时候，小张边兴奋地敲打着键盘玩着游戏边嘲笑舍友说："又不是考清华北大，你们干嘛这么拼，没听说过60分万岁，多1分浪费吗？别读了，赶紧来陪我玩游戏。"其中一个舍友反问小张："你就不怕挂科？"小张满不在乎地说："没听人说过嘛，大学没挂过科就算不上读过大学。挂科有什么好怕的，等毕业前重修学分补考就好了，拿到毕业证也没两样。"舍友们想了想，小张说的话好像也都在理。个别意志力较为薄弱的舍友果然把书本随手放一旁，加入到小张的组团游戏阵营中。他们越玩越嗨，情绪也越来越高涨，跟着游戏情境时而欢呼雀跃，时而愤怒拍桌，其他一两个想继续复习的舍友最后也都抵制不住诱惑，觉得反正宿舍这么吵闹，大家也都没复习，索性就放开一起玩。

果然，到了期末考试成绩出来的时候，小张所在的宿舍成了全年级这个专业中挂科情况最严重的宿舍。小张对挂科没什么感觉，自然也不放在心上。可其他几个舍友却开始明显感到焦虑不安，他们有的甚至在私底下怪罪于小张。紧接着，大家你一言我一语，更加认定小张是个"祸害"。于是他们联合到办公室找辅导员，把宿舍的事情一五一十地告诉辅导员，要求辅导员帮忙把小张调换到其他宿舍。辅导员初步了解后，认为给小张调换宿舍并不能解决根本问题。她开始陷入思考，自己该如何处理？

讨论：

1. 试着从多方面分析小张为什么不爱学习。

2. 你觉得这个宿舍挂科情况这么严重的原因是什么？舍友们全都怪罪于小张合理吗？除了不良的学习氛围对他们产生影响，他们本身还存在哪些问题？

3. 谈一谈你在大学里有什么学习目标。

点拨环节

一些大学生认为自己上大学只是为了拿到毕业证。他们对于大学里的学习往往只停留于60分及格线上，并不重视学习，更没兴趣钻研。只有等到他们毕业踏入社会后，在找工作到处碰壁或工作碌碌无为、一事无成时，才体会到学习的重要性，才会恍然大悟，原来学历只是一个门槛，而且只能代表过去，而知识和技能才是当今社会的核心竞争力，它代表的是未来。

一、什么是学习

（一）学习的概念

学习是指通过阅读、听讲、思考、研究、实践等途径获得知识或技能的过程。学习分为狭义与广义两种：

狭义：学习是指通过阅读、听讲、研究、观察、理解、探索、实验、实践等手段获得知识或技能的过程，是一种使个体可以得到持续变化（知识和技能、方法与过程、情感与价值的改善和升华）的行为方式。例如通过学校教育获得知识的过程。

广义：学习是指是人在生活过程中，为了获得经验而产生的行为或行为潜能的相对持久的行为方式。

（二）大学生学习的主要特点

1. 专业性

大学生学习是以掌握专业知识和职业技能为特征的社会活动，具有较强的专业性。

2. 自主性

大学生学习的自主性与被动性并存，但自主性起决定性作用。

3. 目的性

大学生学习是以发展学生智力和体力，培养学生良好的道德品质和实践能力为目的的活动。

4. 实用性

大学生学习注重学习的实用性，以达到学以致用、学有所用、解决实际问题的效果。

5. 超越性

大学生学习通过不断实践运用与创造，学习结果具有超越原学习情境的迁移力或生成力。

（三）大学生学习的动机

1. 低级的学习动机

有些大学生虽然从小学到大学，日复一日、年复一年地学习着，但是他们对于学习的动机仍存在误区。他们中有的认为学习就是为了应对考试，考出好成绩，拿到毕业证。他们认为获得学历就能找到好的工作，获取高薪，过上富足的生活，回报父母。这是以自我为中心的、注重自己眼前利益的学习动机，是属于较低级的学习动机。有这样学习动机的学生，他们对于目前所学的知识，如何做到理论与实际相结合，在生活、工作中如何学以致用发挥其效用和价值，并没有认真考虑过，也完全不在乎。

2. 高级的学习动机

有些大学生不仅刻苦学习学校规定的各类课程和应掌握的文化知识，也会利用课余时间通过图书阅读、网络搜索等方式来扩充自己感兴趣的专业知识，有的甚至亲自动手设计、发明、制作作品。在学习的过程中，他们认真思考如何去探索未知世界，如何去克服各种困难，如何去发现、分析和解决实际问题，并通过掌握知识来发展智力，提升能力，创造价值。他们意识到自己肩负着祖国繁荣昌盛的重任，自己是未来国家建设的中坚力量，当前的任务就是掌握科学文化知识，打好学习基础。这种把自己的学习任务同国家、社会的长远利益联系在一起，在无形中将个人发展同国家发展、民族进步的伟大使命相结合，以求实现命运共同体的学习动机，属于高级的学习动机。

课堂万花筒

测一测，你学习的主动性有多高。

回答"是"得1分；回答"否"得0分，共20小题，总分20分。

1. 父母不催促你，你不会主动写作业，更不会看作业之外的任何辅导书。（　　）
2. 一拿起书本，你就两眼无神，很容易打瞌睡。（　　）
3. 每次复习功课或者写作业，总想能拖一会儿是一会儿，需要很长时间才能进入状态。
（　　）
4. 如果是不严格要求完成的作业或练习，你总是能赖则赖。（　　）
5. 写作业一遇到难题，你就绕开。（　　）

6. 你认为自己很聪明，不用花很多的时间读书也可以考试及格。（   ）

7. 你总是幻想自己的成绩一觉醒来就变得非常优秀。（   ）

8. 你总感觉提高成绩是非常困难的。（   ）

9. 你总是无法全力以赴完成作业。（   ）

10. 你无法为了提高成绩放弃娱乐以及喜欢的漫画书和喜欢去的公园等。（   ）

11. 你越来越感觉读书没意思，浪费时间和精力，不如去找个工作，逍遥又自在。（   ）

12. 你感觉书本没什么意思，不如花时间研究更深层次的东西，如复杂的奥数。（   ）

13. 你只把时间和精力花在你喜欢的科目上，其他你不擅长或不喜欢的就没有用心学。（   ）

14. 你宁可长时间抱着课外书，也不愿意翻一下自己的专业书和作业本。（   ）

15. 你学习根本没有计划性。（   ）

16. 你经常列学习计划，但总实现不了。（   ）

17. 你觉得自己努力了，但还没取得好成绩。（   ）

18. 你被学习搞得团团转，力不从心，经常感觉疲倦。（   ）

19. 学习让你感觉很痛苦，如果不是父母逼迫你，你真想和父母说"不想读书了"。（   ）

20. 你想要一次成功，从班级的最后一名迅速跑到前面。你不打算一点点进步，而是希望突然改变成绩让别人大吃一惊。（   ）

总得分：

测试结论：

1. 总分为0~5分，说明你在学习上存在一点小问题，这些问题是由懒惰造成的，如果你能提高学习的主动性，再多花点时间和精力在学习上，学习成绩会有很大的提升空间。

2. 总分为6~10分，说明你在学习上存在不少问题，但你至少没有完全厌学。你总想提高学习成绩却又没有付诸行动。因此，你的内心往往是挣扎和不安的。你要清楚地认识到想改变现状，就必须脚踏实地，付诸行动，化被动为主动。

3. 总分为11~20分，说明你学习上是属于自我放弃的状态，甚至很可能你已经产生了厌学情绪，当下最重要的是培养良好的学习兴趣来激发你的求知欲。只有带着兴趣去主动学习，才能达到事半功倍的效果。

[资料来源：《科学大众（中学生）》2011年第11期]

二、为什么要学习

（一）适应知识经济时代的必然要求

教育强则国家强，教育兴则民族兴。我国始终坚持把教育摆在优先发展的战略位置，不断扩大投入，努力发展全民教育、终身教育，建设学习型社会。加强构建学习型社会，促进人的全面发展，提高全民综合素质，增强国家综合实力，这对我国全面建成小康社会和实现中华民族伟大复兴具有重要的实践意义。知识是推动人类文明进步的重要力量。个人的发展、企业

的兴旺、国家的富强、民族的振兴，无不依赖于对知识的掌握与应用，依赖于对科技的创造与研发。在全球国民生产总值的高速增长中，知识份额已经由 20 世纪初的 5% 上升到今天的 80%~90%。按照西方流行的"知识折旧"定律的说法，一年不学习，你所拥有的知识就会折旧 80%，在知识经济的大潮面前，无论是个人还是社会，无论是政党还是国家，只有主动学习、终身学习才能永葆生机与活力，才能适应知识经济时代的要求，不被时代淘汰。

（二）创造人生财富和实现自我价值的重要途径

人们常说：机会是留给有准备的人的。学习则是做好"准备"最实际的行动。当今知识经济时代中，人才的竞争，说到底就是知识的竞争、学习能力的竞争。知识具有无限的能量，坚持学习就是自我充电。学知识就好比零存整取的银行存款。能够抓紧时间学习的人注重知识积累，其实就是在积攒财富，其"存款"自然比一般人丰厚。如果想要自己的"存款"取之不尽，用之不竭，那就要注重学习、坚持学习，并将学习贯穿于人的一生，做到终身学习。"书中自有黄金屋"，通过学习，开发自身智力的无限潜能，这就是创造物质财富和精神财富的过程，这个过程既实现自身价值，又满足社会发展的需要。学习是创造人生财富和实现自我价值的重要途径，因此，我们要积极学习、勤奋好学，学以致用，用新知识、新思维来武装自己、丰富自己、提升自己。

三、如何学会学习

（一）学习观的转变是学会学习的起点

拿破仑说过："世界上只有两种力量，一种是剑，一种是思想，而思想最终总是战胜剑。"可见，思想观念的力量之强大。为了适应社会的瞬息万变、世界的日新月异，生活在 21 世纪知识经济时代的我们必然要转变旧的学习观，树立正确的学习观。具体要从以下几个方面去转变学习观：

1. 要从"家长逼我学""学校要我学"转变为"我想学""我要学"的自主学习观

由学生内在的需要引起的学习动机，是推动学生进行学习最为有效的内部动力。研究表明：学生的求知欲、学习兴趣、自我实现的需要等内部动机因素，都会促使学生积极主动地学习，从而提升学生学习的自我效能感。

2. 要从"偏科学习"转变为"全面学习"的全面学习观

全面学习观就是学习者应以浓厚且广泛的学习兴趣尽可能多地进行多方面、多层次的学习，积极拓展知识面，丰富知识结构，促使自己成为一个适应能力强的复合型人才。新时代下的新使命要求大学生必须学好知识，打好基础，实现德、智、体、美、劳全面发展。

3. 要从"阶段性学习"转变为"终身化学习"的终身学习观

学习不能只停留在学生这个特定身份，也不能只停留在大学这个特殊阶段。学无止境，人要活到老，学到老。坚持学习，将学习贯穿于一生，真正做到终身学习，并将学习当成一种习惯、一种爱好，通过不断学习来创新思维，吸取精华。

4. 要从"理论知识学习"转变为"理论联系实际"的实践学习观

"纸上得来终觉浅，绝知此事要躬行。"实践是检验真理的唯一标准。任何学科知识都需

要通过实践才能得到巩固和深化。我们要在学习过程中结合实际，勤于思考，善于反思，举一反三，触类旁通，不断把学习到的知识转化为解决实际问题的能力，真正做到学以致用、学有所用。

（二）学习兴趣的培养是学会学习的源泉

兴趣是知识的先导，是最好的老师，是可以推动人们求知的一种内在力量。它能够让我们在学习过程中保持积极的状态。培养学习兴趣主要包括以下方面：

1. 保持对未知事物的好奇心

好奇心是学习兴趣的源泉。人的好奇心会激发人的求知欲，满足求知欲就是满足学习的需求。学习的需求是激发学习兴趣和产生学习行为的直接动力。

2. 明确学习目标

有了学习目标就有了学习方向，目标越明确，方向就越清晰，产生的学习积极性就越高。学习兴趣是学习积极性的衍生物。因此，明确学习目标是产生学习兴趣的间接动力。

3. 享受学习兴趣带来的快乐

学习兴趣会促进自主学习，在自主学习过程中会获得成就感、满足感、愉悦感，也就是我们倡导的快乐学习、享受学习的过程。

4. 利用兴趣迁移

从自己感兴趣的学科入手，利用原有的学习经验和方法，慢慢去尝试学习其他学科领域的知识内容，在不断接触学习中进行兴趣迁移，深化对各学科知识的理解与运用，增强自我效能感，从而提高学习兴趣。

（三）学习习惯的养成是学会学习的核心

教育家叶圣陶说过："教育就是培养学习习惯。"学习习惯是指学生在长期的学习实践过程中逐渐形成的不需要意志努力和监督的自动化行为倾向。学习习惯具有潜移默化的力量，是通过日积月累的量变来产生质的飞跃，进而影响人的发展。良好的学习习惯一旦养成，学习成绩的提升就能水到渠成。养成良好的学习习惯要从以下几个方面入手：

1. 自主学习的学习习惯

自主学习应该是一种不受外部因素影响和强制，自觉形成的主动的、积极的行为，是一个人独立学习的能力，也是一个人获取知识的能力。自主学习主要包括课前自学、课后自学。课前自学也称预习，预习是上课前对即将进行的教学内容进行阅读，了解其梗概，做到心中有数，以便于掌握听课的主动权。预习是独立学习的尝试，对学习内容是否正确理解，能否把握其重点、关键，洞察到隐含的思想方法等，都能及时在听课中得到检验、加强或矫正。课后自学是对所学知识进一步巩固和延伸的过程，一般通过复习、写作业、查阅等手段进行查漏补缺，也是拓展知识的最佳方法。自主学习的学习习惯有利于提高学习能力。

2. 集中注意力的学习习惯

思想教育家卢梭说："当一个人一心一意做好事情的时候，他最终是必然会成功的。"注意力是影响学习成绩最关键的因素，成绩好的学生最明显的表现是能集中精力听讲、阅读，独立思考，认真做作业，他们在学习时很少受外界干扰，即使学习内容不够生动形象，他们也能自我约束，有意识地集中注意力完成学习任务。集中注意力要求学生全神贯注地学习，且做到

眼到、耳到、口到、心到、手到，学会调控自己学习时的行为。比如上课要专心听讲，用心领会，积极问答，勤于动手做笔记，划重点；课后能有针对性地巩固复习和强化，以缩短学习时间，达到事半功倍的效果。集中注意力的学习习惯有利于提高学习效率。

3. 勤思好问的学习习惯

"学而不思则罔"说的是读书如果不加以思考，存在的问题仍然得不到解决。而"君子之学必好问，问与学，相辅而行者也"。说的就是提问和学习，二者是相辅相成进行的，不学习就无法提出疑问，不提出疑问就无法增长知识。想要学会学习既要勤思又要好问。学习过程本就是勤于思考、积极探索、发现问题、解决问题、提高能力的过程。勤思好问的学习习惯是学生掌握基础知识和深刻理解知识的需要，也是学习者应有的治学态度，这一良好的习惯应在整个学习过程中坚持。

4. 及时总结的学习习惯

人们常说的"吃一堑长一智"，其实就是通过及时总结经验和教训，弥补不足之处，增长见识和积累经验的学习成长过程。学习过程是一个从点到线，从线到网，从网到面的过程。如何将点连成线、线织成网、网结成面，依靠的就是及时总结这个重要的手段。即通过对零星的、片面的知识进行整理分析，总结成完整的、全面的、系统的知识结构，从表面的感性认识提升为深刻的理性认识。及时总结的学习习惯不仅有利于巩固知识，防止知识遗忘，更有利于深刻理解和运用知识。

（四）学习方法的运用是学会学习的捷径

高效的学习方法往往具有事半功倍的效果。"学习有法，学无定法，贵在得法"。学习方法的运用是学会学习的捷径。学习方法是在不断实践和尝试的过程中，总结和归纳出的掌握知识的有效方法。学习方法没有固定的框架，因学习内容的不同、学习者的不同、问题情境的不同，选取的方法不尽相同。我们要学习和借鉴优秀学习者的学习方法，但切记不能生搬硬套；要结合自身的特点和学习习惯及思维方式去选择和运用学习方法。只有用对了方法，方能如鱼得水，突显成效。

（五）实践能力的提升是学会学习的落脚点

实践能力在一定程度上决定了大学生未来就业的竞争力，实践能力的提升是学会学习的落脚点。学以致用是学习的最终目的。美国认知教育心理学家奥苏伯尔也强调学习是"有意义地接受学习"，是依靠有意义的知识迁移把知识应用到其他学科和生活实践中去，在培养学习能力的同时提升综合实践能力。学生只有把已获得的理论成果转化为实践能力，用理论指导实践，用实践检验理论，巧妙灵活地实现理论与实践相结合，才能真正做到提升自我，促进发展，也才能从根本上说自己已经学会学习。

课堂万花筒

李嘉诚先生被《福布斯》杂志评为全球华人首富，并连续21年蝉联华人首富宝座。曾经有记者采访李嘉诚："今天你拥有如此巨大的商业王国，靠的是什么？"李嘉诚毫不犹豫地回答说："依靠知识。"曾经也有人问过李嘉诚："李先生，您提高能力靠的是什么？"李嘉诚同样不

假思索地告诉他："靠学习，不断地学习。"

在李嘉诚13岁的时候父亲病逝，为了养活母亲和三个弟妹，维持家庭生计，李嘉诚被迫辍学，走上社会，开始了推销生涯。他边做推销员边自学，每天工作时间为16至20个小时，一大早就到各地区开拓挖掘新客户。因此，年仅18岁时，他由于业绩出色，成功当上了营销部经理。

李嘉诚22岁时创办了长江塑胶厂。创业初期，由于资金缺乏，推销、设计、生产各个环节都只能亲自操作。有一天，李嘉诚阅读一份外国杂志，他留意到制造塑料瓶的机器，可以制造出优质且适合中国香港市场的产品。但是当时香港没有这种机器，如果从外国订购价格又特别昂贵。于是，李嘉诚开始自己研究制造机器，但是机器投入使用初期经常生产出次品，工厂因此面临倒闭。李嘉诚没有放弃，反而更加废寝忘食地学习研究，不断改进机器，直到生产出合格率百分之百的产品为止。此后的近10年中，李嘉诚坚持每天工作16个小时以上，每天早上是他最难过的时刻，因为长期睡眠不足，要用两个闹钟才能叫醒自己。

李嘉诚说："在知识经济时代里，如果你有资金，但是缺乏知识，没有最新的信息，无论何种行业，你越拼搏，失败的可能性越大；但是你有知识，没有资金的话，小小的付出就能够有回报。"

（资料来源：秦浦．李嘉诚全书．北京：中国华侨出版社，2014，有改写）

实践演练

一、游戏名称

你猜我比（猜成语游戏）。

二、游戏目的

让学生积极开动脑筋，提高认知能力和知识运用能力，开发肢体协调能力，激发课堂活力，让学生更愉悦地参与课堂学习，营造轻松的学习氛围。

三、游戏要求

道具要求：多媒体、成语题库PPT。

游戏时间：10分钟左右。

游戏规则：

（1）每5人一组，共5组。按组别先后顺序依次上台。

（2）每组随机选一组题目。固定1个人背对大屏幕，其他4人面向屏幕，4人排队轮流将所看到的成语通过动作比画让背对屏幕的人猜成语并作答。

（3）答题时，每组第一人最多过滤掉两个词条。每组限时2分钟。

（4）表演动作者不准出声，其他人不得进行提示。

（5）规定时间内，猜对题目最多组获胜。

四、游戏反馈

谈谈通过这个游戏你的收获。你喜欢这样的学习方式吗？为什么？

心灵鸡汤

1. 少壮不努力,老大徒伤悲。——汉乐府《长歌行》
2. 知识就是力量。——培根
3. 学习要有三心,一信心,二决心,三恒心。——陈景润

学有所思

善学章

主题十八

学会协作

教育导航

1. 认识协作的定义和内容；
2. 了解协作的意义；
3. 领会团队精神，学会协作，增强团结协作意识。

案例导读

  一天夜里 11 点多，某高校学生小陈在宿舍内突感身体不适，出现头晕目眩、脸色煞白、全身冒汗的症状。宿舍舍长赶紧求助王辅导员。王辅导员立马联系上值班的校医，共同赶到宿舍。他们一看小陈状态不容乐观，王辅导员当机立断拨打了 120 电话。为了确保小陈被及时救治，王辅导员与另外 5 名宿舍成员将床板当成救护担架，合力将体重 180 多斤的小陈同学迅速从 6 楼转移到 1 楼等候 120 救护车到来。

  小陈被医院诊断出突发性脑梗的病症，医生说幸好救治及时，如果再晚 10 分钟送来，很可能错失最佳的救治时间。

  10 分钟，这不就是辅导员和舍友们帮忙把小陈从 6 楼转移到 1 楼争取到的那 10 分钟吗？没错，就是这 10 分钟的集体协作，挽救了一条正值青春年华的生命，避免了一场家庭悲剧。

  虽然小陈被抢救过来了，但是医院告知家属，小陈后续需长期住院治疗，治疗费用高昂。这对于贫困家庭出身的小陈来说无疑是雪上加霜，小陈父母愁眉不展，只能无助流泪。王辅导员向校领导报告了有关小陈的病情及其家庭贫困情况。学校为小陈同学发起专项爱心捐款活动，号召全校师生伸出援助之手，奉献一片爱心，承载一份希望。

  校内迅速形成以班级为单位的捐款活动。有位平时生活节俭的同学甚至主动掏出一百元钱，班长担心其后续生活费不够，提醒他略表心意即可，他却说没事，那是吃馒头、泡面就能解决的事。果然，众人拾柴火焰高，全校师生积极响应，顺利为小陈同学筹集了近 10 万元的善款，缓解了小陈一家的燃眉之急。

一方有难，八方支援。病魔虽无情，人间尚有爱，世上本没有什么救世主，有的只是一群平凡的人，他们齐心协力，众志成城……

讨论：

1. 你觉得小陈同学能够被及时救治最主要的原因是什么？

2. 该校师生看似为小陈同学献出微薄之力，但是却成为帮助小陈的一股重大的力量，这是为什么？

3. 有人认为随着社会的发展，许多困境并不是靠个人的单打独斗就可以克服的，需要的是拧成一股绳的团结协作方式，对此你有什么看法？

点拨环节

当今知识经济社会呈现出各种学科知识、信息、文化的交叉化，它需要发挥集体的智慧和团队成员和谐的凝聚力，这是时代和社会的需要。大学生是当代青年的杰出代表，是社会主义和谐社会建设的主力军。但对于即将步入社会的高校大学生而言，仍存在团队意识淡薄、协作能力欠缺的问题。因此，正确认识大学生团队精神及其协作能力的培养对完成高校新时期教育工作具有非常重要的现实意义。

一、什么是协作

（一）协作的定义

协作是指在目标实施过程中，部门与部门之间、个人与个人之间的协调与配合。协作的另一种解释是：为了实现共同的目标，充分利用组织资源，依靠团队的力量共同完成某一件任务。协作可以集中力量在短时间内完成个人难以完成的任务，整体成就也会高于个别努力的总和。在团队的协作过程中，有创意的解决办法常会出人意料地出现。

（二）协作的内容

协作应该是多方面的、广泛的，只要一个部门或一个岗位承担的任务必须得到的外界支援和配合，都应该成为协作的内容。一般包括资源、技术、配合、信息方面的协作。

1. 资源协作

任何单位或个人所拥有的资源都是有限的，难免出现资源短缺的时候，如何让有限的资源发挥出无限的价值，关键就在于如何做好资源协作。资源协作包含我们常说的人力、财力、物力等方面的协作，具体是指在实现目标过程中，通过进一步整合资源，加强协作，实现资源共享，互通有无，为实现共同的目标开展协作，从而减少成本，提高效能的协作形式。

2. 技术协作

技术协作简单来说是指通过部门与部门之间、个人与个人之间进行的技术交流，为他人提供实现目标所需要的技术支持。比如：全校师生在生活及教学活动中都需要教辅中心提供的网络、软件及硬件设备等方面的技术协作。

3. 配合协作

无论是集体还是个人目标的实现，总是与其他部门或个人的工作有着一定的联系。这种联系也就产生了在实现目标过程中互相配合的问题。如学校的一场迎新生晚会演出，需要各班及时提供合适的节目，需要学生会各部门提供后勤保障。

4. 信息协作

信息全球化已不再是一个停留在纸面上的名词或概念，它已经全面进入我们的生活，在各方面产生着影响，并成为一个显而易见的发展趋势。信息协作的实质是在实现目标的过程中，部门与部门之间、个人与个人之间为了避免出现信息不对称的情况，通过有效的信息交流、信息传递的方式及时、准确地掌握信息，做出正确的决策和措施。这是实现目标的重要保证。

二、为什么要学会协作

（一）大学生缺乏协作意识的主要表现

1. 以自我为中心，过分自我

凡事出发点都是以自我为中心，过分讲究自我感受，从不考虑别人，行为上表现出自私自利。

2. 争强好胜，性格孤僻

生活、工作、学习上处处与人争锋，易争强好胜，性格孤傲、孤僻，做事独来独往，自作主张。

3. 集体责任感、荣誉感较差

将个人与集体分割开来，讲究自我利益优先；没有大局意识，忽视集体利益，缺乏集体责任感、荣誉感和归属感。

4. 人际交往淡漠

在与人交往过程中，见利忘义，唯利是图，只讲竞争，忽视协作，缺乏沟通、交流，很难建立互帮互助的人际交往关系。

（二）学会协作的必要性

1. 强化协作意识，避免盲目自我

当代很多大学生都是独生子女，家庭生活重心都是围绕着自己，因此在他们的内心难免具有较强的主角光环。虽说进入大学后，大学生对家庭的依赖性开始向独立性转移，比较独立、自主，但也容易出现个性张扬、强调自我、盲目自信、以自我为中心的现象，并且缺乏与他人、社会协作的意识和能力。因此，应该强化大学生的协作意识，避免他们盲目自我、自信、自负。

2. 注重分工协作，促进良性竞争

大部分大学生都是挤着"高考"这座独木桥，进入大学这个小社会里，他们身上具有较明显的竞争意识。在日常的评优评先、奖学金评选的刺激作用下，他们把这种竞争放在学习上，甚至放在生活中。有的学生为了学习成绩不被超越会选择一个人偷偷去自习，宁可让自己在无

涯的学海里"苦作舟"，也不愿意结伴同行、共同学习、一起进步。大学生这种过分强调竞争的弊端日益突显，往往会造成心胸狭窄、性格孤僻、独来独往、内心善妒、郁郁寡欢、偏执极端、人际关系紧张等问题。因此，我们要积极引导大学生处理好竞争与协作的关系，既要良性竞争，又要分工协作。竞争与协作是这个新时代最突出的特征，社会的发展、人类的进步，始终离不开竞争与协作，注重分工协作才能做到人尽其才，才尽其用，各司其职，各负其责。

3. 强调团结协作，提升凝聚力

相比中小学生，一部分大学生对于"班级"这个集体名称概念的意识略显薄弱。一学期甚至一学年过去了，一些同学还不能记住班级所有同学的名字，彼此顶多就是混了个脸熟。班级对他们而言，只是集中上课的一个团体组织，简单说就是：上课都来集合，下课各自分飞。这部分同学对于班级的日常事务和活动更是漠不关心，更别说主动为班级争取荣誉。让他们参加个人赛事容易，组织参加团体赛就难多了。学校要通过多创设有利于培养团队精神的活动项目，来培养学生的集体荣誉感，提升班级凝聚力。

课堂万花筒

地狱与天堂

一名凡人请教智者地狱和天堂有什么不同。

智者带着这名凡人来到一间房子里。一群人围着一锅肉汤，他们手里都拿着一把长长的汤勺，因为手柄太长，谁也无法把肉汤送到自己嘴里。每个人的脸上都充满绝望和悲苦。智者说，这里就是地狱。

智者又带着这名凡人来到另一间房子里。这里的摆设与刚才那间没有什么两样，唯一不同的是，这里的人都把汤舀给坐在对面的人喝。他们都吃得很香、很满足。智者说，这里就是天堂。

同样的待遇和条件，为什么地狱里的人痛苦，而天堂里的人快乐，原因很简单：地狱里的人只想着喂自己，而天堂里的人却想着喂别人。

（资料来源：文若愚. 小故事大道理. 北京：中国华侨出版社，2013，有改写）

4. 友善协作，促进人际交往

据研究，在获得成功的众多因素中，85%取决于人际关系，而知识、技术、经验等因素仅占15%，可见，处理好人际关系对于获得成功的重要性。然而，在竞争如此激烈的社会中，想要拥有良好的人际交往关系，就要懂得友善协作。协作不是要抹杀学生的个性，而是在极大尊重学生个性特点的基础上，让学生各尽所能，为集体争光。大学生要秉承"友善协作，积极进取，共同进步"的宗旨，虚心向他人学习，做到多沟通、多交流、多协调，互帮互助、共同提升；与他人搞好团结，不盛气凌人、欺上瞒下、表里不一，外求支持协作，内求团结向上；协调好内外关系，做到友善协作，精诚团结，同舟共济，从而促进人际交往。

三、如何学会协作

（一）树立团队协作意识，主动参与集体活动

"同心山成玉，协力土变金。"如果一个班级组织涣散，人心浮动，人人自行其是，那么这个班级就是一盘没有生机和活力的散沙。在一个缺乏凝聚力的环境里，个人有再多的雄心壮志、再强的聪明才智、再丰富的知识经验，也得不到很好的发挥。只有树立团队协作意识，积极配合、主动参与到集体活动中，并为其他有需要的成员提供力所能及的支持和帮助，才能共同成长与进步。

（二）重视集体利益，建立长远的协作关系

"单丝不成线，独木不成林。"每个人都应对自己所处的集体负责，要有集体意识，将集体放在首要位置，不能过分追求自我价值。要在集体活动中学会竞争、学会合作、学会负责，将个人的利益服从集体的利益，在团结和谐、个性张扬、活泼有序的生活中培养对集体的责任感。在与集体成员的交往中要重视、尊重合作伙伴，学会认可欣赏他人，重视合作伙伴在共同工作中的价值，不做过河拆桥、忘恩负义的事，要保持积极乐观的态度去传递正能量，不用消极悲观的言语去影响、打击他人信心，与他人建立起长远的协作关系。

课堂万花筒

偷油的老鼠

三只老鼠同去一个很深的油缸偷油喝，够不到油喝的它们想了一个办法，就是一只老鼠依次咬着另一只老鼠的尾巴，吊下缸底去喝油，大家轮流喝，有福同享。

第一只老鼠最先吊下去喝油，它想："油就这么多，大家轮流喝一点儿也不过瘾，今天算我运气好，干脆自己跳下去喝个饱。"

夹在中间的老鼠想："下面的油没多少，万一让第一只老鼠喝光了，那我怎么办，我看还是把它放了，自己跳下去喝个痛快。"

第三只老鼠也暗自嘀咕："油那么少，等它们两个吃饱喝足，哪里还有我的份儿，倒不如趁这个时候把它们放了，自己跳到缸底饱喝一顿。"

于是，第二只老鼠狠心地放开第一只老鼠的尾巴，第三只老鼠也迅速放开第二只老鼠的尾巴，它们争先恐后地跳到缸里去了。

最后，三只老鼠都淹死在油缸里。

（资料来源：《新智慧：财富版》2005 年第 12 期）

（三）积极沟通，注重反馈

积极沟通是保持人际关系畅通、和谐的有效形式。卡耐基说过："所谓沟通就是同步，每个人都有他独特的地方，而与人交际则要求他与别人一致。"沟通不仅代表一种能力，更是一种职业素质，积极有效的沟通、反馈是促进和保持长期友好的协作关系的重要途径之一。反馈是沟通的一个重要环节。凡事有交代，件件有着落，事事有回音，这是工作和生活上必备的生

存法则之一。我们要对协作的事情定期、主动进行沟通、交流、反馈、总结。针对协作伙伴的询问，要积极耐心地答疑、解释，共同商讨制订更加完善的可行性计划方案，进而提高协作的效率。

实践演练

游戏一：单脚火车跑

游戏规则：所有人平均分队，每队排成一列，每人仅用右脚支撑。后一人右手搭前一人肩，左手托住前一人左脚，多队并排一起站在起跑线上。裁判发令后各队齐出，赛程为20米，用时少者为优胜队。每个参赛队至少有2名女队员参加，比赛过程中脚掉下来的队伍为犯规，将失去比赛资格。

小结与讨论：游戏结束后，大家感觉如何？各组发扬团队精神协同工作了吗？

游戏二：六足蜈蚣

情景导入：我们是来自外太空的外星人，准备在地球开运动会，但来到这个星球发现这里的土壤不利于我们的身体，除非我们用六只脚来行走……

演示环节：根据班级人数分组，每8~10人为一组，各小组演示用六只脚来行走。

小结与讨论：演示过程中各组都采取了什么方法？起初，你们中是否有人认为这个项目不能完成？

心灵鸡汤

1. 若不团结，任何力量都是渺小的。——拉封丹
2. 不管努力的目标是什么，不管他干什么，他单枪匹马总是没有力量的。合群永远是一切善良思想的人的最高需要。——歌德
3. 单丝不成线，独木不成林。——俗语

学有所思

主题十九

学会坚持

教育导航

1. 认识坚持的含义和本质；
2. 了解坚持的意义；
3. 学生学会坚持，做事有恒心、有毅力。

案例导读

谈起家喻户晓的马云，大家的目光大部分集中在他是阿里巴巴集团主要创始人的身份，身家高居中国富豪排名榜的榜首。但马云也曾跟我们一样，是一个普通得不能再普通的人，马云三次高考的辛酸史是非常励志、激励人心的。

马云第一次高考，遭遇滑铁卢。尽管马云的英语在同龄人中出奇地好，但他的数学却实在太差，只得了1分，全面败北。这之后他当过秘书、搬运工，后来踩着三轮车帮人家送书。有一次，他给一家文化单位送书时，捡到一本名为《人生》的小说，那是著名作家路遥的代表作。小说的主人公、农村知识青年高加林曲折的生活道路给马云带来了许多感悟。高加林是一个很有才华的青年，他对理想有着执着的追求，但他在追求理想的过程中，往往每向前靠近一步，就会有一种阻力横在眼前，使他得不到真正施展才华的机会，甚至又不得不面对重新跌落到原点的局面。

从故事中，马云深刻领悟到人生的道路虽然很漫长，但关键处往往只有几步。在人生的道路上，没有一个人的道路是笔直的、没有岔道的，这正印证了一句话："人生不如意十有八九。"既然生活道路是如此曲折、复杂，人们就应该坦然地去面对。于是，马云下定决心，要参加第二次高考。那年夏天，马云报了高考复读班，天天骑着自行车，两点一线，在家里和补习班间游走。

没想到第二次高考依然失利。这一次，马云的数学考了19分，总分离录取线差140分，而且这一次的成绩使得原本对马云上大学还抱有一丝希望的父母都觉得他不用再考了。

他不顾家人的极力反对，毅然开始了第三次高考的复习准备。由于无法说服家人，马云只得白天上班，晚上念夜校。到了周日，为了激励自己好好学习，他特地早起赶一个小时的路到浙江大学图书馆读书。

就在第三次高考的前三天，一直对马云的数学成绩失望的余老师对马云说了一句话："马云，你的数学一塌糊涂，如果你能考及格，我的'余'字倒着写。"

考数学的那天早上，马云一直在背10个基本的数学公式。考试时，马云就用这10个公式一个一个套。从考场出来，和同学对完答案，马云知道，自己肯定及格了。结果，那次数学考试，马云考了79分。历经千辛万苦，马云终于考上了大学。

对马云而言，人生路上的三次高考，早已成为他生命旅程中最宝贵的精神财富。

（资料来源：电子商务研究中心网）

讨论：

1. 马云高考屡战屡败、屡败屡战。试想，如果马云在第二次高考失败后，听从了父母的劝告，去学习一门手艺，安安稳稳过他当临时工的生活，那么，还会有今天的马云，还会有今天的阿里巴巴吗？

2. 看到马云早期经历过的这段辛酸奋斗史，你有何感悟或触动？

点拨环节

没有谁能够随随便便地成功，也没有谁的人生是一帆风顺的。人生不如意十有八九，坚持不放弃很重要。正如丘吉尔在一次演讲中说："我成功的秘诀有三个：第一是决不放弃；第二是，决不，决不放弃；第三是，决不，决不，决不放弃！我的演讲结束了。"丘吉尔成功的秘诀就在于此，在于他的不肯放弃。虽然有了坚持不一定成功；但没有坚持，就注定失败。一些用人单位反馈，现在一些大学毕业生很难管理，他们的耐挫折能力和抗压能力差，遇到困难，第一反应是甩手不干，动不动就辞职走人。但是大家要知道，如果没有"衣带渐宽终不悔，为伊消得人憔悴"的坚持，又怎会有"众里寻他千百度，蓦然回首，那人却在灯火阑珊处"的成功喜悦。大学生只有学会坚持，遇事不轻言放弃，做事有恒心，有毅力，才能越挫越勇，收获成功。

一、什么是坚持

（一）坚持的含义

坚即意志坚强，坚忍不拔；持即持久，有耐性。坚持的意思是不改变、不动摇，始终如一。坚持是意志力的完美表现。

（二）坚持的本质

坚持就是在一件事情上不畏劳苦地持续投入时间和精力，而精力包括体力和脑力两部分。坚持的本质就是用自己的体力和脑力对抗懒惰和懈怠。

（三）坚持的意义

1. 坚持让平凡变成伟大

2015年《感动中国》人物系列中"马班邮路"投递员王顺友获奖的颁奖词：他朴实得像一块石头，一个人，一匹马，一段世界邮政史上的传奇。他过滩涉水，越岭翻山，用一个人的长征传邮万里，用二十年的跋涉飞雪传薪。路的尽头还有路，山的那边还是山，近邻尚得百里远，世上最亲邮递员！

唯物辩证法认为：一切事物的变化发展都是从量变开始的，量变是质变的前提和必要准备。当事物的量变达到一定程度时又必然会引起质变，质变是量变的必然结果。没有量变就没有质变。一个人做好一天的事很容易，但要用一辈子去做好一件事却是不容易的。马班邮路上一个人一匹马，用一生的脚步踏出一条架在山区里的绿色通道。无可否认，他很平凡，却很伟大。在这个平凡的岗位上，他一走就是几十年。伟大出自平凡，源于坚持。正是马顺友数十年来始终如一的坚持造就了他伟大的爱岗敬业精神，是坚持让平凡变得伟大。

2. 坚持让不可能变可能

有句歌词写道："只要勇敢去飞，没有什么不可能。穿过了泪水的旅途，梦想要自己做主。"把不可能变为可能，不是一件轻松的事，它是一个漫长而艰苦的过程，是一个复杂的系统工程。但只要坚定信念，执着努力，发掘潜能，用心去做，永葆进取心并能坚持不懈，就没有什么不可能。一个人如此，一个国家、一个社会、一个民族亦是如此。

3. 坚持让生活更美好

不可否认的是，许多伟人都在坚持理想信念的道路上饱受摧残与嘲讽，但他们的成功绝非偶然，他们的成功靠的是坚持不懈的艰辛付出和耐心。正因为积跬步所以至千里，正因为聚溪流所以成江海。坚持的过程或许是枯燥、孤单的，但也是幸福的，是为实现人生目标而坚持不懈奋斗的幸福。坚持让我们的生活有了方向，让我们的生活有了动力，教会我们笑面挫折，鼓励我们坚守信念，让我们重拾希望，让我们收获成功。

人往往是因为对生活有了美好向往，才有了让自己坚持不懈的理由。是爱因斯坦的坚持，让生活充满科学；是爱迪生的坚持，让生活充满光明，是达·芬奇的坚持，让生活充满色彩；是袁隆平的坚持，让生活实现温饱……坚持让生活更美好。

二、坚持什么

追求成功的人往往明白成功需要坚持。他们懂得什么是坚持，但他们却不明白要学会坚持什么。

（一）坚持初心与使命

党的十九大的主题是"不忘初心、牢记使命"。作为新时代青年的我们，肩负着中华民族伟大复兴的梦想和建设中国特色社会主义的重担，爱国是我们的初心，实现中国梦是我们的使命。初心和使命是一个人、一个民族、一个国家不断前进的根本动力。我们无论身处何地、从事何种职业，都应该始终牢记自己的初心与使命。我们要把青春、激情献给我们的祖国母亲，为维护祖国的统一与和平坚持奋斗。

（二）坚持积极乐观的人生态度

乐观是希望之花，能赐人以力量。积极乐观的人生态度就是理解生活的不易，热爱生活，对自己、对生活，不抛弃、不放弃。生活本就没有所谓的一帆风顺，更谈不上尽如人意，也没有什么洪荒之力，有的只不过是咬牙坚持。纵使处境危难，也要有信念，坚信星星之火可以燎原。我们越乐观，克服困难的勇气就越会增加。只有坚持积极乐观的人生态度，才能战胜和克服眼前的艰难险阻。

（三）坚持良好的生活习惯

培根说过："习惯真是一种顽强而巨大的力量，它可以主宰人生。因此，人自幼就应该通过完美的教育，去建立一种良好的习惯。"良好生活习惯的养成是对人的考验，更是人生幸福和成功的重要保障。生活习惯养成要从一点一滴做起，并做到持之以恒。身体是革命的本钱，健康的体魄是基础。坚持良好的生活习惯包括：规律的作息时间、健康的饮食规律、干净整洁的衣着穿戴、劳逸结合的工作方式、合理适度的运动锻炼等。坚持良好的生活习惯，才能够活跃身心，增强体质，在坚持中寻找快乐，在坚持中保持健康。只有健康相伴，幸福才能永久。

（四）坚持学习

书籍是人类进步的阶梯。学习可以丰富生活，提高认知水平，开阔眼界，塑造魅力与气质。为了更好地适应社会发展和实现个体发展的需要，我们要坚持学习，活到老，学到老，将学习贯穿于自己的一生，真正做到终身学习。坚持终身学习方能永葆生机和活力。除此之外，坚持终身学习还有利于形成全社会勤奋学习的风气，推动学习型社会的建设。

（五）坚持自我约束

自我约束是指自制、自控、自律。自我约束力是传统文化的思想精髓。强调自我约束，立德修身，历来是古代先贤所推崇的高尚品质。自我约束贵在坚持，坚持自我约束就要做到自觉进行自我修养，自我监督，自我教育，自我完善，达到至善、至仁、至诚、至道、至德、至贤。古人云"其身正，不令而行，其身不正，虽令不从"。大学生应该把加强自我约束、提升自身修养作为一种自觉的追求，作为一门终生的必修课。

（六）坚持正确付出

机会是留给有准备的人的。坚持正确付出就是最好的准备状态。成功路上需要坚持正确付出，但是懂得什么是正确付出的人不多。正确付出不是庸庸碌碌地付出，不是埋头苦干地付出，不是不到黄河心不死地付出。把自己全部的时间、精力、金钱、感情浪费在错误的人或不值得的事情上，这样的一味付出只是偏执。正确付出的对象必须是对的人、对的事，要相信坚持正确付出必有回报。

课堂万花筒

结合自身情况，谈谈你认为大学生应该学会坚持什么。跟同学们分享，你平时都坚持了哪些好的习惯或者兴趣爱好？

三、如何学会坚持

（一）增强自信是学会坚持的起点

自信心是相信自己有能力实现目标的心理倾向，是推动人们进行活动的一种强大动力，也是人们完成活动的有力保证，是一种健康的心理状态。美国教育家戴尔·卡耐尔在调查了很多名人的经历后指出："一个人事业上成功的因素，其中学识和专业技术只占15%，而良好的心理素质要占85%。"自信是成功的保证，是相信自己有能力克服困难、实现一定愿望的一种情感。

高尔基也指出："只有满怀信心的人，才能在任何地方都把自己沉浸在生活中，并实现自己的理想。"增强自信能够让我们对自己所要从事的工作或要完成的任务充满信心，能够鼓舞我们去克服困难、突破自我。这股信心犹如支撑我们咬牙坚持下去的强心剂，是我们坚持下去的底气，更是我们学会坚持的起点。

（二）明确目标是学会坚持的动力

正如斯大林所说："伟大的精力只是为了伟大的目的而产生的。"人不能没有目标，更不能没有明确的目标。没有明确目标的人生犹如断了线的风筝，少了线的牵引，失去了主心骨，即使万般挣扎最终也只会迷失方向，无所适从，待起风了，便漫天飘摇；待风息了，便落入尘埃。

美国哈佛大学研究发现：对未来有明确目标和计划的应届毕业生仅有3%，而这3%的毕业生在20年后，无论是事业成就还是生活幸福感方面都高于其他人，且这3%的人的财富总和居然大于另外97%的学生财富总和，这就是设定明确目标的力量。有了明确的目标，我们才会有坚持行动的方向，这是我们学会坚持的动力。

（三）付出行动是学会坚持的关键

都说没有行为的信心是虚的，而没有行动的坚持是死的。风车只有在转动时才能磨面，轮机只有在转动时才能发电。人，只有行动起来才有力量。如果说成功是我们的目的地，行动就是通往目的地的班车。成功是留给有准备、有行动的人的，沉浸在浮想联翩的空想中的人往往只能羡慕别人的成功。不要找任何理由而拒绝行动，这个世界从不缺少空想家，缺的是实干家。

付出行动可以摧毁眼前的冰山,让我们看到更加真实的世界,让我们从中获得更多的历练。只有切实付出行动才有实际意义,才能取得成功。我们在兢兢业业完成本职工作、获得肯定的同时,也能够体验到乐于付出所带来的"赠人玫瑰,手有余香"的快乐,从而形成"坚持付出、乐于付出"的良性循环。

(四)忍受孤独是学会坚持的常态

成长就是在孤独中蜕变,在寂寞中坚持。成功的背后不仅仅是鲜花和掌声,更多的是孤独。孤独像一条缓缓流淌的河流,在曲折中孕育着成功。古今中外,多少自强不息的名人都曾经历过孤独。他们是战胜孤独的斗士,正因为如此,他们更显得伟大与不凡。

"欲戴王冠,必承其重",想要收获成功就要忍受孤独。那些经历过黑夜的人才知道光的价值,那些忍得住孤独的人才知道真正的成功。忍受孤独是学会坚持的常态,是一种毅力,更是一种智慧。忍受孤独是一个需要坚持的过程,只有甘于孤独的人,才能坚持下来。忍受孤独会让我们的内心得以沉淀和升华,让我们能心无旁骛地去追求自己的理想和目标。

(五)看淡输赢成败是学会坚持的平衡点

生活中,不是只有黑白对错,人生中,更不是只有输赢成败。更何况,人生犹如一场长跑,某阶段的输赢算不了什么,关键在于最终能否抵达终点,能否笑到最后。对于真正懂得追求生活真谛的人来说,胜利不是目的,过程才是目标。无论我们经历过什么,或者正在经历什么,不以物喜,不以己悲,看淡输赢成败,才能找到我们生命的平衡状态。看淡了输赢成败,把努力奋斗的过程当作最美好的享受,我们就能找到坚持的平衡点。人生在世,重要的绝非输赢成败,而是曾经在努力奋斗的过程中得到的充实和快乐。坚持住,我们会看见最坚强且奋斗的自己,或许不一定能感动别人,但一定会感动自己。

课堂万花筒

只有放弃才会失败

林肯是上世纪最伟大的英雄,今天,在他百年诞辰之际,举国上下追思他为合众国所做的一切,就是一个最好的证明。

然而,当我们重现并感激他的光辉伟业之时,我们更应汲取并光大其人生所具有的特殊教益——执着的决心与勇气。我想我们纪念他的最好方式就是效法他,让他从不放弃的精神光照美国。

在我心中,林肯永远是不被困难吓倒、不屈不挠的化身。他生下来就一贫如洗,曾被赶出家园。他第一次经商就失败了,第二次经商败得更惨,以致用去十几年的时间他才还清了债务。他的从政之路同样坎坷,他第一次竞选州议员就遭失败,并丢掉了工作。幸运的是,他第二次竞选成功了。但接下来是丧失亲人的痛苦、竞选州参议员发言人的失败在等待着他。然而他依然没有灰心,在以后竞选中他曾六度失败,但每次失败过后他仍是力争上游,直至当选美国总统。

每个人都有历尽沧桑和饱受无情打击的时候,却很少有人能像林肯那样百折不回。每次竞选失败过后,林肯都会激励自己:"这不过是滑了一跤而已,并不是死了爬不起来了。"这句话是克服困难的力量,更是林肯终于享有盛名的利器。

林肯的一生书写了一个伟大的真理：除非你放弃，否则你就不会被打垮。

功成名就是一连串的奋斗。那些伟大的人物，几乎都受过一连串的无情打击，他们每个人都险些宣布投降，但是他们因为坚持到底，终于获得了辉煌的成果。例如伟大的希腊演说家德莫森，他因为口吃，而生性害臊羞怯。他父亲死后给他留下一块土地，希望他能过上富裕的生活，但当时希腊的法律规定，他必须在声明拥有土地之权之前，先在公开的辩论中赢得所有权。很不幸，口吃加上害羞使他惨败，结果丧失了那块土地。但他没有被击倒，而是发愤努力战胜自己，结果他创造了人类空前未有的演讲高潮。历史忽略了那位取得他财产的人，但几个世纪以来，整个欧洲都记得一个伟大的名字——德莫森。

有太多人高估他们所欠缺的，却又低估他们所拥有的，以致丧失了成为胜利者的机会。这是个悲剧。

……

世界上没有一样东西可取代毅力。才干也不可以。怀才不遇者比比皆是，一事无成的天才很普遍。教育也不可以。世上充满了学无所用的人。只有毅力和决心无往不利。

当我们继续迈向高峰时，我们必须记住：每一级阶梯都供我们踩足够的时间，然后再踏上更高一层，它不是供我们休息之用。我们在途中不免疲倦与灰心，但就像一个拳击手所说的，你要再战一回合才能得胜。碰到困难时，我们要再战一回合。每一个人的内在都有无限的潜能，除非我们知道它在哪里，并坚持用它，否则毫无价值。

（资料来源：范毅然.洛克菲勒写给儿子的38封信.长春：吉林文史出版社，2019）

实践演练

一、游戏名称

纸上叠罗汉。

二、游戏目的

团队协作/考验耐力。

三、游戏时间

20分钟左右。

四、游戏规则

6~12人一组，在不破坏纸张的前提下，在一张A4纸上站足够多人，保证所有人的脚不能完全离开A4纸单独触碰地面。团队保持造型至少10秒，视为通过关卡。可继续增加人员挑战高难度。最终人数多者获胜，如最终人数相等，保持时间长者获胜。

五、游戏反馈

通过这个游戏你有什么收获？你觉得这个游戏获胜的技巧是什么？

心灵鸡汤

1. 没有伟大的意志力,就不可能有雄才大略。——巴尔扎克
2. 世人缺乏的是毅力,而非气力。——雨果
3. 不经一番寒彻骨,怎得梅花扑鼻香。——黄檗禅师

三 善学章

学有所思

主题二十

学会自控

教育目标

1. 了解什么是自控力；
2. 认识自控力的重要性；
3. 学会自控，增强自控意识，争做自律的人。

案例导读

王某是某高校的大一新生，他满怀抱负和希冀来到大学，但是发现现实中的大学并没有自己想象的那么美好，觉得与自己理想中的大学差距颇大，开始郁郁寡欢。他开始沉迷于网络游戏，以此来逃避现实，上课也无精打采，生活中独来独往。

由于王某在校园中缺少可以交流的伙伴，他的性格开始变得内向古怪，情绪低落，自卑，甚至出现头晕不适、注意力不集中、睡眠障碍等问题。可他并没有认识到问题的严重性，反而变本加厉，无视校规校纪，甚至彻夜不归。辅导员和家长多次出面共同做其思想工作，好言劝说，让他认识到如果再任意妄行，自己将面临失学以及身体垮掉的严重后果。辅导员和家长要求他学会自控，并规定其每天打网络游戏的时间，必须从一开始每天14个小时以上的游戏时间，慢慢缩短为8个小时、4个小时、2个小时，逐渐到停止网络游戏。

在辅导员的循循善诱以及家长的重点关注下，加上同学的监督和提醒，王同学经过一个多月的努力，成功地走出了沉迷于网络游戏的困境，开始回归正常的大学生活，同时与舍友建立了深厚的情谊。

讨论：

1. 你觉得王某沉迷于网络游戏最主要的原因是什么？
2. 王某之所以能够走出困境，摆脱网瘾，回归正常的大学生活，除了辅导员、家长以及同学的帮助外，还有什么重要的原因？

3. 课余的你有什么兴趣爱好，你会玩网络游戏吗？如果玩，你每天玩游戏的时间大概有多长？你需要自我控制和约束吗？

点拨环节

大学里充满着太多的诱惑和干扰，可谓是"乱花渐欲迷人眼"。对于自律的同学而言，他们在生活或学习上具有规划性，能够自我控制、自我约束。但对于平日缺乏自控力的同学来说，他们在面对形形色色的诱惑时，往往很容易把持不住"掉坑"，最终深陷泥潭，难以自拔。大学生正处在人生发展道路上的一个至关重要的阶段，能否培养良好的自控能力对于大学生的未来发展有着重大的影响。

一、什么是自控力

（一）自控力的概念

广义的自控力指对自己的周围事件以及自己生活和事业的控制感。它是支配自我的一种能力，支配我们的未来是走向成功或失败，支配我们的人际关系变得好与坏，支配我们的人生走向。

狭义的自控力，即自我控制的能力，指个体在面对各种事件，受到情感、金钱、权力、名利等方面一系列的诱惑和考验时，进行自我控制思想、情感、行为举止的能力。

人类与动物的区别在于人类是有思想的动物，可通过自我思想的作用来调整心态，增强意志力，通过理性来控制自己的行为和情绪。

（二）大学生缺乏自控力的表现

1. 精力不集中，做事效率低下

漫无目的，注意力很难高度集中，做事三心二意，效率低下。

2. 自觉性差，依赖他人督促

自觉性和主动性不高，依赖别人的再三提醒和督促，难以独立自主完成任务。

3. 缺乏辨别是非的能力，易受外界干扰诱惑

缺乏社会经验，处事不成熟，遇事立场不坚定，辨别是非的能力不强，容易受外界干扰和诱惑。

4. 缺乏自律，难以融入社会集体生活

最好的教养是不给别人添堵、找麻烦，而自律是最好的教养的体现。严于律己、自我控制、自我约束是融入社会集体生活的必要准则。

（三）大学生缺乏自控力的主要原因

1. 个人方面：心智不成熟，缺乏判断力

一些处于青年期的大学生本身心智尚不成熟，社会经验积累也不足，遇事不能从容淡定，没有自我判断能力，处理事情时思考不够全面，易感情用事，草率冲动，缺乏主见。一些大学

生突然从忙碌的高中学习环境，到"悠闲的"大学校园生活，犹如紧绷的那根弦突然松懈下来，外加没有明确的目标来充实大学生活，在面对许多新鲜事物的诱惑时，难免无所适从，容易受到外部环境变化的影响，被外界干扰和诱惑，无法自觉抵制住诱惑。

2. 家庭方面：温室成长，过度呵护

一些家长对孩子万般宠爱、百依百顺、遮风挡雨，过度呵护让孩子的成长获得短暂性的顺风顺水。这些大学生已经习惯于在家长营造的温室环境中成长，常出现生活自理能力差、抗压能力弱、受挫能力低的现象。生活常常经不起波澜，一旦受到外界刺激，情绪、行为就容易失控，思想偏执，甚至具有攻击性。

3. 社会方面：物质丰富，诱惑多多

当今社会，追求物质、追逐名利、为满足自己的欲望而不择手段的人时有出现。虚荣、攀比的现象在大学里也存在。比如，随着现代科技的进步，电子设备日新月异，层出不穷，很多学生虚荣心作祟，通过追求最新科技的电子产品如手机、平板电脑、无线耳机等，来标新立异。人的欲望一旦膨胀，思维就容易出现短路，在面对诱惑时，更容易中招，丧失自控力。

二、为什么要学会自控

（一）学会自控才能支配命运、主宰人生

正如《钢铁是怎样炼成的》一书的主人公保尔·柯察金所说："人应该支配习惯，而决不能让习惯支配人。"学会自控就是一个自主支配习惯的过程。人通常都是通过学会自控来培养习惯和支配习惯，通过习惯来影响性格，来决定自身的发展。好的习惯可以使我们无论是在学习、生活还是工作就业方面都能拥有良好的状态。一种好的精神状态、好的社交方式、好的个人形象等都会让我们受益终身。因此，我们必须学会自控才能支配命运、主宰人生，而学会自控也是大学生成长成才的必修课之一。

（二）学会自控才能抵制诱惑、远离犯罪

有位哲学家曾说过："美好的人生建立在自我控制的基础上。"与之相反的是随心所欲、放纵任性、任意妄为。大学生容易受不良诱惑而迷失自我，必须学会自控才能抵制诱惑、远离犯罪；必须加强自身修养，做到知法、懂法、讲法，提高警惕意识和辨别是非的能力，并对自己的行为举止严加约束和管控，"勿以恶小而为之"，自觉遵守法律法规，共同维护社会秩序的安全与稳定。

（三）学会自控才能增强意志、完善人格

情绪是把双刃剑，好的情绪不仅会让自己也会让周围的人充满阳光和正能量，而坏的情绪则会给所有人传递消极的负能量。虽然每个人在面对生活中的种种考验和挑战时，都有表达自己情绪和感受的权利，但是每个人都要为自己的情绪承担责任，我们必须学会设身处地地去尊重和考虑别人的感受。我们要学会控制自己的情绪，用意志去控制情绪和行为，做情绪的主人，而不是被情绪牵着鼻子走。控制自我情绪、行为，其实这就是在不断完善人格的过程。只有通过增强意志力来克服自身在生理和心理等方面的缺陷与不足，用自信、积极、乐观、坚忍、勇敢、勤奋、谦卑、宽容、感恩、奉献、仁爱来完善自己的人格，才能引领我们的人生走向成功与辉煌。

三、如何学会自控

（一）情绪自控

"冲动是魔鬼"，曾有人对美国各监狱的成年罪犯做过调查，经研究统计发现：有90%的罪犯是因为缺乏自制力，情绪失控，偏激冲动而导致犯罪行为，如果能够管控好情绪将有利于降低犯罪率。大学生正处于青少年时期，这是一个自觉性和幼稚性、独立性和依赖性错综复杂交织在一起的矛盾时期，他们具有半成熟、半成人的心理特点。很多大学生需要一下子从对家庭的高度依赖转变到独立自主地去生活和学习，突然被迫"断奶"成长，内心受到较大的冲击和考验。他们遇事容易出现情绪失控或感情用事的情况，常表现出手足无措或行事偏激、冲动的行为。因此，学会自控就得先从学会情绪自控入手，以下主要介绍三种情绪自控的方法：

1. 转移注意力法

通过转移对同一件事情不同的关注点，如转移话题、转移兴趣、转移目标等方式成功地把注意力从不良的情绪上转移开来，进而转移到个人体验上，让自己情绪缓解，心情好转，从而消除负面情绪的影响。

2. 合理宣泄法

通过合理的方式，寻找合适的时机，将心中的愤怒与不满宣泄出去。比如找个空旷无人的地方大哭一场，大吼几声，在操场上跑几圈，或找学校心理咨询室的老师倾诉疏压，去心理宣泄室通过特殊仪器宣泄。

3. 理智控制法

发挥自身的理智感，通过客观的判断来辨别是非曲直，利用意志力来控制不良情绪的影响面。比如自我暗示、自我疏导、自我激励、自我警醒。

课堂万花筒

说一说：在大学里你遇到烦心事，比如学习上或生活中的困扰，你当时的情绪是什么样的？你如何调节自己的情绪？

（二）行为自控

未成年人犯罪普遍具有突发性、偶然性的特点。2010年对全国未成年罪犯的调查显示，当问及"你违法犯罪时是怎么想的"时，回答"一时冲动，什么都没想"的高达65.6%。但是其犯罪行为的产生并不是偶然的，由他们在社会化过程中受到来自家庭、社会等各方面不良影响开始，到内化为自身错误的思想观念和扭曲的价值观，进一步外化为不符合社会规范的不良行为、危害社会的行为，直到触犯法律走上犯罪道路，是一个逐步升级、逐渐演变的过程。不良行为已经严重影响大学生的身心健康和社会秩序，如果任其发展，不加以约束和自控，不良行为就可能演变成犯罪。大学生学会行为自控，应自觉抵制以下十种不良行为：

1. 不迟到、不旷课、不早退。
2. 课上不玩手机、不睡觉、不吃东西、不聊天、不打闹嬉戏。

3. 考试不偷窥、不作弊，也不协助他人作弊。
4. 公共场合不随意吐痰，不乱扔垃圾，不破坏公物。
5. 不抽烟、不喝酒、不打架、不闹事。
6. 不传播黄色文化或淫秽物品、不参与赌博、不接触毒品、不入邪教。
7. 不偷窃行盗、不坑蒙拐骗。
8. 不虚荣、不浮夸、不攀比。
9. 文明恋爱，不滥爱，拒绝婚前性行为。
10. 理性消费，拒绝网贷。

（三）意志力自控

培养良好品质本身就是一个不断积累的过程，需要持之以恒。每个人的自控力程度不尽相同，但都依赖于意志力来维持。意志力是控制自己的注意力、情绪和欲望的能力，是属于可控的因素。意志力是可以通过主观努力来提高的，但也受自身消极因素和外界不良因素的影响。若意志力消耗殆尽，就会造成失控。学会自控就是要加强意志力自控，对自己奋斗的目标要有高度的自觉性。具体可以从以下几个方面着手：

1. 每天给自己定一个可行性强的小目标

只有目标足够明确且具有可行性，精力才能充沛，干劲才会十足，做事才有方向，奋斗才有动力。

2. 在每天睡前反思和总结

曾子曰："吾日三省吾身。"意指每天多次自我反省。只有严格自律，不放纵自己，主动反思自我，正视自身存在的问题，坚持总结与反思，才能鞭笞自我、激励自我，提高自控能力。

3. 强化执行力，高效做事

优秀的执行力就是把想法变成行动，把行动变成结果，从而保质保量完成任务，且要坚持今日事今日毕，高效做事。

4. 向身边优秀的人学习

优秀的人具有自强不息的正能量和自控力，"近朱者赤，近墨者黑""见贤思齐焉"就是向身边优秀的人学习并看齐，给自己树立榜样，有助于提升自我，加强自控。

课堂万花筒

故事一：把最坏的日子挨过去

凡高在成为画家之前，曾到一个矿区当牧师。有一次他和工人一起下井，在升降机中，他陷入巨大的恐惧。颤巍巍的铁索轧轧作响，箱板左右摇晃，所有人都默不作声，听凭这机器把他们运进一个深不见底的黑洞，这是一种进地狱的感觉。事后，凡高问一个神态自若的老工人："你们是不是习惯了，不再感到恐惧？"这位坐了几十年升降机的老工人答道："不，我们永远不习惯，永远感到害怕，只不过我们学会了克制。"

启示：有些生活，你永远也不会习惯，但只要你活着，这样的日子还得一天一天过下去，所以你就得学会克制，学会忍耐，把最坏的都挨过去，迎来的也就是好的了。就像你不习惯寒

冷的冬季，但冬天的脚步渐渐逼近，你也只能忍耐着，等待着寒冬的消逝，春天的到来。

（资料来源：《成功》2007年第6期）

故事二：好斗的竹鸡

竹鸡生性好斗，一碰见自己的同类，必会打个头破血流。

聪明的猎人就利用竹鸡爱打斗的性格来捕捉竹鸡，他在树林里将落叶堆成窠巢，把引诱竹鸡的幼崽放在里面，然后张开网，在树后隐藏起来。幼崽被猎人困在里面，只有高声鸣叫。

野外的竹鸡一听，认为是有打架的对象了，便闻声飞来，闭上眼睛，昂头冲进窠巢里就要去决斗。

如此，网起时，没有一只竹鸡能够逃脱。

启示：争胜好斗，盲目冲动，对自己没有丝毫控制，遇事不分场合，好逞匹夫之勇，很容易落入他人针对性设下的陷阱。不能控制自己冲动好斗的性情，不知隐藏自己的弱点，是一个人的致命伤。

（资料来源：《优秀作文评选》2011年12期）

实践演练

自控力测试

以下问题你有同样的经历或感受请在括号中画"×"，没有请在括号中画"√"。

1. 上课心不在焉，经常玩手机，内心没有一丝挣扎和罪恶感。（   ）
2. 每听到励志的心灵鸡汤就热血沸腾，结果毫无实际行动，最后又不了了之。（   ）
3. 每次吃夜宵，就自我安慰说明天再开始减肥。（   ）
4. 每日的健身计划，到了第二天就自我暗示：今天先不锻炼，明天再去。（   ）
5. 颓废了一学期，挂了好几科，心想：下学期开学要好好学习，不挂科。（   ）
6. 每次洗澡前都想再刷一会儿视频或再玩一盘游戏，结果过了凌晨才发现还没有洗澡。（   ）
7. 反正今天是某某老师的课，几乎不点名的，我就不去了，多睡一会儿。（   ）
8. 舍友桌上的零食、水果真多，他没那么小气的，吃一点没事。（   ）
9. 好喜欢这套化妆品或这套游戏装备，没钱就先用信用卡买吧。（   ）
10. 这个平台借款操作很简单，先借点钱出来花。（   ）

哪些你中枪了？

心灵鸡汤

1. 每一次克制自己,就意味着比以前更强大了。——高尔基
2. 能控制住自己的人,才能掌握自己的命运。——黄嘉俊
3. 自制力是人生的方向舵,使你的人生之舟避开暗礁、旋涡,永不覆灭。——范洪武

学有所思

主题二十一

运动健康

教育导航

1. 树立健康意识，了解健康标准；
2. 了解常见疾病的相关知识；
3. 学会合理体育运动达到预防疾病的目的。

案例导读

船夫和哲学家

众所周知，健康是一个人生存的基础，有人曾把健康比作"1"，事业、地位、家庭等就是它后面的"0"，只有把这个"1"写好了，后面的"0"才能体现其应有的价值，否则，只能是"0"而已。我想先给大家讲个故事——有一天，马克思和他的女儿在聊天，他对他女儿讲了一个故事，这个故事的名字叫《船夫和哲学家》。

有一个船夫在激流的河中驾驶小船，船上坐着一个想渡到对岸去的哲学家。于是发生了下面的对话：

哲学家问："你懂得历史吗？"

船夫回答："不懂。"

哲学家说："那你就失去了一半生命！"

哲学家又问："你研究过数学吗？"

船夫回答："没有。"

哲学家说："那你就失去了一半以上的生命！"

哲学家刚刚说完这句话，风把小船吹翻了，哲学家和船夫两人都落入水中。于是，船夫喊道："你会游泳吗？"

哲学家说："不会。"

船夫说："那你就失去了整个生命。"

> 讨论：
> 1. 这个寓言寓意非常深刻，请同学们思考一下，马克思想通过这个寓言告诉自己女儿什么呢？
> 2. 在生活、学习中，我们应如何维护好这个"1"？
> （资料来源：陈先浩.生活与哲学.苏州：苏州大学出版社，2010）

点拨环节

古人云"流水不腐，户枢不蠹"，说的是自然界中的一个现象，但是揭示了一个真理："用进废退"。对于健康而言，说运动是金何尝不可。按中医理论，合理的运动可使全身气机条达，血脉流通，才能不生病或少生病。肌肉在运动中变得发达有力，骨骼在运动中变得坚硬和结实。人体运动时会产生一系列的生理变化，体现运动的健身作用；运动能促进机体的生长发育，提高人体的运动能力；运动能促进人体内脏器官，特别是心、肺构造的改善和机能的提高；运动能改善和提高人的中枢神经系统的功能；运动能增强人的免疫力，提高人体的适应能力；运动能防病、治病，推迟衰老，延年益寿。所以说，最好的保健秘方，不是灵丹妙药，而是运动。运动在健身防病中有诸多功效。

一、运动与健康的关系

（一）运动可以增强体质，为健康的人格提供物质基础

著名的体育教育家马约翰先生曾说："体育是培养健全人格的最好工具。"中国奥林匹克运动先驱张伯苓先生也曾说："教育里没有了体育，教育就不完全。"体育运动不仅能够强身健体，而且处处体现着德育的功能。体育能陶冶情操、启迪智慧、壮美人生；能培养团结、合作、坚强、献身和友爱精神，弘扬民族精神；对于人的意志品质、自信心、心理调节能力以及健康生活方式的培养，也发挥着积极的作用。体育既是素质教育的重要内容，又可以通过育体进而全面育人。没有体育，素质教育就无法落实。人的心理是人脑的有机体，人脑是人体的一部分，心理健康的发展必须以正常发展的身体，尤其是以正常健康发展的神经系统和中脑为物质基础，体育活动可以促进身体健康地发展，为心理发展提供物质基础。

（二）运动可以宣泄不良情绪，锻炼良好的心理素质

运动可以调节心情，振奋精神，有助于大学生宣泄不良情绪。心理疾病与人长期情绪低落、烦躁、压抑等有关。体育运动可以调节人的情绪，改善心理的不良反应。神经心理实验研究表明，当人体进入运动状态时，大脑主管情感的右半球会立即兴奋起来，参加者进入一种愉悦氛围中，体会到成功的快感，以达到精神振奋的效果。大学生由于持续紧张学习，极易造成身心疲劳和

精神衰弱，积极参加运动可以使他们的身心放松，消除疲劳。同时，在运动中可以使他们长期压抑的情绪发泄出来。进行大运动量的体育锻炼对缓解人的心理压力，消除不良情绪具有十分明显的作用。

（三）运动可以增强意志，培养永不放弃的意志品质

运动项目一般都具有艰苦、易疲劳、激烈、紧张、对抗性强的特点，人们在参加体育锻炼时，总是伴随着强烈的情感体验和明显的意志努力。因此，体育运动本身可以培养勇敢顽强、吃苦耐劳、坚持不懈、克服困难、机智灵活、沉着果断、谦虚谨慎、团结友爱等优秀品质，培养集体主义和爱国主义精神，使人保持健康向上的心理状态。培养团结合作、坚忍不拔、吃苦耐劳等多方面的品质，体育运动在其中发挥着不可替代的作用。

（四）运动可以加强人际交往，促进身心和谐

在学校参加的体育运动以群体活动形式居多，是锻炼人际交往能力最有效的手段。运动在许多场合下，成员之间都是自由组合的，他们通过参加体育运动的联系而构成了一种特殊的社会情谊。在运动中，人们交往较为直接、随意，并在一种友好的气氛中进行，很容易消除学生之间交往中的紧张心理。体育运动在加强大学生人际交往，促进心理相容，培养心理适应能力等方面具有重要作用：一是参加体育运动为学生提供了交往的机会；二是参加体育运动的成员对体育活动有共同行为倾向和价值观，使学生内心世界彼此沟通，进而有彼此友爱的感受和心理倾向，这既有利于减轻个人的孤独感，又有利于良好人际关系的建立；三是活泼欢快的集体运动本身具有心理保健和情绪调节功能，也可以避免人格偏差，能增进学生对群体生活的适应性。

课堂万花筒

大学生年龄一般为18~25岁，正从青春发育期趋于生长稳定期，各项生理功能及机体功能正处于成熟阶段，属于健康群体，相比儿童和中老年人患病率少。世界卫生组织提出有关健康的十条标准为：

（1）精力充沛，能从容不迫地应付日常生活的压力而不感到过分紧张，你可以从事你渴望做的一切工作。

（2）处事乐观，态度积极，乐于担责任，严于律己，宽以待人。

（3）应变能力强，能够较好地适应环境的各种变化。

（4）对于一般感冒和传染病有抵抗能力。

（5）体重标准，身体匀称，站立时身体各部位协调。

（6）眼睛明亮，反应敏捷，无炎症。

（7）头发有光泽，无头屑或较少。

（8）牙齿清洁，无龋齿、无疼痛，牙龈颜色正常，无出血现象。

（9）肌肉、皮肤有弹性，走路轻松有力。

（10）善于休息，睡眠好。并有"五快"和"三良好"要求，即快食、快眠、快便、快语、快行；良好的个性、良好的处世能力、良好的人际关系。

当代大学生由于缺乏卫生知识以及某些不良行为与生活方式、心理障碍等，容易导致某些疾病和意外伤害。就感冒来说，大学生年平均患感冒的次数为 3.5 次，而感冒是世界卫生组织作为衡量一个人健康状况的指标之一；大学生年平均看病次数为 2.7 次，并有随年级升高而增高的趋势。由此可见，大学生身体健康方面存在的问题较多。

[资料来源：王焙华. 大学生常见疾病的预防及健康教育. 安徽教育学院学报，2007（06）]

二、常见疾病及其预防

（一）普通感冒

普通感冒俗称"伤风"，为急性上呼吸道感染的一种类型，由病毒引起，主要表现为鼻咽局部的急性炎症，具有传染性；临床表现为咽部干痒、灼热感、喷嚏、鼻塞、流涕，亦可出现流泪、呼吸不畅、声嘶、咽痛、少量咳嗽。普通感冒属于呼吸道病毒性传染性疾病，病毒通过空气传播。常见的预防感冒的方法有：

（1）每天饮用足够的水。

（2）尽量减少与感冒病人的接触，应勤洗手，不共用毛巾、用具、饮料等。

（3）有规律进行中等运动量的锻炼，增强机体免疫系统，提高机体抵抗力。

（二）视力疾病

大学生视力疾病主要有近视、散光等，主要是用眼不卫生所致，比如长时间看书、玩手机、躺着或走动时看书，经常用手揉眼睛等。预防眼部疾病的方法有：

（1）当眼过度劳累时应该休息。例如，在阅读时，每隔 30 分钟休息 5 分钟；经常眨眼，可保护眼膜。如果长时间看书，不断凝望远处物体，可放松眼部肌肉，预防眼疲劳；安逸地坐着，深呼吸，以手掌盖住眼睛并持续几分钟；环形摇动头部同时伸展颈肩部，然后上下左右转动头部，重复几次；伸展和按摩面部肌肉，可以减轻面部肌肉的绷紧感。

（2）做眼部锻炼，比如做眼保健操。

（3）平衡营养饮食，摄取充足的维生素 A，可以帮助眼睛保持健康和视力敏锐。

（4）吸烟者应该戒烟，应尽可能远离烟草烟雾、排放气和其他污染空气的环境。

（5）搞好个人和集体卫生，不与他人共用毛巾、脸盆，勤洗手，避免用手揉眼或不洁物拭眼。

（三）失眠

失眠最常见的症状为入睡困难（上床后至少半小时仍未入睡）、早醒（凌晨3~4 点钟便醒来，且再入睡困难）或浅眠多梦。失眠者在白天可出现精神不振、疲乏、易激怒、困倦和抑郁等表现。失眠的原因有很多，因人而异。有些人睡前喝咖啡、饮浓茶会晚上睡不着；有些人会因周围声音嘈杂或是光线问题而失眠。焦虑、兴奋、恐惧等精神因素也会导致入睡困难或浅眠多梦，如很多学生在考试前因紧张、焦虑或玩激烈的电脑游戏而出现失眠。另外，失眠也可能是一些药物的副作用或是镇静催眠药的撤药反应。长时间的失眠会影响大学生的心理、生理功能。失眠者不仅会有疲劳的感觉，且情绪和行为都会受到影响（如焦虑、烦躁、注意力不集中、反应迟钝等）；白天常常昏昏欲睡，导致上课不认真，进而产生厌学的想法。

对于一般的失眠症，可通过解释、指导、帮助患者了解有关睡眠的知识，减轻不必要的预期性焦虑反应。睡眠卫生指导，比如用闹钟定时，不管前一天晚上睡眠情况如何，坚持每天早上在同一时间醒来并起床，这样有利于经历恒定的睡眠－觉醒生物节律。常见的治疗失眠药物有很多，但需在医生指导下服用，不可随意服用，因为绝大多数镇静安眠药长期服用后会成瘾或产生依赖性，一旦停用往往出现戒断综合征，失眠反而会更严重。因此，要遵循失眠的治疗原则：

（1）注意睡眠卫生，改善卧室及周围环境，调整作息时间，减少或停止抽烟及以酒、茶、咖啡的摄入，适当增加运动。

（2）检查有无原发疾病，如有，应首先处理原发疾病。

（3）有选择地采用心理治疗。

（4）合理使用安眠药物。

（四）乙型病毒性肝炎

中国肝炎防治基金会发布《中国大学生人群乙型肝炎防治现状调查报告》显示：我国高校新生的乙肝表面抗原携带率为 9.06%。这说明乙肝已成为大学生常见疾病之一，应给予重视。主要采取以疫苗接种和切断传播途径为重点的综合性措施：

（1）注射乙肝疫苗和乙肝免疫球蛋白。

（2）切断传播途径。重点在于防止通过血液和体液传播。措施为：①注射器、针头、针灸针、采血针等应高压蒸汽消毒或煮沸 20 分钟；②预防接种或注射药物要 1 人 1 针 1 筒，使用一次性注射器；③严格筛选和管理供血员，采用敏感的检测方法；④严格掌握输血和血制品指征；⑤食具、洗漱刮面用具专用；⑥接触患者后用肥皂和流水洗手。

（五）皮肤真菌疾病

由皮肤真菌引起的皮肤癣病在大学生中较为多见，最常见的是足癣。病变皮肤的边缘呈弧形或环形，有水泡或鳞屑，痛痒感剧烈，易发淋巴管炎或淋巴结炎。真菌通常寄生在鞋袜、衣物内，接触传播，温湿季节易发病。所以，大学生要养成良好的个人卫生习惯，勤换洗鞋袜、衣物；避免使用共用的澡盆、浴巾、拖鞋，穿透气性能好的鞋，在宿舍中勿赤足走在地板上，男生尤其要避免穿紧身不透气的内裤。治疗时以外用药为主。

（六）龋齿

龋齿也被称为"蛀牙"，由多种因素共同作用所致。牙釉质遭到破坏逐渐发展成为龋洞。容易出现根尖炎或牙髓炎，在破坏牙齿的同时继发感染，诱发关节炎、风湿性心脏病、细菌性心内膜炎等。龋齿的病因有细菌因素、宿主因素、食物因素、时间因素等。大学生要保持口腔卫生，饭后漱口、早晚刷牙、定期进行口腔检查，发现龋齿时要及早治疗。

（七）复发性口腔溃疡

口腔溃疡又称复发性口疮，它是口腔黏膜中最常见的溃疡类疾病，患病率很高，其具有周期性、自限性、溃疡性的损害特征。对复发性轻型口腔溃疡的治疗，目前尚无有效的治疗方法。其治疗原则主要为：局部对症处理，如局部消炎止痛；全身治疗，如使用免疫抑制剂、免疫增强剂或中医辩症疗法。大学生平常要养成规律的生活习惯，保持良好的精神状况，少吃辛辣食物，多吃含维生素 A 和维生素 C 的蔬菜水果。增强自身的抵抗力对预防复发性口腔溃疡的反复发作

会起到积极作用。

（八）慢性胃炎、消化性溃疡

慢性胃炎是指由于不良饮食习惯（如过饱、过饥、急食、喝浓茶和咖啡），或者在学校外面吃不洁饮食引起幽门螺杆菌（HP）感染等而导致的一种消化道疾病。其主要表现为胃部无规律隐痛、上腹饱胀、食欲不振、恶心、呕吐。消化性溃疡的病因除有 HP 感染外，还与遗传、药物、过度紧张及强烈精神刺激有关。其主要表现为周期性发作，上腹痛与饮食呈相关性、节律性。慢性胃炎、消化性溃疡的预防措施主要有生活规律、情绪稳定、饮食定时定量，避免吃生、冷、硬、辣等食物。

实践演练

掌握科学运动技能

每个人的身体条件、生活环境都不相同，不存在某一种运动计划适合所有人。因此，每个同学在制订运动方案时必须因人制宜，因地制宜。制订运动计划需要遵循以下四大原则。

针对性：针对之意就是针对目标而设，专业运动员需要的针对性可能是最强的，因为他们有很强的目标需要。对于一般健身者，如果目标是提升力量，就该使用质量比较大的辅具。更细微的针对性还需要考虑训练者的本身条件和状况，如果都是安排一样的动作，那就是缺乏针对性的设计。

超负荷：有些人虽然天天去健身房，但几年下来体能没有明显改变，其中一个原因可能就是没有挑战自己的负荷水平。最常见的超负荷方法就是加大所举重量，但如果不是有系统地渐进，就很容易出现肌肉不适应的疼痛，也就是延迟性肌肉酸痛。

多样性：这个原则所指的就是定时变换各个变量设定，最常见的就是改变训练动作，因为不同动作所能运用的肌肉部分是有所不同的。

累进性：这个原则可以算是最为重要的。虽然做运动可保持健康，但健身训练是有明确的目标的，而且要达到身体能做出的适应的状态，如果一直惯常训练但体能已经没有明显进步，就代表了训练计划已经无法有效令身体做出相应变化，这就需要改变训练计划。

若训练没有充分考虑或者遵循这四个大原则，所定的训练计划很可能无法有效帮助训练者达到目标或者难以依从，还有可能增加受伤机会。

（资料来源：田麦久.运动训练学.北京：高等教育出版社，2006）

心灵鸡汤

1. 发展体育运动，增强人民体质。——毛泽东
2. 人的健全，不但靠饮食，尤靠运动。——蔡元培
3. 锻炼身体要经常，要坚持，人和机器一样，经常运动才不能生锈。——朱德

学有所思

三 善学章

四 树人章

主题二十二
认识自我

教育导航

1. 更深入、细致地了解自我；
2. 学习接受他人的反馈，从多角度认识自我，树立更客观的自我形象；
3. 正确地认识和评价自己，能采取合理的方式将缺点加以改正，将问题解决。

案例导读

还活在小时候

张杰，男，小学期间成绩优秀，曾担任班级主要学生干部，是老师的好帮手。到了初中，时间和空间相对宽裕，导致该生不以学习为主要目标，时常逃课，课间玩手机，最终成绩下滑，没有考上高中。张杰突然间意识到自己的过错，万般懊恼，情绪失控最终导致心理疾病。

同班同学称张杰经常出现迟到甚至旷课情况，言行举止怪异，少与人交流；多次被人发现酗酒晚归、走路跌跌撞撞。一次迟到，没空椅子可坐，就直接瘫坐在地板上，后来突然爬上走廊围栏，半个身子已探出围栏，同学上前询问其为何做这么危险的动作，他却不以为意。据父母反映，该生自成绩下滑后遇事总是抱怨，不能正确地认识自己，一直活在小时候的成绩里面，最终将自己搅进深渊，难以自拔。

讨论：
1. 你能正确地认识和评价自己吗？
2. 如何正确地认识和评价自己？

点拨环节

学生踏入大学校门，便开始在学习知识、探索自己的职业兴趣、培养自己各方面的能力和素养的过程中，不断地成长和成熟。而在这个阶段，最重要的事情要完成好自我认知这门功课，这样才能为将来扣好职业教育的第一粒扣子。有人曾经说过：一个人认识自己的过程是艰难而又曲折的，只有闯过了人生的重重迷宫，才能找到自己、认识自己。先不说了解别人有多么困难，单说真正彻底地了解自己就是一件很不容易的事。很多人对于自己的优点都很敏感，而对于自己的缺点却容易忽视。

幸福是奋斗出来的，命运是把握在自己手中的，每个人都有选择人生方向的机会，选择的方向是否适合自己，关键是要看对自己的认识是否准确。认识自己先要正确地认识到自己的长处，这关系到自己做出正确选择和确立自信心。但认识自己最难的是如何认识到自己的短处，大多数人都习惯于自以为是，不愿意否定自己，看不到自己存在的缺点和不足。老子曰："自知者明。"可见，认识自我对于个人的人生成长和发展是十分重要的。

一、认识自我的定义

认识自我就是对自我的认识要与自我的实际情况相符合。我们知道，人不但能认识到外界的客观事物，而且对自己的心理和行为也能认识，并能把自己的意图、思想、感觉、体验传达给自己，从而调节、控制和完善自我。

二、认识自我的艰辛

认识自我需要一个很长的过程，它需要不断探索和反思。我们在孩童时是物我不分的，只知道自己需要什么，既不会考虑别人的需求，也不会调整自己和外界的关系。我们大部分人都有这样的经历："你长大了想干什么？"我们的回答往往简洁而明了："我想当宇航员，遨游太空""我想当老师，为祖国培养人才""我想当……"诸如此类。我们对自己还没有正确的评价，对成功的因素还没有考虑。但随着我们的成长，这种"以自我为中心"的常规是要被逐步打破的。进入青年时代，我们开始走向独立生活，开始认识到自己和他人的区别，了解到世界上还有好多事情是自己所不能驾驭的。这就是认识自我的过程。

三、如何去认识自我

随着年龄的增长，生活和社会阅历的增加，我们总是在不断发展变化。在这个发展变化中，我们需要不断更新、不断完善对自己的认识，这样才能使自己变得更好和更完美，而要正确认识自己，首先我们必须用全面的、发展的眼光看待自己。

（一）全面地认识自己

我们既要认识自己的外在形象（如外貌、衣着、举止、谈吐等），又要认识自己的内在素质（如学识、心理、道德、能力等）；既要看到自身的优点，又要看到自己的缺点。面对纷繁复杂的世界，如果我们把目光都集中在痛苦、烦恼上，生命就会黯然失色；如果我们还能把目光转移到快乐之中，我们就会得到幸福。同样的道理，面对自己，如果我们只看到自己的缺点，我们就会悲观失望，停步不前；如果我们还能看到自己的优点，我们就会充满信心，迎接生活的挑战。但是如果我们只看到自己的优点，看不到自己的不足，用自己的长处比别人的短处，我们就会沾沾自喜，骄傲自大，停步不前，甚至会倒退。因此，我们应全面地认识自己。

（二）用发展的眼光看待自己

事物总是发展变化的，没有一成不变的事物。俗话说"士别三日，当刮目相看"，我们每个人都是在不断发展变化的，当然，我们的优点和缺点也是在不断变化着的。因此，我们必须用发展的眼光看自己，及时发现自己新的优点和新的缺点，通过自己的努力，争取变缺点为优点，不断改正自己的缺点来完善自己。

四、认识自我的途径

（一）观察、体察自己

要认识自我，我们必须做一个有心人，经常反省自己在日常生活中的点滴表现，总结自己是一个什么样的人，找出自己的优点和缺点。自我观察是自我教育、自我提高的重要途径。一是对自身外表和体质状况的观察，包括外貌、风度和健康状况等方面；二是对自我形象的观察，主要是对自己在所生活的集体中的位置和作用、公共生活中的举止表现以及社会适应能力等；三是对自己的精神世界的观察，包括对自己的政治态度、道德水平、智力水平、能力、性格、兴趣、特长等方面。

（二）通过他人认识自我

苏轼写道："不识庐山真面目，只缘身在此山中。"认识自己有时候的确比较难，一般来说，当局者迷，旁观者清，周围的人对我们的态度和评价能帮助我们认识自己、了解自己。我们要尊重他人的态度与评价，冷静地进行分析，既不能盲从，也不能全部忽视，不识乎己，何以识天下？只有正确地认识自我，才会找到适合自己的路。

课堂万花筒

1. 看清自己

彻底陷入盲目的人，是不了解自己的人。牛顿说他看得远，是因为他站在巨人的肩膀上。这句话既是自谦之词，也是自知之句。只要心中有一把客观的尺子，不夜郎自大，不妄自菲薄，自会与进步结伴，不和落后同行。寓言故事《鼓气炸死》可以给我们以启迪：

森林中，动物们正在举办一年一度关于比"大"的比赛。

老牛走上台来，动物们高呼："大。"

大象登场表演，动物们也欢呼："真大。"

这时，台下角落里的一只青蛙气坏了。难道我不大吗？它一下子跳上一块巨石，拼命鼓起

肚皮,同时神采飞扬地高声问道:"我大吗?"

"不大。"台下传来的是一片嘲讽的笑声。

青蛙很不服气,继续鼓着肚皮。随着"嘭"的一声,肚皮鼓破了。可怜的青蛙,到死也不知道它到底有多大。寓言故事中的青蛙不了解自己,受到了命运的惩罚。

2. 认识自我的价值

如何才能做到清楚地认识自我呢?要想具有自知之明,必须跳出自我的小圈子,以旁观者的立场来分析和评价自己。客观地评价自己,必须消除自负心理,自负心理会过高地估计个人的能力,会让人丧失自知之明。这样的人总是心高气傲,总爱抬高自己,贬低别人,固执己见,唯我独尊。他们喜欢凭着一点资本到处卖弄,结果受害的总是自己。

实践演练

认识自我测验

请你细读下列问题,以 ABC 为一类,DEF 为另一类,每类中有三组问题,对每个问题回答"是"或"否"。如果每组问题中肯定的回答占多数,就请将该组的编码,如"A""D"等记下来;如果否定的回答占多数,就请记下"O"。然后依次写下得到的编码并参看答案。

A组:

1. 你有幽默感吗?

2. 与朋友相处,你是可信赖和坦诚的吗?

3. 你能一声不响地坐一小时以上吗?

4. 你乐于把自己的物品借给别人吗?

5. 你有许多朋友吗?

B组:

1. 你能吸引客人的注意力吗?

2. 准确无误、照章办事是你的特点吗?

3. 你坚持储蓄吗?

4. 你喜欢衣着整洁、得体吗?

5. 你是否认为内部规章是必要的?

C组:

1. 你是否公开表露出对某人的反感?

2. 你是否对人傲慢?

3. 在你身上矛盾的心情是否强烈?

4. 在同伴中,你是否极力想成为注意的中心?

5. 你是否是人们仿效的对象?

D组:

1. 与人交往时,你是否言语粗暴、刻薄,因而冒犯别人?

2. 考试前你是否喜欢夸耀自己,说自己什么都会?

3. 你有没有读格言、警句并做注释的习惯?
4. 你是否一心想,无论如何也要以自己的独出心裁使朋友们大吃一惊?
5. 你是否以取笑别人为乐?

E组:
1. 你是否认为冰球运动员、演员、电视播音员的职业比工程师、试验员和图书管理员的职业要好得多?
2. 在不太熟悉的人中间,你是否毫不拘束?
3. 你是否认为傍晚安静地待在家里看书,还不如出去运动好?
4. 你能否保守秘密?
5. 你是否喜欢节日气氛?

F组:
1. 写信时你是否一丝不苟地使用标点符号?
2. 你是否为周末消遣娱乐做准备?
3. 在购物花钱时,你是否精打细算?
4. 你是否喜欢建立秩序?
5. 你是否常疑神疑鬼?

[计分评析]

别人心目中的你(编组ABC)

AOO:你是否发觉,人们常常认为你是一个不可靠的人(虽然实际上你只是稍微有点轻率)。你快乐无穷,好谈天说地。你做得比说得少。朋友们可以轻易地使你照他们的话行事,因此认为你易受别人的影响。但是,在一些重大问题上你还能够坚持自己的见解。

AOC:你给人留下的是一种不拘小节,有时甚至是不礼貌的印象。由于一味追求标新立异,你不但同别人甚至还同自己闹别扭,把昨天还在肯定的东西否定掉。表面看来,你不修边幅,无所用心,轻诺寡信,但只要愿意,你就会成为一个机敏的、有朝气的人。你身上缺少的是所谓的稳健。

ABO:你得到周围人的欢心,善于交际,尊重别人的意见,朋友遇到急难,你从来不会丢下不管。我们这样评价一定会让你高兴。但正如大家所见,赢得你的友谊并非易事。

ABC:你喜欢对周围的人发号施令,但只有你最亲近的人才会对此感到不快。对其他的人你尚能克制自己。在谈自己的见解时,你不考虑别人对你的话有何反应。你周围的人会马上躲开你,怕你会使他们难堪。

OOO:你城府很深,性格内向。谁也不知道你在想什么,了解你很难。

OOC:关于你,人们会说:"多么难以忍受的性格。"你会使与你谈话的人震怒,你不让别人把话讲完,把自己的见解强加于人,从来不做出任何让步。

OBO:像你这样的人在学生时代是模范学生,衣着整洁,有礼貌,守纪律,学习成绩优异。教师尊重、信任你,至于同学们,有些人认为你"骄傲自大",另一些人则非常喜欢你,

因为你愿意和他们交朋友。你不喋喋不休，不吹牛夸口，而且对自己充满信心。

OBC：可能有些人认为你是一个永远觉得自己受了委屈的人。你会为一些小事争吵。有时你也会情绪很好，但可惜这种情况不多。总之，你会让人们觉得你是一个抱屈、疑神疑鬼的人。

你的本来面目（编组 DEF）

OOO：你对一切新事物都感兴趣，有丰富的想象力，单调使你难以忍受。但是，很少有人了解你的真正性格。大家都认为你是一个安静温和、知足常乐的人，然而，事实上你在向往一种充满光辉事业的生活。

OOF：你多半是个生性腼腆的人，在你同陌生人打交道时，这点就会表现出来。只有在家里，或者和朋友相处，你才感到自在。当有陌生人在场，你就会局促不安，但却极力加以掩饰。你善良、勤奋，有许多好主意、计划和方案，但由于谦卑，你往往还是默默无闻。

OEO：你非常善于交际，喜欢访亲会友，高朋满座。一旦形只影单，便苦不堪言！你甚至不能将自己关在家里写一篇重要文章。在你身上矛盾情绪非常强烈，你总想干点什么与众不同的事，有时这种冲动左右了你，但你多半还能控制自己。

OEF：你沉稳但不卑怯，快活但不过分，善于待人接物，对人谦虚和气。别人对你的赞誉你已习以为常。你希望别人对你抱有好感，但自己不加任何勉强。没有朋友你会感到不自在，为他人效力使你感到愉快。但人们也可能会责备你超然于世外。

DOO：你喜欢讲出并激烈维护一些奇谈怪论，因此招致许多反对者，甚至连朋友也不是总能理解你。但你对此却满不在乎，这一点非常遗憾！

DOF：你不得不听一些不十分悦耳的言辞。你怎么会有这种双重性格？你的性格太古怪，你太固执，你身上缺乏幽默感，你受不了玩笑，你常常批评别人的行为，强迫他人按你的意图办事。如果他人不听你的，你就大动肝火，因此你的朋友很少。

DEO：原来，你是个非常古怪的人，总喜欢使朋友惊诧。如果有人向你提出忠告，你总是反其道而行之，为的是看看会产生什么结果。你为此自鸣得意，但却使他人震怒。只有最亲近的人才了解，你并非像表现出来的那样自信。

DEF：你精力充沛，处处感到得心应手，举止有度，你善于交际，不过似乎你之所以喜欢朋友圈子，仅仅是因为你在其中扮演主要角色。你喜欢充当辩论的仲裁者和消遣娱乐的组织者。周围的人承认你的威信，但你好为人师的说教却使他们感到厌烦。

（资料来源：三毛.随想.哈尔滨：哈尔滨出版社，2009）

心灵鸡汤

1. 知人者智，自知者明。胜人者有力，自胜者强。——老子
2. 不要小看自己，成为自己最好的拉拉队，多给自己打气。——李开复
3. 吾日三省吾身。——曾子

学有所思

四　树人章

主题二十三

性格探索

教育导航

1. 探讨自己的性格特征与职业的关系；
2. 利用 MBTI 理论探索自己的性格，了解自己的性格特征；
3. 通过对性格的了解，澄清自己理想的工作方式。

案例导读

王迪是某高校法律学院一年级学生，法学专业是他高考时的第一志愿，经过在大学半个学期的学习，他发现自己对所学专业越来越感兴趣，而且成绩也不错。按理说一切都尽如人意，但他依然困惑。他觉得自己在性格上是一个很感性的人，但法律这个行业需要更多的理性，自己的性格会不会不利于今后在专业上的发展。

小霞是个非常聪明的学生，从小到大，学习对她来说都不是难事。上大学后，她的成绩优异，每年都拿奖学金。对此，她却高兴不起来，因为让她为难的不是成绩，而是自己的性格。她已经读到大三，对考研还是找工作一直犹豫不决，以自己的成绩考研应该不成问题，但是她希望早点踏入社会；可是，如果找工作，自己的性格很内向，不善言辞，在人群中很难引起别人的注意。

（资料来源：中国教育新闻网）

讨论：

1. 王迪是否适合向法学方面发展？
2. 你认为小霞应该如何选择，为什么？

点拨环节

人的性格，不是一成不变的。年轻时的你，多半浪漫、感性。经风历雨多了，理性就会抬头。最理想的状态就是不感情用事，但热情不减；理性处事，但感性抒怀。我们可以用性格类型去理解和原谅自己，但不能将它作为你做或不做任何事情的借口。不要让性格来左右我们的选择。

一、什么是性格

性格是表现在人对现实的态度和相应的行为方式中的比较稳定的、具有核心意义的个性心理特征，是一种与社会相关最密切的人格特征。性格包含许多社会道德含义。性格表现了人们对现实和周围世界的态度，并表现在人们的言谈举止中。每个人在其成长经历中，可能受到生理、遗传、家庭教养、文化、学习经验等的交互作用，从而形成自己的独特性格，在不同的情境中表现出特定的气质。

性格是人对现实的稳定态度和习惯化行为方式的总和，表现为人在行为和态度上比较稳定的心理特征。性格是在社会生活中逐渐形成的，同时也受个体的生物学因素影响。性格是一个人最自然的反应和表现。

二、性格与职业

性格对职业选择有重要影响。如果你的性格和职业要求相吻合，工作起来就会如鱼得水，得心应手，成为更有效的工作者。我们每个人有自己擅长的一面，也有自己不擅长的一面（就如我们的左手和右手）。它们没有好坏或者对错之分。如果能够找到一个适合的环境，使我们在其中发挥自己的优势，那么我们会信心十足，且往往会取得佳绩。相反，如果要求我们做不擅长的事情，我们多半会感到不舒服、不自在，且有可能做不好工作。

三、通过MBTI了解性格

（一）MBTI介绍

MBTI（Myers-Briggs Type Indicator）职业性格测试的理论基础来源于瑞典心理学家卡尔·荣格有关知觉、判断和人格态度的观点，由美国的布里格斯和她的女儿伊莎贝尔·布里格斯·迈尔斯研究发展为心理测评工具，习惯上简称为MBTI理论。

MBTI理论具有非常雄厚的心理学基础和许多研究数据的支持，属于信度、效度都很高的心理测评工具。MBTI理论可以分析出大量的个性特质。MBTI理论的用途非常广泛，被用于自我探索、人才选拔、团队建设、管理培训、恋爱与婚姻咨询、教育咨询及多元化培训中。

（二）MBTI的四个维度

MBTI衡量的是个人的类型偏好或称作倾向。所谓"偏好"，是一种天生的倾向性，是一种特定的行为和思考方式。这些偏好并无优劣之分，却形成人与人之间的不同。它们各自识别了一些人类正常和有价值的行为，也可能成为误解和偏见的来源。MBTI 用四个维度偏好二分法来评估一个人的类型偏好，每个维度偏好二分法均由两极组成。具体见表 4-1。

表 4-1　　　　　　　　　　MBTI 的四个维度与正负两极

四个维度	正、负两极
能量倾向	内倾型（E）& 外倾型（I）
接受信息	感觉型（S）& 直觉型（N）
处理信息	思考型（T）& 情感型（F）
行为方式	判断型（J）& 知觉型（P）

在 MBTI 测评结果中，每个维度一个人只能有一种偏好，如果一个人是内倾型的就不可能是外倾型的，是知觉型的就不会是判断型的。但是，这并不代表一个人是内倾型的就没有丝毫外倾型的特征，就好像右利手的人不代表他的左手完全没有用处，有很多时候需要左、右手配合。性格也是如此，一个人如果是内倾型的，就意味着其在绝大多数情况下的自然反应是内倾的，但是也有外倾的时候。在特殊的情况下，甚至可能主要表现为外倾。所以，不要绝对地看待测评结果。

1. 第一个维度：外倾型（E）- 内倾型（I）（图 4-1）

外倾型（E）：注意力和能量指向外部世界的人和事，且从与人交往和行动中得到活力。

内倾型（I）：注意力和能量集中于自己的内心世界，从思想、回忆和情感的反思中得到活力。

外倾型（E）
- 热情洋溢
- 生机勃勃，善于表达
- 听、说、想同时进行
- 语速快，嗓门高
- 注意力容易分散
- 喜欢人多的场合
- 关注问题的广度
- 能量来自与外界的互相作用

内倾型（I）
- 冷静，谨慎
- 稳重，不愿意主动表达
- 先听，后想，再说
- 语速慢，语调平稳
- 注意力很集中
- 喜欢独自消磨时间
- 关注问题的深度
- 能量来自内心的思考与推理

↑非常清晰↑清晰↑中等↑不明显↑中等↑清晰↑非常清晰

图 4-1 E-I 维度

课堂万花筒

性格理解活动——E-I 维度练习

（1）请同学们以 6 人为一组，在小组中分享自己是内倾型还是外倾型，并分析为什么要如此判断。

（2）将外倾型的同学和内倾型的同学分成两组，相互说一说对对方的印象是什么，相处的时候需要对方做些什么，自己应该注意些什么，能从对方身上学习些什么。

（3）通过讨论过程的观察，你觉得哪些同学是外倾型，哪些同学是内倾型的，为什么？

2. 第二个维度：感觉型（S）- 直觉型（N）（图 4-2）

感觉型（S）：用自己的五感来获取信息。

直觉型（N）：通过想象、无意识等超越感觉的方式获取信息。

感觉型（S）
- 关注事实存在
- 谈话目标清楚，方式直接
- 思维连贯
- 喜欢从事实际性的工作
- 留心细节、现在
- 对身体敏感
- 以客观现实为依据

直觉型（N）
- 关注事物背后的意义
- 谈话目标宏观，方式复杂
- 思维跳跃
- 喜欢从事创造性的工作
- 关注总体、未来
- 精力集中于自己的思想
- 习惯比喻、推理与暗示

↑非常清晰↑ 清晰 ↑ 中等 ↑不明显↑ 中等 ↑ 清晰 ↑非常清晰↑

图 4-2 S-N 维度

课堂万花筒

性格理解活动——S-N 维度练习

完成下列句子：

大海是 _____

大海是 _____

大海是 _____

大海是 _____

大海是 _____

3. 第三个维度：思考型（T）- 情感型（F）（图 4-3）

思考型（T）：通过分析某一行动或选择的逻辑后果来做决定。

情感型（F）：喜欢考虑对自己和他人来说什么是重要的，根据自己的价值判断做出决定。

思考型（T）　　　　　　情感型（F）

● 行为冷静，公事公办　　● 行为温和，注重社交细节
● 关注事情的客观公平　　● 关注个人感受与价值观
● 很少赞扬别人　　　　　● 习惯赞美别人
● 言语平实、生硬　　　　● 言语友善、委婉
● 坚定、自信　　　　　　● 犹豫、情绪化
● 遵照客观逻辑推理　　　● 倾向主观想法与道德评判
● 人际关系不敏感　　　　● 尽量避免争论和矛盾

↑非常清晰↑清晰↑中等↑不明显↑中等↑清晰↑非常清晰↑

图 4-3　T-F 维度

课堂万花筒

性格理解活动——T-F 维度练习

某高校规定：学生打架三次，无论情节轻重都开除学籍。假如你是该高校学生辅导员，有一名学生已经打架两次，你与他进行了一次谈话，警告他如果第三次将被开除。现在这名学生在即将毕业的时候，第三次参与打架。你会怎么办？为什么？

请同学们说说自己的决定和想法。认真倾听每个同学的想法，判断哪些同学是思考型的，哪些同学是情感型的。答案见表 4-2，请试着分析：

表 4-2　　　　　　　　　　思考型还是情感型？

答案一	答案二	答案三
开除他 ·我已经与他谈过了事情的严重性，但他一犯再犯。 ·制度就是制度，一定要开除，否则出现类似的事情就没法管了，这样做对其他同学也是一种公平。	不开除他 ·我会再找他谈谈，问问他再次打架的原因是什么。 ·考虑到马上就毕业了，这时开除他太可惜了，对他前途影响较大。 ·我会和他谈谈问题的严重性，并再次告诫他，但最后还是不开除。	开除他 ·虽然马上就毕业了，开除他对他影响很大，但这次不给他教训，让他有了侥幸心理，下次遇到类似的事情还可能再犯。 ·宁可痛一时，强于痛一世。 ·开除前我会好好和他谈谈的

4. 第四个维度：判断型（J）- 知觉型（P）（图 4-4）

判断型（J）：喜欢将事情管理得井井有条，过一种有计划的、井然有序的生活。

知觉型（P）：喜欢一种灵活、自在的方式生活，更愿意去体验和理解生活而不是去控制它。

判断型（J）　　　　　知觉型（P）

- 正式，严肃
- 保守，谨慎
- 习惯做决定，有决断
- 条理清楚，计划明确
- 急于完成工作
- 遵守制度、规则
- 喜欢确立目标，然后去努力实现
- 外表整洁，环境干净

- 随意，自然
- 开放，灵活
- 做事拖拉，不愿做决定
- 缺乏条理，保持弹性
- 喜欢开始一项工作
- 常常感觉到被束缚
- 经常改变目标，偏好于新的体验
- 着装以舒服为标准，不在意环境

↑非常清晰 ↑清晰 ↑中等 ↑不明显 ↑中等 ↑清晰 ↑非常清晰

图 4-4 J-P 维度

课堂万花筒

性格理解活动——J-P 维度练习

假设现在是星期五的下午，你在本周日上午要参加全国大学英语六级考试，这是你毕业前最后一次参加这个考试的机会了，而你感觉自己还没有准备好，因此打算在今晚和周六好好复习一下。但是，你忽然接到电话，一个好朋友从外地来厦门了。你们已经好久没有见面了，他邀请你今晚去看他，他周六早上就要离开厦门。你会去吗？为什么？

请同学们说说自己的想法。认真倾听每个同学的发言，判断哪些同学是判断型的，哪些同学是知觉型的。

知觉型：当然去。好朋友难得一见。对于英语考试，周六还有一天复习时间，这种临阵磨枪的复习也不见得有多大用处。

判断型：不会去。即使复习好了也不会去，因为那样就找不到考试的感觉了。朋友虽然很重要，但是以后肯定还有机会再见，可是考试就这最后一次机会了。

四、MBTI 16 种性格类型及其职业倾向

（一）MBTI 16 种性格类型

人的性格非常复杂，每个维度都会彼此影响。因此，将四个维度结合起来是了解一个人的方法。MBTI 16 种性格类型见表 4-3。

表 4-3　　　　　　　　　MBTI 16 种性格类型

SJ- 传统主义者/维护者		NF- 理想主义者/通情者	
ISTJ	ISFJ	INFJ	INFP
稽查员	保护者	咨询师	治疗师/导师
ESTJ	ESFJ	ENFJ	ENFP
督导员	供给者/销售员	教师	倡导者/激发者

(续表)

SP- 经验主义者 / 工匠		NT- 概念主义者 / 分析者	
ISTP 操作者 / 演奏者	ISFP 作曲家 / 艺术家	INTJ 智多星 / 科学家	INTP 建筑师 / 设计师
ESTP 发起者 / 创设者	ESFP 表演者 / 演示者	ENTJ 统帅者 / 调度者	ENTP 企业家 / 发明家

你的 MBTI 类型

能量倾向（E-I:）_____

接收信息（S-N:）_____

处理信息（T-F:）_____

行为方式（J-P:）_____

（二）MBTI 性格类型与职业倾向

1. ISTJ

工作理念：从容不迫地做好自己的工作

职业特性：平实、谨慎、严肃、可靠

合适的职业：审计师、政府职员、教师、工程师、外科医生……

2. ISFJ

工作理念：忠于自己的责任和义务

职业特性：归属、踏实、责任、奉献

合适的职业：护士、社会工作者、行政管理人员、艺术家……

3. ESTJ

工作理念：事务料理家

职业特性：完美、管理、效率、控制

合适的职业：经销商、技术培训人员、行政负责人、律师……

4. ESFJ

工作理念：我能为您做什么

职业特性：开朗、友好、效率、控制

合适的职业：饮食专家、特殊教育教师、市场营销专家、美容师、秘书……

5. ISTP

工作理念：用我所具备的能力做到最好

职业特性：直接、诚实、实用主义

合适的职业：警察、电子机械工程师、运动生理专家、采购员、木匠、画家……

6. ISFP

工作理念：思想起着决定作用

职业特性：温和、敏感、谦逊、耐心

合适的职业：设计师、理疗师、测量员、保洁人员、行政人员……

7. ESTP
工作理念：让我们忙起来吧
职业特性：冲动、好奇、冒险、不拘小节
合适的职业：调查员、投资者、新闻记者、厨师、房地产经纪人……

8. ESFP
工作理念：别担心，高兴一点
职业特性：热情、大度、随意、乐观
合适的职业：小学教育工作者、药剂师、新闻节目主持人、保险代理、接待员……

9. INTJ
工作理念：能力＋独立＝完美
职业特性：敏锐观察、新颖独到、入木三分
合适的职业：金融分析师、科学家、大学教师、心理学家、建筑师、发明家……

10. INTP
工作理念：聪明机智，解决问题
职业特性：抽象、复杂、独立、创造性
合适的职业：软件设计师、神经学家、企业家、病理学家、数学家、音乐家……

11. ENTJ
工作理念：一切顺利，因为我掌握一切
职业特性：信任、尊敬、坦率、领导力
合适的职业：商业主管、经济分析师、管理顾问、法官、数据库主管……

12. ENTP
工作理念：天生的企业家
职业特性：自信、机智、感染力
合适的职业：企业家、公共关系专家、政治家、财务经理、政治分析师……

13. INFJ
工作理念：促进事务正面转化
职业特性：助人、创造、满足感
合适的职业：职业顾问、教师、剧作家、饮食专家、人力资源经理……

14. INFP
工作理念：大智若愚的人
职业特性：创造、助人、艺术
合适的职业：艺术家、教师、调理师、客户关系经理、职业治疗师……

15. ENFJ
工作理念：将公共关系进行到底
职业特性：交际、能力、热情
合适的职业：广告业务经理、职业顾问、教师、整形治疗师、人事主管……

16. ENFP

工作理念：天下没有不可能的事

职业特性：自由、率性、忠诚

合适的职业：记者、营销顾问、教育心理学家、人力资源经理……

（三）对性格的理解

在运用 MBTI 性格类型时，我们应该注意：偏好或类型没有哪种是最好的，也没有哪种是最坏的，更没有对错之分。每一个类型都是独特的，会在适合的环境中发挥自己的特定作用。认识自己的性格类型，可以让你更好地了解自己，根据自己的特点学习、工作和解决问题，但这并不意味着它可以成为约束你不做某事或不选择某种事业的借口。性格认识旨在帮助我们更好地了解自己的行为和做事特点，理解他人为何与自己不同。所以，请注意不要在工作中因性格类型而固化地看待甚至歧视某些人。

课堂万花筒

19 世纪末，一个男孩出生于布拉格一个贫穷的犹太人家庭。随着男孩一天天长大，人们发现他虽生为男儿身，却没有半点男子气概。他的性格内向、敏感、多虑，防范和躲避的心理在他心中根深蒂固。

男孩的父亲竭力想把他培养成一个男子汉，希望他具有刚毅勇敢的性格。在父亲严厉的培养下，男孩的性格不但没有变得刚毅勇敢，反而更加懦弱自卑，以至于生活中的每一个细节、每一件小事对他都是一个不大不小的灾难。他常独自躲在角落里，小心翼翼地猜度着会有怎样的伤害落到他的身上。

父亲对儿子彻底失望了，你能够让他去当兵、去冲锋陷阵吗？不可能，部队还没有开始选拔，他也许就已经当逃兵了。让他去从政？依靠他的智慧、勇气和决断力，要从各种纷杂势力的矛盾冲突中找出一种平衡妥当的解决方法，那更是可望而不可即的幻想。他也不可能做律师，内向懦弱的性格怎么可能面对法庭上紧张激烈的法庭辩论。懦弱内向的性格，也许是人生的悲剧，即使想要改变也改变不了。

这个男孩后来成为一名闻名世界的文学家，他就是作家卡夫卡。

为什么会这样？原因就在于卡夫卡找到了适合自己性格的职业。性格内向、懦弱的人往往有丰富的内心世界，能敏锐地感受到一般人感受不到的东西。他们也许是外部世界的懦夫，却是精神世界的国王。在自己营造的艺术王国中，在这个精神家园里，卡夫卡的懦弱、悲观、消极等性格弱点，反倒使他对社会、生活、人生、命运有了更尖锐、敏感、深刻的认识。他以自己在生活中受到的压抑、苦闷为题材，开创了文学史上一个全新的艺术流派，给我们留下了《变形记》《城堡》《审判》《美国》等不朽的文学巨著。

想象一下，如果卡夫卡当初听从父亲的主意去做律师，法律界可能就多了一个失败的律师，更可惜的是世间也就少了这些不朽巨著。

（资料来源：朱爱胜，鲁鸿志．大学生职业生涯规划．北京：机械工业出版社，2015）

实践演练

职业能力性格测试

在上学的路上，从远处你看到一群人在围观，好像有什么事情发生了，但由于距离较远，你无法看清楚，你有种不祥的预感，你觉得这件事会是什么呢？

A. 交通事故 B. 小偷被抓 C. 发生命案 D. 非法集会 E. 免费赠送 F. 路人打架

结果分析如下：

A. 交通事故

你属于循规蹈矩的类型，行为上比较直观，遇到问题的时候，都是按照自己的逻辑处理，但其实请求别人帮忙会更好。因此，你需要处理好人际关系，才能够在遇到困难的时候请求别人给予帮助。

B. 小偷被抓

聪明反被聪明误的就是你，精明而且善于观察别人的你，吃不了一点儿亏，在工作时遇到问题，你就会把责任推卸给别人，时间久了，别人认为你很有心计，当真正发生大问题的时候，就没有人站在你那边了。

C. 发生命案

在职场上，你只要遇到问题就会想办法解决，绝对不会去麻烦别人。但你要知道一个人的能力是有限的，有时候应该学会请教别人，而不是一味往自己身上揽。

D. 非法集会

因为你善于交际，所以拥有良好的人际关系。但是，你过分依赖别人帮你解决问题，导致自己缺乏实力和竞争力，当跟别人发生利益冲突时，你就只能成为牺牲品。因此，你应该加强自己的能力，不要再一味依赖别人。

E. 免费赠送

你的性格乐观开朗，常常抱着侥幸的心理，看待问题十分表面和肤浅，遇到问题就是得过且过的处理方式，但这样只能够躲避一时而已。你应该学会正视问题，找到问题的根源，然后采取有效的方法去解决。

F. 路人打架

你总是会在职场上遇到问题或者小人，从而影响了你的情绪和工作效率，要是问题较严重，你甚至会采取过激的方法去解决。其实，当你遇到问题时，应找出其根源然后想办法去解决。

（资料来源：中国教育新闻网）

心灵鸡汤

1. 每个人都有他隐藏的精华,和任何别人的精华不同,它使人具有自己的气味。

——罗曼·罗兰

2. 播下一个行动,收获一种习惯;播下一个习惯,收获一种性格;播下一种性格,收获一种命运。——威廉·詹姆士

学有所思

主题二十四 兴趣探索

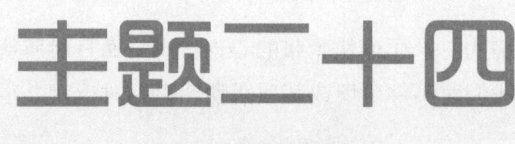

教育导航

1. 了解职业兴趣的相关理论（霍兰德职业兴趣理论）；
2. 认识兴趣和职业的关系；
3. 掌握职业兴趣的探索方法，从而能够较为正确地认识和评估自己的兴趣。

案例导读

英国著名生物学家、动物行为学家珍妮·古道尔从小就喜欢动物，11岁的时候接触了一本书《生活在丛林中的人猿泰山》，由此对黑猩猩产生了强烈的兴趣。她开始痴迷于这些丛林之王，为了解它们的生活和行为，1960年，26岁的她只身来到在周围人看来是一片黑暗、充满野兽的非洲丛林。刚到森林的时候，她吃尽了苦头，"它们抓我的衣服，打我的脑袋，用树枝和石块砸我"。但是经过长期的跟踪，她逐渐赢得了黑猩猩的信任，那些可爱的黑猩猩甚至大摇大摆地闯入她的帐篷，找她要香蕉吃。她与黑猩猩一起生活了二十多年，通过研究黑猩猩的习性，她发现黑猩猩会组成相互合作的捕猎团体，会制造、使用简单的工具……珍妮·古道尔收集了大量的数据和资料，出版了几十本著作，为人类揭开黑猩猩的秘密做出了杰出的贡献。

（资料来源：邵晓红．大学生职业生涯与发展规划．北京：北京大学出版社，2009）

讨论：

回想一下自己的兴趣，并说说你对兴趣的理解。

点拨环节

兴趣可以使人集中注意力,产生愉快紧张的心理状态,而且对所从事的活动印象深刻;兴趣是一种无形的动力,当我们对某件事情或某项活动感兴趣时,就会很投入,有利于提高工作的质量和效果。

选择一份符合自己天赋与兴趣的职业,不仅能使占据自己人生最好时光的职业生活更加愉悦,而且能让自己在工作中取得成功。可见,人们的满足感、幸福感往往来源于从事某项工作,而不是无所事事或单纯地享乐游玩。而这也正是工作原本的意义所在。

一、什么是兴趣

兴趣是对事物喜好或关切的情绪,是人们力求认识某种事物和从事某项活动的意识倾向。它表现为人们对某件事物、某项活动的选择性态度和积极的情绪反应。它是我们内心动力和快乐的来源。

二、兴趣与职业的关系

职业兴趣是兴趣在职业方面的表现,是指人们对某种职业具有的比较稳定而持久的心理倾向,使人对某种职业给予优先注意,并对其向往。职业兴趣对职业选择和职业发展都有一定的影响,会直接影响个人的工作满意度、职业稳定性和个人成就感。

职业兴趣是创新的源泉,它可以增强人的求知欲,从而朝气蓬勃地去参加工作并积极地进行探索,使人能最大限度地去挖掘潜能。

课堂万花筒

李开复的职业兴趣:我刚进入大学时,想从事法律或政治工作。一年后我才发现自己对它们没有兴趣,学习成绩也只能在中游,但我爱上了计算机。每天疯狂地编程,很快就引起了老师、同学们的注意。终于,大二的一天,我做了一个重大的决定:放弃此前一年多在全美前三名的哥伦比亚大学法律系已经修成的学分,转入哥伦比亚大学默默无名的计算机系。我告诉自己,人生只有一次,不应浪费在没有快乐、没有成就感的领域。当时也有朋友对我说,改变专业会付出很多代价,但我对他们说,做一个没有激情的工作将付出更大的代价。那一天,我心花怒放,精神振奋,我对自己承诺,大学后三年每一门功课都要拿到A。若不是那天的决定,我今天就不会拥有在计算机领域所取得的成就,而我很可能只是在美国某个小镇上做一个既不成功又不快乐的律师。

(资料来源:中国教育新闻网)

三、霍兰德职业兴趣理论

职业兴趣理论主要是由美国职业指导专家霍兰德提出和发展的。他认为人的人格类型、兴趣与职业密切相关，兴趣是人们活动的巨大动力，凡是具有职业兴趣的职业，都可以提高人们的积极性，促进人们积极地、愉快地从事该职业，而且职业兴趣与人格之间存在很高的相关性。

霍兰德经过大量的分析研究，把职业兴趣分为六种基本类型，我们每个人都归属于其中的一种或几种类型。六种职业兴趣类型简述如下：

（一）实用型（R）

共同特点：愿意使用工具从事操作性工作，动手能力强，做事手脚灵活，动作协调。偏好于具体任务，不善言辞，做事保守，较为谦虚。缺乏社交能力，通常喜欢独立做事。

性格特点：感觉迟钝，不讲究，谦逊，踏实稳重，诚实可靠。

典型职业：喜欢使用工具、机器，需要基本操作技能的工作。对要求具备机械方面的才能、体力，或对从事与物件、机器、工具、运动器材、植物、动物相关的职业有兴趣，并具备相应的能力。如技术性职业（计算机硬件人员、摄影师、制图员、机械装配工）和技能性职业（木匠、厨师、技工、修理工、农民）。

（二）研究型（I）

共同特点：思想家而非实干家，抽象思维能力强，求知欲强，肯动脑，善思考，不愿动手。喜欢独立和富有创造性的工作。知识渊博，有学识才能，不善于领导他人。考虑问题理性，做事喜欢精确，喜欢逻辑分析和推理，不断探讨未知的领域。

性格特点：有毅力，有韧性，喜欢钻研，为人好奇，独立性强。

典型职业：喜欢智力的、抽象的、分析的、独立的定向任务，要求具备智力或分析才能，将其用于观察、估测、衡量、形成理论、最终解决问题的工作，并具备相应的能力。如科学研究人员、教师、工程师、电脑编程人员、医生、系统分析员。

（三）艺术型（A）

共同特点：有创造力，乐于创造新颖、与众不同的事物，渴望表现自己的个性，实现自身的价值。做事理想化，追求完美，不重实际，具有一定的艺术才能和个性。善于表达，怀旧，心态较为复杂。

性格特点：有创造性，非传统，敏感，容易情绪化，较冲动，不服从指挥。

典型职业：喜欢要求具备艺术修养、创造力、表达能力和直觉，并将其用于语言、行为、声音、颜色和形式的审美、思索和感受等的工作，并具备相应的能力。不善于事务性工作。如：艺术方面相关职业（演员、导演、艺术设计师、雕刻家、建筑师、摄影家、广告制作人）、音乐方面相关职业（歌唱家、作曲家、乐队指挥）、文学方面相关职业（小说家、诗人、剧作家）。

（四）企业型（E）

共同特征：追求权力、权威和物质财富，具有领导才能。喜欢竞争、敢冒风险、有野心/抱负。为人务实，习惯以利益、权力、地位、金钱等来衡量做事的价值，做事有较强的目的性。

性格特点：善辩、精力旺盛、独断、乐观、自信、好交际、机敏、有支配愿望。

典型职业：喜欢要求具备经营、管理、劝服、监督和领导才能，以实现机构、政治、社会及经济目标的工作，并具备相应的能力。如项目经理、销售人员、营销管理人员、政府官员、企业领导、法官、律师。

(五)社会型(S)

共同特征：喜欢与人交往、不断结交新的朋友，善言谈，愿意教导别人。关心社会问题，渴望发挥自己的社会作用。寻求广泛的人际关系，比较看重社会义务和社会道德。

性格特点：为人友好、热情，善解人意，乐于助人。

典型职业：喜欢要求与人打交道的工作，能够不断结交新的朋友，如从事提供信息、启迪、帮助、培训、开发或治疗等的工作，并具备相应的能力。如教育工作者（教师、教育行政人员）、社会工作者（咨询人员、公关人员）。

(六)事务型(C)

共同特点：尊重权威和规章制度，喜欢按计划办事，细心，有条理，习惯接受他人的指挥和领导，自己不谋求领导职务。喜欢关注实际和细节情况，通常较为谨慎和保守，缺乏创造性，不喜欢冒险和竞争，富有自我牺牲精神。

性格特点：有责任心，依赖性强，高效率，稳重踏实，细致，有耐心。

典型职业：喜欢要求注意细节、精确度、有系统、有条理，具有记录、归档，根据特定要求或程序组织数据和文字信息的职业，并具备相应的能力。如秘书、办公室人员、记事员、会计、行政助理、图书馆管理员、出纳员、打字员、投资分析员。

课堂万花筒

游戏：幸福岛

假设你正乘船在海上旅行，突然遇上了大风暴，你必须立刻逃到一个小岛上去，接下来你将会看到6个岛屿，你可以根据提示选择你想去的岛屿，但是你必须在岛上居住并工作、生活，住满一年才能获救。那么，这一年的时间你最愿意住在哪个岛上呢？你有120秒的时间来看每一个小岛的介绍并做出选择，准备好就用手机开始计时，注意了，120秒后还没有做出选择船就会沉没。

R：自然原始的岛屿

岛上自然生态保持得很好，有各种野生动物。居民以手工见长，自己种植花果蔬菜、修缮房屋、打造器物、制作工具，喜欢户外运动。

I：深思冥想的岛屿

岛上有多处天文馆、科技博物馆及图书馆。居民喜欢观察、学习，崇尚和追求真知，常有机会和来自各地的哲学家、科学家、心理学家等交换心得。

A：美丽浪漫的岛屿

岛上有很多美术馆、音乐厅、街头雕塑和街边艺人，弥漫着浓厚的艺术文化气息。居民保留了传统的舞蹈、音乐与绘画，许多文艺界的朋友都喜欢来这里寻找灵感。

C：现代井然的岛屿

岛上建筑十分现代化，是进步的都市形态，以完善的户政管理、地政管理、金融管理见长。居民个性冷静保守，处事有条不紊，善于组织规划，细心高效。

E：显赫富庶的岛屿

居民善于企业经营和贸易，能言善辩。经济高度发展，处处是高级饭店、俱乐部、高尔夫球场。来往者多是企业家、经纪人、政治家、律师等。

S：友善亲切的岛屿

居民个性温和、友善、乐于助人，社区均自成一个密切互动的服务网络，人们重视相互合作，重视教育，关怀他人，充满人文气息。

交流互动：

1. 按自己选择的岛屿分组就座。

2. 选择同一个岛屿的同学相互交流一下：自己为什么选择这个岛屿，看看大家有什么共同的兴趣爱好，归纳关键词并把它们写下来。（10分钟）

3. 每个小组请一个同学（岛主）用2分钟时间展示自己小组的组名并在全班介绍自己小组成员的共同特点。

（资料来源：邵晓红.大学生职业生涯与发展规划.北京：北京大学出版社，2009）

四、兴趣与工作的匹配

兴趣是最好的老师。社会学研究表明，自主选择与自己兴趣、爱好、能力相符的职业的劳动者，其劳动生产率比不相符的劳动者要高40%。另据资料表明，如果一个人对某一工作感兴趣，就能较长时间保持高效率而不感到疲劳；而对工作缺乏兴趣的人，只能发挥其全部才能的20%～30%，而且容易筋疲力尽。成功人士之所以在职业中取得了突出成就，或者拥有专业优势，一个重要原因就是职业兴趣问题。究竟怎样才能让你的兴趣为你的职业发展做一个最佳的导航者？首先就要正确了解自己的兴趣。

人们对职业的选择往往从自己的兴趣出发，这就更需要认真分析自己的兴趣。兴趣是人们积极探索某种事物的认识倾向，职业兴趣则是有关职业偏好的认识倾向。职业兴趣是影响人们选择职业的重要因素之一。因此，职业兴趣测验在职业指导工作中得到了广泛应用。做职业兴趣测试的目的是帮助人们增进对自我及工作世界的认识，拓宽在职业前景上的思路，为未来发展提供方向性的指导，而不是限定自己的发展。

课堂万花筒

我的工作　我的爱好

乔伊，现任美国一家著名企业在亚太地区的CEO。乔伊在中学时，曾组织过一次竞选，赢得了学生会主席的位置。她喜欢管理和激励别人、领导别人。所以在填报大学志愿时，她决定学企业管理专业，想以后做职业经理人。但她在选择专业时又有一个困惑，那就是她喜欢动物，家里有一个小小动物园，养着各种飞的、爬的、跑的动物。每当看到这些小家伙出现什么问题，她就急得不得了，以至于她想成为一名兽医。她喜欢乡村的空气和氛围，向往田园乡村生活，但职业经理人则意味着要生活在大都市，而且需要经常出差，接受长时间的工作以及让工作凌驾于个人之上的生活方式。在大二那年，面对已经过去一年半的大学生活，乔伊不知道自己应该继续在商业领域中寻找职业还是转换专业以后成为一名兽医。这种职业和生活方式冲突的难题让她无所适从。于是她来到学校的职业指导中心，在与咨询师一起经过了认真分析以后，她选择了继续在商业领域学习，并在毕业后进入了这家著名企业，从事行政工作。经过几年的努力和奋斗，现在的她只要有假期便会开车到郊外的农场骑马，过上几天乡村生活。

大多数人都会发现自己在职业和生活方式之间存在着这种类似的矛盾。只有极少数的人能够从事与个人生活方式完美结合的职业。大部分人必须学会平衡这两个世界，职业咨询是处理这类矛盾的一个常用的方法。也许当初乔伊处于选择的关键时刻，很多人会觉得她不可能同时满足这样的生活愿望，但今天的乔伊获得了成功，在事业有成的同时还可以享受到乡村生活的惬意和舒适。人们常说"鱼与熊掌不可兼得"，但乔伊的例子告诉我们，在"鱼"与"熊掌"不能同时获得时，要学会判断和分析，只取其一，不可犹豫；从长远看，今天抓"鱼"在手，未必以后不能再取"熊掌"。

（资料来源：胡剑锋. 大学生职业指导. 北京：高等教育出版社，2008）

实践演练

某一天，你开着车走在一个陌生的城市，到达一个十字路口的时候，你发现之前朋友告诉你的标志性建筑物不见了，你发现自己迷路了，这个时候你会怎么做？给你几个备选答案。

1. 买地图，找路标——研究型
2. 问路，向他们寻求帮助——社会型
3. 自己开着车一圈一圈地找，直到找到目的地为止——实用型
4. 打电话埋怨朋友：你怎么也不跟我说清楚——企业型
5. 我从来没有这种类似的事情发生，在去一个陌生的城市之前，我一定会做足功课——事务型
6. 既然迷路了，随便走走玩玩也不错——艺术型

（资料来源：胡剑锋. 大学生职业指导. 北京：高等教育出版社，2008）

心灵鸡汤

1. 喜欢的事自然可以坚持，不喜欢的事怎么也长久不了。——村上春树
2. 我和你没有什么差别。如果你一定要找一个差别，那可能就是我每天有机会做我最爱的工作。如果你要我给你忠告，这是我能给你的最好忠告了。——巴菲特
3. 兴趣是最好的老师。——爱因斯坦

学有所思

主题二十五

特长探索

教育导航

1. 了解能力特长的概念及分类；
2. 认识自我管理技能和可迁移技能的重要性；
3. 通过认识个人技能，摆脱狭隘的认识，树立自信心。

案例导读

学生的困惑

A同学的困惑：她不知道自己究竟擅长什么，能做什么。对于找工作，她没什么信心，因为她根本就不清楚该怎么找工作，也不觉得自己能有什么优势会被用人单位相中。再说，如果能有幸找到一份工作，她也不知道自己是否能够胜任。

B同学的困惑：他在重点大学上学，所学专业是热门专业。他痛感自己人际交往能力差，又难以改变。和同学比起来，他的动手能力和英语交流能力都很弱。他觉得自卑，对于自己的前途并不看好。

C同学的困惑：她是英语专业的学生，她感到现在会英语的人太多了，自己仅仅掌握这一个工具也许不会有太大的竞争力。还有，将来从事的工作如果只与语言相关，那大概只有翻译、教师等职业可供选择，择业面很窄。如果将来从事的工作和语言的关系不是很大，那就需要一些其他技能，可是她不知道需要一些什么样的技能才能帮助自己找到一份比较好的工作。

D同学的困惑：他对自己在专业方面的能力不是很自信，也不打算以后从事与本专业相关的工作。但是非本专业领域，他又没有足够的信心能做得比专业出身的人更好。况且如果浪费四年的专业学习，也会觉得可惜，甚至很有挫败感。对于前途，他感到很茫然。

（资料来源：教育部社会科学研究与思想政治工作司.大学生人生困惑及应对.北京：高等教育出版社，2004）

讨论：
如果你是以上同学你会怎么选择？

点拨环节

技能是人们通过后天学习和练习而获得的能力特长，通常表现为某种动作系统和动作方式。当一个人的能力和工作的要求相匹配时，最容易发挥自己的潜能，并且获得一种满足的感觉。相反，当一个人去做自己所不及的工作时，就会感到焦虑，甚至产生挫败感。而当一个人能力超出工作要求太多时，又容易感到工作缺乏挑战，比较乏味。因此，在选择职业时，我们同样要寻求个人能力与职业技能要求的适配。我们需要清楚能力有哪些分类，从而清楚自己具备什么样的能力，职业又要求什么样的能力。

一、什么是能力特长

能力特长是指一个人可以完成某件事情的资质与本领，具有经常的、稳定的特点，即我们常说的能力。能力总与活动联系在一起，它只有通过活动才能表现出来，并在活动中得到发展。

在个性心理特征中，只有那些直接影响活动效率，使活动任务顺利完成的因素，才能称为能力。活泼开朗、沉默寡言等心理特征，虽然和活动能否顺利进行也有一定关系，但在一般情况下，并不是直接影响的基本条件，因而也不能成为能力。观察的精细性、记忆的准确性、思维的敏捷性则为完成许多活动提供基础保证，缺乏这些心理特征，就会影响有关活动的效率，就会使这些活动不能顺利进行，因而这些心理特征就是保证有关活动顺利完成的因素，也就是我们讲的能力。能力是内蕴的，技能是外显的动作体系。

课堂万花筒

我能做什么？

在这项活动中，让自己想想看"我会做哪些事情？"请用10个陈述句来描述自己的能力并进行排序。只要是你会做的，都把它写出来，不一定要和工作有关。例如："我能和别人相处得很好"或"我能操作电脑"等。

我能做到的事情并排序：

我能 _____ （　）

我能 _____ （　）

我能 _____ （　）

我能 _____ （　）

我能 _____ （　）

我能 _____ （　）

我能 _____ （　）

我能 _____ （　）

我能 _____ （　）

我能 _____ （　）

二、能力特长的分类

能力特长按照其获得的方式（先天具有与后天培养），可以分为"能力倾向"和"技能"。

（一）能力倾向

能力倾向是上天赋予每个人的特殊才能，与生俱来，但也可能因为未被开发而荒废。因此，能力倾向是一种潜能，如观察力、注意力、想象力、思维力等。

（二）技能

技能是指经过后天学习和练习培养的能力，如阅读能力、人际交往能力、表达能力、沟通能力等。

个人能力水平往往是能力倾向和技能两方面的综合结果。

课堂万花筒

夸夸我自己……

请大家在3分钟内尽可能多地写下自己所拥有的能力。
_____
_____
_____

三、技能的分类

辛迪·梵和理查德·鲍尔斯将技能分为三种类型：专业知识技能、自我管理技能和可迁移技能。

（一）专业知识技能

专业知识技能指那些需要通过教育或者培训才能获得的特别的知识或能力，也就是个人所学习的专业、所懂得的知识。专业知识技能不可迁移，并非只有通过正式的专业教育才能获得，也能通过讲座、研讨会、自学、资格认证考试、学术会议等方式获得。在大学期间，我们一定要在学好专业知识的基础上，加强对自我管理技能和可迁移技能的培养。

课堂万花筒

大学期间掌握了哪些专业知识技能：

1. 在学校课程中学到的，如英语、地理等
_____

2. 在工作（包括兼职、暑假工作、社会实践）中学到的，如计算机制图等
_____

3. 从课外培训班、辅导班、研讨班学到的，如绘画等
_____

4. 从学术会议中学到的，如心理学在现代生活中的应用等

_____

5. 从爱好、娱乐休闲、社团活动、家庭职责中学到的，如摄影、缝纫等

_____

6. 通过阅读、网络、电视等方式学到的，如钢琴表演、PPT 制作等

_____

请家人和同学帮助你回忆，你在校内外都学习过一些什么专业知识（不管程度如何）。

专业知识技能的组合：

你的专业知识技能组合有哪些？这些专业知识技能可以帮助你更好地完成什么样的工作？

独特的专业知识技能：

1. 与你的同学相比，除了共同的专业知识技能，你还掌握哪些其他专业知识技能？

2. 你有特别擅长的专业知识技能吗？无论这些知识是大是小，都请不要忽略它们，因为也许就是这小小的一点独特之处，有助于你在竞争中胜出。

（二）自我管理技能

自我管理技能经常被看作是个性品质而非技能，它被用来描述或说明人具有的某些特征。良好的自我管理技能能够帮助个体更好地适应周围的环境、应对工作中出现的问题，因此它也被称为"适应性技能"。如仔细的、慷慨的、喜悦的、欢快的、聪明的、高尚的、清楚的、确切的、生动的、有力的、公平的、敏捷的。

职场成功的五大基本要素就是自我管理技能的重要组成部分。这五大基本要素是：

（1）品德：个人的品质，包括体贴、尊重、容忍、宽容、诚实、负责、平和、忠心、礼貌、幽默等。

（2）智能：一个人的智力或者处理问题的能力，如观察力、记忆力、思维力、想象力、创造力，以及分析问题和解决问题的能力。

（3）情绪能力：有效处理和管理自己情绪的能力，良好的处理人际关系的能力。

（4）逆境承受能力：面对失败或逆境的承受能力，即能不能承受失败，能不能顶住压力继续前进，如持之以恒、坚毅。

（5）胆识：具有冒险精神的勇气，有勇气的人能够把握机会。

课堂万花筒

请用 5 个形容词来描述你的优点：
在老师眼里，你是一个什么样的学生？
你的同学通常怎样评价你？
通常你给人留下的最深刻的印象是什么？
你觉得自己身上最明显的特点是什么？

结合自己的实际，分析自己需要提升的技能有哪些。
_____
_____
_____

（三）可迁移技能

迁移是人在学习中最常见、最重要的一种心理现象，任何有意义的学习无不存在着迁移现象。迁移的本质，实质上是两种学习之间在知识结构、认知规律上相同要素间的影响与同化。

可迁移技能即通用技能，是可以从生活中的方方面面，特别是工作之外得到发展，却可以迁移应用于不同的工作之中，是个人最能持续运用和最能够依靠的技能。

课堂万花筒

成就故事

这学期，作为师范生的必要培训内容之一，我们的教学技能培训课要求我们在学期当中必须自选题目并用PPT进行一次演示讲解。在此之前，我没有学过如何制作PPT。我请同宿舍的一位同学用了大约二十分钟的时间教我PowerPoint软件的基本使用方法，我又自己在学校的计算机机房琢磨了一下，并向机房的管理人员请教了几个不明白的问题。选定了我要讲的题目以后，我上网搜索了相关的资料和图片，然后制作了十分钟课程的辅助教学PPT。在课堂讲解演示中，由于我制作的PPT图片精美、文字与内容搭配得宜，我获得了95分的高分，并得到了老师和同学的称赞。

学习烹饪

第一次做饭是为包括我在内的5个人准备晚餐。每个人都说这顿饭很好吃。整个晚餐都由我负责，包括买菜、加工和烹饪、上菜以及随后的收拾整理。

所使用的技能：用心地学习烹饪、仔细地购买食材、富有想象力地准备食品、将餐桌布置得很诱人、很迅速地上菜、将餐具和桌子收拾得十分整洁。

当选班长

我与其他同学交谈并赢得了他们的选票。我承诺：当他们和老师之间出现麻烦时，我将提供帮助。而且，我保证会组织一系列班级活动。

所使用的技能：成功地赢得班级竞选、有效地参加了班长竞选、积极地说服同学们支持自己、有说服力地与同学交谈、建设性地给予同学支持、热情推进班级活动。

四、职业与技能

我们和雇主共同关注的是从前做过的、现在能做的、未来可以做的。技能和职业的匹配包括熟练程度和个人使用倾向。理想的工作状态是可以使用到我们熟练的、擅长的并最愿意使用的技能。

雇主们最重视的技能有沟通能力、积极主动、团结合作精神、领导能力、学习成绩、人际交往能力等。

课堂万花筒

大学生如何提高技能？

1. 培养职业精神；
2. 培养肢体技能；
3. 口头交流；
4. 书面交流；
5. 与他人共事；
6. 影响他人；
7. 收集信息；
8. 使用定量工具；
9. 提出与回答恰当的问题；
10. 解决问题。

大学生如何提升自身的就业能力

职业生涯规划是提升就业能力的基础；社会适应能力是提升就业能力的关键。良好的心理素质是提升就业能力的根本；正确的择业心态是提升就业能力的保证。

大学生如何培养自身的求职技能

1. 在学校的理论学习中培养自己的能力；
2. 积极参加各项社会活动、课外科技活动；
3. 珍惜实习、实践环节，虚心向有经验的人学习；
4. 在实践中要有意识地注重自己分析问题、解决问题能力的培养；
5. 培养职业意识，为就业做准备；
6. 培养良好的心理素质；
7. 注重社会需求，切实提高实践技能。

实践演练

根据本次活动课的练习整理出以下内容：

你最重要的五项专业知识技能：_____

你最重要的五项自我管理技能：_____

你最重要的五项可迁移技能：_____

试着把它们结合起来表达：_____
_____
_____
_____

心灵鸡汤

1. 每一个人，在某一个方面，都有一定的专长。——哈代
2. ____动物明白自己的特性：熊不会试着飞翔，驽马在跳过高高的栅栏时会犹豫，狗看到又深又宽的沟渠会转身离去。但是人是唯一一种不知趣的动物，受到愚蠢与自负天性的左右，对着力所不能及的事情大声地嘶吼——坚持下去！——约拿旦·斯威夫特

学有所思

主题二十六 明仪知礼

教育导航

1. 了解文明礼仪的重要性；
2. 认识不文明行为对自身及他人的不良影响；
3. 掌握如何塑造大学生完美形象。

案例导读

某公司经理对他为什么要录用一个没有任何推荐的小伙子，是这样说的："他神态清爽，服饰整洁，在门口蹭掉了脚下带来的土，进门后随手轻轻地关上了门，当他看到残疾人时主动让座，进了办公室，其他人都从我故意放在地板上的那本书上迈过去，而他却很自然地俯身捡起来并放在桌上，他回答问题简洁明了、干脆果断，难道这些不是最好的介绍信吗？"

讨论：

1. 经理话中的"介绍信"介绍了小伙子的哪些优点？
2. 小伙子在应聘中遵守了哪些礼仪规范？
3. 如果你去求职应聘，你会如何展现自己？

（资料来源：冀巧英，谷静敏. 人际沟通与礼仪. 北京：对外经济贸易大学出版社，2010）

点拨环节

中国自古以来就是礼仪之邦，文明礼貌是中华民族的优良传统，荀子说："人无礼则不生，事无礼则不成，国家无礼则不宁。"作为新时代的大学生，我们更应当争做一个讲文明、懂礼仪的好学生，让文明之花常开心中，把文明之美到处传播！

一、什么是文明礼仪

文明礼仪是人类为维系社会正常生活而要求人们共同遵守的最起码的道德规范，它是人们在长期共同生活和相互交往中逐渐形成，并以风俗、习惯和传统等方式固定下来的。文明礼仪不仅是个人素质、教养的体现，也是个人道德和社会公德的体现。

通常来说，文明礼仪不像法律有固定的标准，也没有强制措施，而是一种在人际关系和社会交往过程中所应具有的相互表示敬重、亲善友好的行为规范，是人的一种内在涵养的充分体现。文明礼仪可以是路上相遇时的微笑，是同学有难时的热情帮助，是平时与人相处的亲切，是见到师长时的问候，是不小心撞到对方时的一声"对不起"……文明礼仪是一种品质，文明礼仪是一种修养，文明礼仪是一种被大家广泛推崇的优良行为。文明礼仪的最终目的是能让人感受到被尊重，感觉被温柔相待。能让别人得到尊重、感到舒服便是文明礼仪的最高境界。

课堂万花筒

千里送鹅毛

唐朝贞观年间，西域回纥国是唐朝的藩国。一次，回纥国为了表示对唐朝的友好，便派使者缅伯高带了一批奇珍异宝去拜见皇帝。在这批贡物中，最珍贵的要数一只罕见的珍禽——白天鹅。

缅伯高最担心的也是这只白天鹅，万一有个三长两短，可怎么向国王交代呢？所以，一路上，他亲自喂水、喂食，一刻也不敢怠慢。

这天，缅伯高来到沔阳河边，只见白天鹅伸长脖子，张着嘴巴，吃力地喘息着。缅伯高心中不忍，便打开笼子，把白天鹅带到水边让它喝个痛快。谁知白天鹅喝足了水，合颈一扇翅膀，"扑喇喇"一声飞上了天！缅伯高向前一扑，只拔下几根羽毛，没能抓住白天鹅，眼睁睁看着它飞得无影无踪，一时间，缅伯高捧着几根雪白的鹅毛，直愣愣地发呆，脑子里来来回回地想着一个问题："怎么办？进贡吗？拿什么去见唐太宗呢？回去吗？又怎敢去见回纥国国王呢！"思前想后，缅伯高决定继续东行，他拿出一块洁白的绸子，小心翼翼地把鹅毛包好，又在绸子上题了一首诗："天鹅贡唐朝，山重路更遥。沔阳河失宝，回纥情难抛。上奉唐天子，请罪缅伯高，物轻人意重，千里送鹅毛！"

缅伯高带来珠宝和鹅毛，披星戴月，不辞劳苦，不久就到了长安。唐太宗接见了缅伯高，缅伯高献上鹅毛。唐太宗看了那首诗，又听了缅伯高的诉说，非但没有怪罪，反而觉得缅伯高忠诚老实，不辱使命，重重地赏赐了他。

从此，"千里送鹅毛，礼轻情意重"的故事广为流传。

（资料来源：董芝，洪戎.大学生综合素养教程.石家庄：河北科学技术出版社，2018）

二、文明礼仪的重要性

（一）人无礼不立

《论语》中说："不学礼，无以立。"人不学礼仪礼貌，就难以有立身之处。确实，一个人，无论做什么事情之前，一定要先学会做人，修养是人生的第一课。而文明礼仪是人际交往中的一种艺术，也是一种形式美，是人心灵美的外在体现，是衡量一个人道德水准和有无教养的重要尺度。道德常常能填补智慧的缺陷，而智慧却永远也填补不了道德的缺陷。做好文明礼仪，我们才有立身之本，才能提升道德修养，在社会交往中做到游刃有余。

（二）事无礼不成

古今成大事者，不唯有超世之才，但必是知礼明礼之人。在人际交往中，礼仪不仅可以有效地展现一个人的教养、风度和魅力，还体现出一个人对社会的认知水准、个人学识、修养和价值。文明礼仪是一种潜在资本，如果能够恰当地运用，将取得显著的效果。知礼、懂礼、明礼、行礼，让别人感受到尊重，感觉被温柔相待，做事自是事半功倍。

（三）国无礼不宁

文明礼仪是国家发展的重要之本，是一个国家文明程度、道德风尚和生活习惯的反映。在古代周朝，礼是立国之本，《左传·僖公·僖公十一年》中写道："礼，国之干也。敬，礼之舆也。不敬则礼不行，礼不行则上下昏，何以长世？"意思是说，礼是国家的主干，而恭敬则是装载礼的车子。不恭敬，礼就不能实施，礼不能实施，国家就会混乱，就不能长治久安。因此，后来孔子认为，周朝衰败的原因就是礼崩乐坏，也就是周朝的立国之本动摇了。在现代社会，虽然一个国家、一个民族的综合国力包含的内容十分广泛，但在评价一个国家、一个民族时，通常是从这个国家、这个民族人们的言行举止、文明习惯所体现的公民素质与精神面貌入手的。因为，从国家和民族的角度讲，礼仪是社会风貌、道德水准、文明程度、公民素质的重要标志。

课堂万花筒

有一批应届毕业生，共有22个人，实习时被导师带到北京的国家某部委实验室里参观。全体学生坐在会议室里等待部长的到来，这时有秘书给大家倒水，同学们表情木然地看着秘书忙碌，其中有一个同学还问了句："有绿茶吗？天太热了。"秘书回答说："抱歉，刚刚用完了。"小明看着有点别扭，心里嘀咕："人家给你倒水还挑三拣四。"轮到他时，他轻声说："谢谢，大热天的，辛苦了。"秘书抬头看了他一眼，满含着惊奇，虽然这是很普通的客气话，却是她今天听到的唯一一句感谢。

门开了，部长走进来和大家打招呼，不知怎么回事，静悄悄的，没有一个人回应。小明左右看了看，犹犹豫豫地鼓了几下掌，同学们这才稀稀落落地跟着拍手，由于不齐，越发显得零乱起来。部长挥了挥手,说:"欢迎同学们到这里来参观。平时这些事一般都是由办公室负责接待,因为我和你们的导师是老同学,非常要好,所以这次我来给大家介绍有关情况。我看同学们好像都没有带笔记本,这样吧,王秘书,请你去拿一些我们部里印的纪念手册,送给同学们做纪念。"接下来,更尴尬的事情发生了,大家都坐在那里,很随意地用一只手接过部长双手递过来的手册。部长脸色越来越难看,来到小明面前时,已经快要没有耐心了。就在这时,小明礼貌地站起来,身体微倾,双手握住手册,恭敬地说了一声:"谢谢您!"部长闻听此言,不觉眼前一亮,伸手拍了拍小明的肩膀,问:"你叫什么名字?"小明照实作答,部长微笑点头,回到自己的座位上。早已汗颜的导师看到此景,才微微松了一口气。

两个月后,同学们各奔东西,小明的去向栏里赫然写着国家某部委实验室。有几位颇感不满的同学找到导师:"小明的学习成绩最多算是中等,凭什么推荐他而没有推荐我们?"导师看了看这几张尚属稚嫩的脸,笑道:"是人家点名来要的。其实你们的机会是完全一样的,你们的成绩甚至比小明还要好,但是除了学习之外,你们需要学的东西太多了,修养是第一课。"

(资料来源:潘秋勤.沟通与礼仪训练.大连:大连理工大学出版社,2017)

> 讨论:
> 1. 你觉得小明为什么能被录取?
> 2. 谈谈你的感想和体会。

三、礼仪塑造大学生完美形象

礼仪是衡量一个人文明程度的准绳,全面反映了一个人的内涵品格、道德情操、气质风度、精神风貌等。大学生虽身处校园,但时刻准备走上社会、融入社会,并期望得到社会认同。学习礼仪、应用礼仪,必定能使大学生更充分地展示个人良好的素养与优雅的风度,更顺利地处理人际关系,增强社会竞争力。

文明礼仪是人们在社会交往活动中应当共同遵守的行为规范和准则,它渗透在大学生学习、生活的方方面面。

(一)提升道德修养

礼仪修养是道德修养的外在表现,加强道德修养,是培养礼仪修养的基础。明礼是公民道德的基本规范。大学生要做到讲文明守礼仪,首先要做的就是继承和弘扬中华民族的优良传统,提升自我的道德修养与水平,努力养成良好的道德品质。其次,大学生应当树立"德高为先"的意识,并通过强化这种意识,提高自身加强文明修养的主动性和积极性,把文明修身的自觉意识融入学习、工作、生活中。思想进步、道德高尚,自然会使大学生表现得谦虚礼让、彬彬有礼。

(二)学习礼仪知识

礼仪是对礼节、礼貌、仪态和仪式的统称,知识涉及面广,内容多。大学生不仅要重视专业知识的学习,也要重视学习礼仪知识。现代大学生要以国家的法律法规和学校的各项规章制度为准则,以科学的理论为基础来文明修身,做到知礼、懂礼。大学生在学习过程中,可以将

各种道德现象、文明现象进行概括和总结，懂得分清善恶、荣辱、是非。

（三）提高文化素养

文化素养水平低，决定了人们精神生活的层次。文化素养高的人，在人际交往中往往具有独特的魅力。现代大学生要积极培养自己对知识的广泛兴趣，提高文学、艺术欣赏能力和审美能力，使自己的行为规范在潜移默化中更加成熟、优雅。

（四）参加社会实践

现代大学生掌握了一定的礼仪知识，就要到实践中加以运用，并随时检验、改进和提高。在各种社会实践中，可以获得耳濡目染的培养和熏陶，借鉴他人良好的礼仪修养，不断地充实自己、完善自己。

（五）养成良好习惯

道德修养的提升和理论知识的学习，最终的目的都是让大学生去践行文明礼仪。现代大学生讲文明守礼仪，不能仅停留在"知"的阶段，而是必须持之以恒地坚守信念、努力实践、形成习惯，从而内化为自身的一种素质。习惯的养成不可能一蹴而就，它是一个日积月累、积少成多的过程。大学生讲文明守礼仪要从身边的小事做起，从自己做起，勿以善小而不为，勿以恶小而为之。

大学生的"知礼、懂礼、习礼、用礼"，不能仅体现在校园内，更应该运用到社会中。以后走进社会、成家立业、教育子女都要处处讲文明守礼仪，时时刻刻按文明礼仪规范去要求自己，摒弃不良的行为习惯，更不能被不良的社会风气影响。

（六）内省

曾子曰"吾日三省吾身"，意思是每天要多次地反省自己是否有什么地方做错了，是否有什么地方做得不妥。现代大学生进行文明修身，必须经常不断地自我评价、自我分析、自我调整，及时发现错误、更正错误，在不断的自我反省中逐步提升。没有自我反省就发现不了错误，只会使自己驻足不前，无法提高和完善自我。

（七）学习身边的榜样

榜样的力量是无穷的。大学生要向身边讲文明守礼仪的榜样学习，他们有可能是老师，有可能是同学。他们自我要求严格，谨言慎行，对人谦虚有礼，尊重他人及他人的劳动成果。大学生要善于发现身边的榜样，并将他们的言行与自己进行比较，这样才能发现自身的不足，进行自我修正，从而得到提升。

课堂万花筒

场景一：

小红与室友之间有些不愉快，小红找辅导员抱怨："我最多就是嗓门大一点，讲话粗鲁一点，动作随便一点，但我没有恶意啊，她们为什么就不能理解我呢？"

场景二：

小军："小明，今年校庆活动很丰富，我们一起报名做志愿者吧？"

小明："不了，下个月有礼仪大奖赛，我正努力准备资料呢。"

小军:"校庆活动有许多礼仪环节啊。"

小明:"我把相关知识点背背就行了。"

场景一告诉我们:道德品质不等于文明修养,小红对室友没有恶意,但她不文明的行为必定影响别人的学习和生活,应该自律和改进。

场景二告诉我们:礼仪修养的提高固然有赖于知识的积累,但是参加实践活动也是提高修养的途径之一,不可偏废。

(资料来源:王莲华.礼所应当——大学生文明礼仪读本.上海:学林出版社,2012)

实践演练

"文明人"自测:你是一个文明的人吗?

说明:选择A得3分,选择B得2分,选择C得1分。

1. 升国旗时,你能肃立,行注目礼吗?
   　　A. 能　　B. 有时　　C. 不能
2. 你平时说脏话吗?
   　　A. 不说　　B. 很少说　　C. 常说
3. 路上见到老师,你会主动上前问好吗?
   　　A. 会　　B. 有时　　C. 不会
4. 你有过破坏公物、乱扔粉笔的行为吗?
   　　A. 没有　　B. 有过　　C. 经常
5. 你能和同学友好相处并互相帮助吗?
   　　A. 是的　　B. 很少　　C. 没有
6. 你会乱扔垃圾吗?
   　　A. 没有　　B. 偶尔　　C. 经常
7. 看见校园有垃圾,你会捡起来并扔进垃圾桶吗?
   　　A. 会　　B. 有时　　C. 不会
8. 你能够做到上课认真听讲,不讲话、不做小动作吗?
   　　A. 能　　B. 有时　　C. 不能
9. 你能按时独立完成作业,不抄袭别人作业吗?
   　　A. 能　　B. 有时　　C. 不能
10. 参加各种集会你能准时到达,安静听讲吗?
    　　A. 能　　B. 有时　　C. 不能

测试分析:

分数为30~24分:你是个讲文明、懂礼貌的人。举止言谈文明,与老师、父母、同学相处融洽,人际关系好,是个特别受欢迎的人。

分数为 22~16 分：一般情况下，你是个文明的人，但有时可能没有认真对待一些事情，特别是一些小事，人际关系一般，是个比较受欢迎的人。

分数为 14~10 分：许多情况下，你是个不文明的人，人际关系一定很差，是个不受欢迎的人。要注意哦。

心灵鸡汤

1. 凡人之所以贵于禽兽者，以有礼也。——《晏子春秋》
2. 勿以恶小而为之，勿以善小而不为。惟贤惟德，能服于人。——刘备
3. 不学礼，无以立。——孔子

学有所思

{主题二十七}
沟通交往

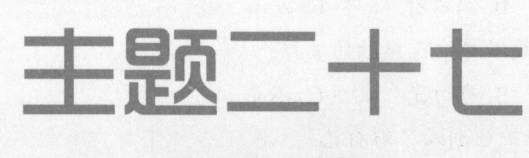

教育导航

1. 认识人际交往和人际关系；
2. 理解人际交往是一门艺术；
3. 培养沟通交往能力，维护良好的人际关系。

案例导读

你是一个善于交际的人吗？

完成下面的自测题，测试下你的交际水平。注意在每一题的选项A、B、C中选择其一，画"√"。

1. 你是否经常感到词不达意？
   A. 是　　　　B. 有时是　　　C. 从未

2. 他人是否经常曲解你的意思？
   A. 是　　　　B. 有时是　　　C. 从未

3. 当别人不明白你的言行时，你是否有很强的挫折感？
   A. 是　　　　B. 有时是　　　C. 从未

4. 当别人不明白你的言行时，你是否不再加以解释？
   A. 是　　　　B. 有时是　　　C. 从未

5. 你会尽量避免社交场合吗？
   A. 会　　　　B. 偶尔会　　　C. 从未

6. 在社交场合时，你是否不愿与人交谈？
   A. 是　　　　B. 有时是　　　C. 从未

7. 在大部分时间里，你是否喜欢一个人独处？
   A. 是　　　　B. 有时是　　　C. 从未

8. 你是否曾因为不善言辞而失去改变生活处境的机会？
　　A. 时常有　　　B. 偶尔有　　　C. 没有
9. 你是否特别喜欢不与他人接触的工作？
　　A. 是　　　　　B. 有时是　　　C. 不是
10. 你是否觉得很难让别人了解自己？
　　A. 是　　　　　B. 有时是　　　C. 不是
11. 你是否极力避免与人交往？
　　A. 是　　　　　B. 有时是　　　C. 不是
12. 你是否觉得在众人面前讲话是很难的事？
　　A. 是　　　　　B. 有时是　　　C. 不是
13. 别人是否常常用"孤僻""不善辞令"等来形容你？
　　A. 经常有　　　B. 有时有　　　C. 从未有
14. 你是否很难表达一些抽象的意见？
　　A. 是　　　　　B. 有时是　　　C. 不是
15. 在人群中，你是否尽量保持不出声？
　　A. 是　　　　　B. 有时是　　　C. 不是

计分：

答 A 得 3 分，B 得 2 分，C 得 1 分，请统计总分。

评定：

1. 38～45 分，表明你必须采取措施改善自己的交际能力。
2. 22～37 分，表明你是一个善于交际的人。
3. 15～21 分，表明你在交际方面过分积极，亦可能导致消极后果。

（资料来源：黄仁发，汤建南. 人际关系心理. 北京：中国科学技术大学出版社，1995）

点拨环节

　　人是社会性动物，一个人是无法脱离社会而生存的。每个个体因为生长环境不同，经历的人和事不同，所以每个人都会有自己独特的思想、性格和特点，而人与人之间的交流就会形成人类社会所特有的社会现象——人际交往。

一、人际交往与人际关系

　　人际交往是指人们为了相互传递信息、沟通情感、协调行为，通过各种媒介、语言、行为进行互动过程的总和。

人际关系是指人们在生产或生活活动过程中所建立起的一种社会关系。

凡是有人群的地方，就一定有人际交往，有人际交往，就必然形成人际关系。

良好的人际交往是实现和谐的人际关系的前提和保障。

二、人际交往与成长成才

人生在世，总会遇到各种各样的人和事，总要处理各种错综复杂的人际关系。人际交往的过程，往往是个体之间思想上相互交流、认识上相互沟通、行为上相互作用的过程。有良好的人际交往、和谐的人际关系，人的个性就会得到健康发展；反之，人就会感到压抑、自闭甚至容易走向极端。同时，人际交往是认识世界的重要途径，是事业成功发展的重要因素，它对人的成长成才起着非常重要的作用。

三、人际交往的原则

（一）遵守法律与道德

遵守法律与道德是人际交往的基本原则。任何人都不能凌驾于法律之上，人际交往亦是如此。而道德，作为人的行为标准和规范，是人与人之间不可触碰的交往的底线。

（二）尊重

尊重，即尊重人的价值、尊严和法律民主权利，是形成良好人际关系的前提。

（三）真诚

诚以待人才能获得一份真挚的友谊，如果总是虚情假意，带有目的地去交往，就会失去他人对你的信任。多一点真诚，少一点套路。

（四）宽容

每个人都有自己独特的性格和脾气，对待每一件事也会有自己的观点和看法，在人际交往中，与别人发生摩擦时，要多一点宽容和理解，不要与人斤斤计较。要明白，宽容大度不是怯懦的表现，而是个人涵养的表现，一时意气用事对处理人际问题是没有帮助的，可能还会起反作用。

四、人际交往是一门艺术

（一）留下良好的第一印象

研究表明，人们在初次会面时前 30 秒钟的表现，给对方留下的印象最为深刻，也就是通常所说的第一印象。心理学家认为，第一印象主要是性别、年龄、衣着、姿势、面部表情等"外部特征"。因为，在一般情况下，这些外部特征能在一定程度上反映出一个人的个性特征与内在素养。

所以，想要拥有良好的人际交往，就需要给人留下良好的第一印象，它具体表现在衣着、谈吐、言行、举止等方面。

(二)克服交往过程中的心理障碍

掌握成功的交往技能的前提,是要先克服交往过程中的心理障碍,包括羞怯、自卑、多疑、嫉妒心理等。当你克服了这些心理障碍,在沟通交往中就会变得更加自信大方,交往效果也会更加理想。

(三)掌握沟通交往的技巧

1. "3A"法则

美国学者布吉林教授等人曾经提出一条在人际交往中成为受欢迎的人的"3A"法则。第一个A(Accept):接受对方,包括对方的身份、风俗习惯和交际礼仪。第二个A(Appreciate):重视对方,要让对方感觉自己被重视,被尊重,有存在感。第三个A(Admire):赞美对方,"良言一句三冬暖,恶语伤人六月寒"。赞美对方是以欣赏的态度肯定对方,实事求是地赞美别人的优点。

掌握"3A"法则会让你在人际交往中事半功倍。

2. 善于表达

(1)谈话内容。针对交往对象选取合适的谈话内容,如果想开玩笑活跃一下气氛,要注意适度,切记不要触碰对方底线。

(2)语气语调。同样的一句话,用不同的语气、语调,给人的感受也不一样。交谈的时候要表示自己的友善之心,不要盛气凌人。

(3)神态举止。微笑会拉近人与人之间的距离,在交谈中注意自己的神态举止,保持笑容,会让人感觉与你交谈是一件心情愉悦的事情。

3. 善于倾听

有效沟通往往是从倾听开始,善于倾听是交往中的一项基本功。当别人说话时,认真聆听,让对方感觉你对谈话内容是有兴趣的,无形中提高对方的自尊心,会加深彼此的感情;不善于倾听别人,总想抢话说的人,容易给人留下不好的印象,影响人际关系。

4. 目光接触

目光接触是人际交往最能传神的非言语交往。在与对方交谈时,要注意与对方有目光接触,特别是倾听的时候,应看着对方,表示自己在认真倾听,讲话者在说完最后一句话时要看一下对方,表示"你觉得我说的对吗?"或者暗示"该轮到你说了"。

五、大学生存在的人际交往问题

对于大学生而言,建立和谐的人际关系,对促进其健康成长,养成良好的学习习惯,顺利完成学业具有重要意义。但在现实生活中,许多大学生与父母、老师、同学之间存在一些沟通交往问题,具体表现为:

(一)与父母之间

父母与孩子之间,两代人所受的教育、人生阅历、所经历的社会环境不同,造成价值观念存在较大差异,在沟通交往方面容易存在一些问题。一方面,父母对孩子寄予了殷切期望,他们希望孩子少走弯路,并根据自己的人生经历给孩子总结一条成功之路;另一方面,孩子在进入大学后，脱离了父母的掌控，有自己的想法和主张，而父母的殷切期望，巨大的学习压力和就业压力，常常阻碍了双方的情感交流，再加上性格、家庭环境等各种因素的影响，双方容易引发矛盾和冲突，甚至走向极端，给双方造成难以磨灭的伤害。

课堂万花筒

没上过大学是小明父亲一辈子的遗憾，父亲从小对小明严格要求，希望他能考上一个好大学。小明也没有让他失望，从小学习成绩优异，在班级名列前茅。高考结束后，小明希望填报北京某高校的天文学专业，实现自己的星空梦想，但遭到父亲的强烈反对，父亲认为计算机专业更有前景，在激烈的争吵之后，迫于父亲的强大压力，小明修改了高考志愿并被某高校计算机专业录取。上了大学之后，小明并不喜欢编程、写代码，他怨恨父亲逼他修改志愿，对学习渐渐失去了兴趣，开始沉迷游戏、放飞自我……

讨论：
1. 你觉得小明和他父亲沟通出现问题的原因是什么？
2. 如果是你，你会怎么处理？

（二）与老师之间

教师是人类灵魂的工程师，他们在大学生的学习生活中充当着"传道、授业、解惑"的角色，师生间的良好沟通对于教育教学来说十分重要。而近年来，高校师生矛盾冲突已屡见不鲜，如何建立亦师亦友的新型师生关系是大家需要思考的问题。

课堂万花筒

男生小东，家庭条件优越，作为家里的独生子，受万千宠爱。他不爱学习，经常迟到、旷课，与同学玩游戏到深夜。一天上午，在高等数学课上，他姗姗来迟，一到课堂便与旁边的同学聊起昨晚玩游戏的情景，在老师厉声制止后，他便拿出手机自顾自地玩起来。此举让老师极为愤怒，他严厉批评小东，认为小东不尊重老师，影响课堂秩序，要求小东立刻离开自己的课堂。小东踹了一下桌椅后，便起身离开。课后，这位老师找到辅导员，希望辅导员能对小东进行批评教育。

讨论：如果你是辅导员，你会如何处理？

（三）与同学之间

经过高中三年的鏖战，相信大家都带着憧憬与期盼步入大学生活。而大学同学，也将陪伴你一起度过美好的大学时光，但对于这些来自四面八方，有不同的家庭背景和生活背景的同学来说，人际交往，尤其是与同寝室同学的人际交往，往往会存在各种各样的摩擦与问题。如果处理不当，将严重影响个人的学习和生活。

课堂万花筒

女生小丽生活在一个单亲家庭,父亲在她小时候就生病去世了,她与母亲相依为命。小丽家境贫困,性格内向,不善言辞,身边也没有什么朋友。在高中时期,她曾经历过校园暴力,所以愈发地不愿与人打交道。

考上大学后,小丽一个人背井离乡来到了新的城市,本以为可以开始新的生活,然而小丽和同学们相处得并不愉快。因为小丽不爱说话,同学们都觉得她性格孤僻,不好相处。有一次,宿舍同学的东西丢了,大家纷纷怀疑是小丽偷的,这让原本内向、自卑的小丽难以忍受,于是在和室友大吵一架后,准备退学。

讨论:
1. 你觉得小丽和她的同学在沟通交往方面存在什么样的问题?
2. 如果你是小丽的同学,你会怎么劝慰她?

六、解决大学生人际交往问题的对策

(一)建立和谐亲密的亲子关系

亲子关系,就是指父母与孩子之间的关系。作为人际关系中的一种,亲子关系是特殊的,这是因为亲子关系最为久远、普遍和稳定。父母与子女之间生活上直接联系,经济上共通,情感上极为亲密,亲子关系是青少年人格塑造中的重要影响因素,对青少年有着深远的影响。

1. 理解亲情

在成长路上,有的人可能会因为父母的身份而感到自卑,有的人可能会因为父母工作繁忙,无暇照顾自己而疏远他们,有的人可能和父母三观不同而总是把家里闹得鸡飞狗跳……但请你理解他们,或许身份不同,但都是凭劳动获得正当收入,请不要忘记他们的辛勤劳作,是为了给我们更好的生活。请理解他们也是第一次做父母,他们不是教育家,也许不懂得深奥的教育理论,也不知道自己的子女需要或者更适合哪种教育方式。每个人都有自己的小脾气,父母也是人,他们不是圣人,也有犯错误的时候,多一点宽容,多一点理解,就像他们在我们犯错误时包容着我们一样!

2. 关怀亲情

父母对子女的爱往往是最无私的,他们不求回报,无私奉献,只希望子女能过上幸福安定的生活,父母的爱即使我们倾注一生也难以回报。"树欲静而风不止,子欲养而亲不待。"孝敬父母,关爱父母,从现在做起,从身边一点一滴小事做起,从"心"做起。在家时,帮忙分担家务,多一点时间陪陪父母;在外地读书时,多打电话回家,多关心父母。你的每一句问候,每一份牵挂,都将会是父母最好的慰藉。

（二）建立和谐稳定的师生关系

课堂万花筒

汉明帝对老师桓荣一向非常尊敬。有一次明帝到太常府去，在那里放了张老师的桌椅，并请老师坐在东边的方位，又将文武百官都叫来，放下自己尊贵的身份，当场行师生之礼，亲自拜桓荣为师。桓荣生病，明帝就派人专程慰问，甚至亲自登门看望，每次探望老师，明帝都是一进街口便下车步行前往，以表尊敬。老师去世时，明帝特意换了衣服，亲自临丧送葬，并将其子女做了妥善安排。

"春蚕到死丝方尽，蜡炬成灰泪始干。"在成长的道路上，老师给予我们太多的关怀、鼓励和引导，他们就像灯塔，给我们指引方向；他们就像园丁，辛勤付出换来桃李满天下；他们就像蜡烛，燃烧自己照亮别人。教师对于一个人的成长来说，起着不可忽视的作用。和谐稳定的师生关系主要表现是"尊师爱生"。

1. 尊敬师长

尊师重道是中华民族的传统美德，"一日为师，终身为父。"作为一名大学生，在与老师交往中，要尊敬老师，信任老师，服从老师的教学安排和学习指导，努力完成老师交代的各项学习任务，面对不懂的问题要虚心向老师请教，在课堂上，要努力做到不迟到，不早退，不旷课，不在课堂上做与上课无关的事情。你要明白，为了准备这节课，老师可能花费了大量的时间和精力，就是希望大家能多学点知识。所以，认真听课也是尊重老师的一个重要表现。

金无足赤，人无完人。对于老师的缺点和在教学中的问题，应善意地提出来，同时要注意说话态度、方式，诚恳地帮助老师改进教学。

2. 敬业爱生

对于老师来说，要想赢得学生的尊重，就要做到敬业爱生。要以"立德树人"为教育理念，热爱教育事业，以生为本，教书育人，对学生严格要求，严格训练，同时要关心、爱护学生，对他们进行思想引导和学业指导。

建立和谐稳定的师生关系要靠师生双方共同努力，作为一名学生，更应该自觉严格要求自己，养成尊师重道的优良品德，常怀一颗感恩的心，为维护良好的师生关系做出自己的努力。

（三）敞开心扉，结交好友

友情是一种非常真挚、美好的感情。伏尔泰曾说过："人世间的一切荣华富贵不及一个好朋友。"当你收获成功喜悦的时候，有人可以一起分享；当你悲伤难过的时候，朋友会陪伴在你身边给你慰藉。他们会为你的成功而欢呼，也会因你的悲伤而难过，会为你赶走迷茫和徘徊，为你照亮前方的路。

1. 结交志同道合的朋友

物以类聚，人以群分。交朋友也是如此，志同道合的朋友会与你三观一致，一拍即合，会相互激励，共同努力。一个重视精神追求的人不可能与一个拜金主义者成为朋友，一个积极进取的人不可能与贪图享乐的人搭起友谊的桥梁。如果当你遇上一个朋友，他不仅不能与你共同进步，还会给你带来消极影响，请果断结束这种友谊，或者保持适当的距离淡化这场友谊。

交友要慎重，在大学里，我们可以结交以下几类朋友：

（1）挚友，指的是真诚恳切，以感情和原则相交的真心朋友；

（2）畏友，就是能"道义相砥，过失相归"，指朋友之间敢言规劝，直陈人过，积极开展批评和自我批评的人；

（3）密友，指亲密无间，感情深厚，能与自己同甘共苦的朋友；

（4）学友，指勤于学习或学识渊博的朋友。与之相处，可以增长知识，开阔视野，互相促进，互相鞭策。

2. 掌握与朋友相处的艺术

（1）平等而独立。朋友之间，不论对方是何种身份，何种家庭背景，在这段关系中，始终应是相互平等、相互尊重、势均力敌的，不对等的友谊是无法长久的。同样，朋友之间也是相互独立的，每个人都需要属于自己的空间，不要过度依赖朋友，要给友情呼吸的空间。

（2）宽以待人。再亲密的朋友，也有摩擦和争吵的时候。每个人都有自己的优、缺点，也会有自己的一些小脾气，特别在自己亲近的人面前，就容易表现出来，对待友谊，多些包容与理解，不要因一时之气，就放弃了一段真挚的友谊，导致两人之间的关系越走越远。

（3）相互扶持、相互帮助。锦上添花世间多，雪中送炭人间少。患难见真情，真正的朋友会因你的难过而难过，会因你的开心而开心。当你遇到困难的时候，他会尽他所能帮助你渡过难关，朋友之间便是如此，相互扶持，相互帮助，荣辱与共。

（4）切忌喜新厌旧。在人生路上，我们会遇到许许多多、形形色色的人，会结识很多新的朋友。有了新朋友，不忘旧朋友，友谊也是需要经营的。节日里的一句问候，偶尔的一条短信，都会让朋友感到温暖。

实践演练

岳晓东博士在《谈大学生人际沟通》中提到沟通交往"八锦功"（见表4-4）训练方法，可以增强和提高人的沟通技巧，培养良好的沟通习惯。请学习并将"八锦功"熟练运用于日常的沟通交往中。

表4-4　　　　　　　　　　　沟通交往"八锦功"

沟通技巧	修炼要点	常见误区
聆听	虚心听讲、认真思考	听话走神、随意插嘴、不善提问
关注	不分神、不做小动作	注意力不集中、不善观察、缺乏体语交流
沉默	不随意插话、无声传情	急于找话题、表情尴尬、长时间沉默
情感对焦	情感评论、共情反应	冷漠分析、急于安慰、言语客套化
及时反馈	及时提问、澄清疑问	言语木讷、表达不明、强加于人
不断总结	勤做总结、把握方向	听说随意、频繁跑题、缺乏时间观念

（续表）

沟通技巧	修炼要点	常见误区
少做批评	不武断、不好为人师	自作聪明、不换位思考、不给人情面
开放对话	平等对话、探讨建议	语气强硬、爱提建议、缺乏提问技巧

心灵鸡汤

1. 己所不欲，勿施于人。——孔子
2. 人生贵相知，何必金与钱。——李白
3. 与有肝胆之人共事，从无字句之处读书。——周恩来

学有所思

主题二十八

爱情花开

教育导航

1. 认识爱情；
2. 摆正爱情的位置，树立正确的恋爱观。

案例导读

女生小颖学习认真，勤奋努力，在考上理想的大学后，她也没有松懈，经常在图书馆学习各种知识，也就是在图书馆，她认识了法学专业的男生小丁。两个"学霸"被对方深深吸引，逐渐走在了一起，还相约一起考研。从此之后，图书馆、自习室便成了两人的约会之地，他们互相督促，一同学习，一起拿奖学金，一起完成制定的一个个小目标，最终，他们一起考上了心仪的学校，继续读研深造……

讨论：

1. 你觉得爱情是什么？
2. 你如何评价小颖和小丁的恋情？

点拨环节

爱情是人类社会永恒的话题。当你走过十六七岁的花季和雨季，进入大学校园，你是否发觉：在鸟语花香里，在林荫小道上，爱情的味道正在偷偷蔓延。有人说："恋爱是大学的必修课。"也有人说："恋爱应该是选修课。"无论如何，在一个人的一生中，一定会遇到爱情，或甜蜜，或苦涩，从而找到那个与你相伴一生的人。那么，当爱情来临时，你准备好了吗？

一、什么是爱情？

每个人对爱情可能都有自己的理解，有的人认为怦然心动就是爱情，有的人认为两情相悦才是爱情……总的来说，爱情就是男女之间心生爱慕，与对方产生强烈的依恋、亲近与向往的情感，它是人类最为真挚的情感之一。

二、爱情的特点

（一）平等性

在爱情中，男女双方以互爱为前提，自愿、平等地相互交往，相互爱慕，使得爱情得以产生和发展。

（二）专一性

男女双方一旦坠入爱河，对恋爱对象的感情就会呈现专一性，所谓"弱水三千我只取一瓢"，说的就是这个道理。

（三）排他性

热恋中的男女不喜欢其他异性亲近自己的另一半，不允许出现第三者，表现出极强的排他性。

（四）依存性

爱情有一种神奇的魔力，让相爱的男女相互依恋，难舍难分。

三、树立正确的恋爱观

爱情有时让人觉得心情愉悦，有时又变得非常苦涩，美好的爱情固然令人神往，但也面临着各种各样的挑战。那么，当爱来临时，我们该怎么办呢？

（一）端正恋爱动机

课堂万花筒

男生李小飞是一名大一新生，在一次酒后与宿舍朋友打赌，表示自己一定会在两个月内追上系花王可欣，为此，他对王可欣展开激烈追求。每天上午给她送早餐，平时嘘寒问暖、关怀备至，时不时制造惊喜……在李小飞一段时间的强大攻势下，王可欣终于动了心，两人走在了一起。在一起之后的李小飞并不像之前那么殷勤，经常玩游戏忽略王可欣，这引来了王可欣的不满。有一次，王可欣无意间听到李小飞同室友炫耀自己追到了系花，赢得了赌约，她才知道李小飞是因为和室友打赌才追求他。大吵一架后，王可欣与李小飞彻底分手。

讨论：
1. 你觉得李小飞的恋爱动机正确吗？
2. 你觉得正确的恋爱动机应该是什么？

步入大学,当你想要尝试爱情的时候,请认真思考,你的另一半是你真心喜欢的对象吗?还是仅仅因为他(她)的金钱、地位、样貌还是家世?其实,对一段恋情来说,恋爱动机是很重要的,纯粹的爱情让人感觉真挚和美好,掺杂目的性的爱情容易失去对方的信任,最终给双方造成不可磨灭的伤害。所以,在开始恋爱之前,一定要审视这段感情,端正恋爱动机,三思而行!

(二)让自己具备爱的能力

精神分析学家弗洛姆在《爱的艺术》一书中说道:"所有形式的爱有四个基本要素:关心、责任、尊重和了解。"爱情的建立与发展有时并不是一帆风顺的,也会遇到困难和挑战,经历爱情,你需要成熟的心智,并具备爱的能力。

1. 学会拒绝

爱情是两情相悦的事,是双方情感的互动,没有对错。在对的时间遇见对的人,是一种幸福;在对的时间遇见错的人,是一种悲伤;在错的时间遇见对的人,是一种无奈;在错的时间遇见错的人,是一种伤害,这种时候一定要理智地对爱情说"不"!

但是在拒绝的同时要注意方式、场合,要尽量维护对方的自尊心,减少对对方的心理伤害,同时,拒绝的态度一定要坚决,不要模棱两可,不要让对方还残留对你的希望,也不要保持暧昧,最终会伤人伤己。

2. 迎接爱的能力

◎ 课堂万花筒 ◎

男生小林的父母性格不合,经常吵架,从小他就生活在父母争吵架的阴影之中,他性格比较内向,不善与人交际,而且他不相信爱情,觉得婚姻可有可无。上了大学之后,同班的女生小敏主动追求他,一开始他是抗拒的,表现得非常冷淡,但经过一段时间的相处后,他觉得小敏也是一个很不错的女生,但他不知道要怎么去表达,也不知道该如何与女生相处,害怕会经历和父母一样的问题,为此,他感到十分矛盾。

并不是每个人天生就具备迎接爱的能力,有的人因从小缺乏关爱,或因为父母婚姻的不幸,会对爱情的理解产生偏差,不敢接受爱或者表达爱。所以,当人的心中有了爱,在理智分析之后确定要开启这段恋情,一定要学会接受爱、表达爱、付出爱,这样,双方的爱情才能得到顺利发展。

3. 发展爱的能力

◎ 课堂万花筒 ◎

菲菲和李成是在社团活动中认识的,菲菲性格开朗,活泼可爱,李成长相清秀,风趣幽默,两人一拍即合,逐渐发展成恋人关系。刚开始,他们情意绵绵,经常一起吃饭,一起出游,形影不离,但随着时间的推移,两个人开始出现一些矛盾。菲菲性子较急,有时候容易乱发脾气,

一开始李成还会让着她，过了一段时间后，李成也觉得疲倦，开始冷处理，而菲菲觉得李成没有之前那么在乎她了，于是也生着闷气，两人僵持不下，陷入冷战。

爱情发展过程中产生矛盾的因素主要分为内部因素和外部因素。在情窦初开时，恋爱中的男女往往会尽量掩藏自身的缺点，努力把最完美的一面展现给对方。确定恋爱关系后，随着进一步地深入了解，双方的缺点会慢慢暴露出来。同时，因观念不同，对事物的理解和看法也会不同，容易产生一定的矛盾，这是内部因素。外部因素主要包括异地、家长反对、第三者插足等，这些矛盾因素如果处理不当，就会给双方造成伤害，给这段感情留下遗憾。其实，爱情也是需要经营的，发展爱的能力是十分重要的。

发展爱的能力，就要培养爱的责任，尊重对方，关爱对方，了解对方，培养无私的品格和奉献精神，培养善于处理矛盾的能力，有效化解、消除恋爱和家庭生活中的矛盾纷争，为对方负责，为社会负责。要认识到，在爱情发展的过程中，困难和挑战是不可避免的，如果认定对方，想要携手一生，就要培养发展爱的能力，让爱情保鲜。

4. 遵守恋爱道德

在谈恋爱时，恋爱双方要自觉遵守恋爱道德，相互尊重，恋爱自由，彼此忠诚专一，行为端庄文明。

恋爱自由，即男女双方应相互尊重对方独立决定自己恋爱关系的权利，不能把自己的爱强加于人，对方有选择说"不"的权利，同样也有选择终止这段恋爱关系的权利。

彼此忠诚专一，要求双方坦诚相待，不能朝三暮四，脚踏两只船，也不要去充当别人的第三者，这都是不道德的，也会给大家造成极大的心理伤害。

行为端庄文明，要求大家在谈恋爱时，特别是在公共场合，一定要注意举止文明，不要随心所欲，无视社会公德，造成不良影响。

5. 学会保护自己，为双方负责

课堂万花筒

认识艾滋病

艾滋病是一种人类被免疫缺乏病毒（简称HIV）的反转录病毒感染后，因免疫系统受到破坏，逐渐成为许多伺机性疾病的攻击目标，促成多种临床症状，统称为综合征，而非单纯的一种疾病。艾滋病的传播途径有三种：母婴传播、血液传播以及性传播。我国通过对血液制品的严查以及对毒品的打击，使艾滋病通过血液传播已经很少，而性传播因为隐秘性较强，成为现在主要的传播方式。

2019年7月31日，中国疾控中心艾滋病防治组刘中夫主任公布了这样一组数字，15到24岁之间的青年学生近年每年报告发现病例一般在3 000例左右。

近年来，通过检测并诊断报告的感染者中，每100个就有90个以上是经性途径感染的。发生不安全性行为，就有可能感染艾滋病。

我国还有相当一部分的感染者因没有接受检测并不知晓自己的感染状况。

从全球看来，艾滋病已成为全球 10~19 岁青少年的第二大死因；联合国报告：亚太地区约有 22 万青少年携带艾滋病病毒；艾滋病对青少年的影响在 10 个亚太国家中最为突出，其中包括中国；在我国，近年来，青年学生（15~24 岁）报告艾滋病感染者人数呈增长趋势，已从 2008 年的 482 例上升到 2017 年的 3 077 例。

（数据来源：国家卫生健康委员会）

从以上数据可以看出，艾滋病其实离我们并不遥远。我国最新的统计数据表明，性传播占全部艾滋病传播途径已超过 90%。艾滋病很可怕，外表是看不来的，所以，在恋爱当中一定要学会保护自己，不要让自己的一时冲动留下终身的遗憾。

（三）摆正恋爱位置，一起成为更好的人

1. 正确处理恋爱与学业的关系

作为一名学生，学习是首要任务。大学是人生的黄金年代，事业从这里起步，梦想从这里起航，我们不可否认，恋爱对学业会产生一定的影响，但影响如何取决于我们本身。两个积极向上的人走在一起，相互勉励，相互监督，共同学习，共同进步，一起努力成为更好的人，这样的爱情对学业的影响就是正向的。大学的学习与成长是为将来的发展打基础的，所以作为一名大学生一定要处理好学业与爱情的关系。"业精于勤，荒于嬉"，和你的另一半一起努力成为更好的人吧！

2. 正确处理恋爱与事业的关系

恋爱是人生中必不可少的，但事业和个人发展也非常重要。对于个人来说，事业是他（她）在这个社会赖以生存和发展的必要条件，是实现自我价值的重要方式。要知道，物质是爱情的基础，一个人如果只顾着谈恋爱，不考虑个人事业发展，爱情也是难以长久的。

3. 正确处理恋爱与友情的关系

在人的一生中，不管是爱情还是友情，都是非常珍贵的一种情感，是人们精神生活的重要组成部分。当你坠入爱河时，千万不要为此忽略了身边的朋友，因为不管是开心还是难过的时候，总有这么一群可爱的朋友出现在你的身边，和你一起分享快乐，替你排解压力，为你抚慰悲伤。把握爱情，珍惜友谊，会让你的情感生活更加充实、富足和快乐。

（四）失恋了怎么办

每个人都希望喜欢的人也喜欢自己，遇到的那个人，就是命中注定能够携手走过一生的那个人，但事实往往难以如愿。失恋是痛苦的，会给人带来无尽的伤痛，让人苦不堪言，甚至会给人带来严重的心理阴影，所以培养承受恋爱挫折的能力是至关重要的。

1. 调整心态，走出阴霾

如果失恋了，只能说明他（她）是你人生中的过客。或许会很难过，但一定要努力调整心态，尽快走出阴霾，迎接新生活。

失恋了，可以找三两个知心朋友大哭一场，把心中的苦闷和不愉快全部发泄出来，然后擦干眼泪，收拾好心情，把一切能够引起伤感和回忆的东西收起来，免得睹物思人。失恋后的一段时间，尽量不要自己独处，一旦发现自己又沉迷于往事，要尽快转移自己的注意力，认真学习、努力工作，或者把自己的日程表安排满满的，让自己没有时间胡思乱想。相信时间会治愈一切，

所有让你难过的事，在若干年后回头看，你会发现根本不值一提。

2. 失恋后别做蠢事

虽然这段感情没有修成正果，但仍要感谢他（她）曾出现在你的生命中，给你带来快乐。失恋后千万不要做以下几件蠢事：

（1）辱骂对方。曾经相爱的两个人分手，不可以简单粗暴地将过错完全归咎到某一方。虽然分手后可能无法再做回朋友，但请不要肆意辱骂对方，在这场战争中没有任何一个人是赢家，大方地祝福对方，有尊严地离开也是最好的告别方式。

（2）迅速投入一段新恋情。有人说：治疗失恋最好的办法就是开始一段新的恋情。这种方式虽然能够让你在短时间内走出失恋阴霾，但往往会带来很多的副作用。盲目将就，既是对自己不负责任，也是对对方不负责任，还容易重蹈覆辙。

（3）死缠烂打，消极沉迷，无法自拔。失恋对一个人的伤害是可以预见的，它会让人悲伤难过，精神不振，但是时间是最好的良药，一味地消极沉迷，自甘堕落，无法自拔，甚至对对方死缠烂打都是不可取的。自己的人生要对自己负责，好好爱自己，不要让失恋成为肆意放纵、荒废学业、糟蹋自己的借口！相信前方还会有人在等你，你终会遇到命中注定的那个他（她）。

实践演练

"相爱容易相处难"还是"相处容易相爱难"？

在班级举行一场以"相爱容易相处难"还是"相处容易相爱难"为主题的辩论赛，正方观点：相爱容易相处难，反方观点：相处容易相爱难。两队各4人参加辩论，流程如下：

一、立论阶段

正反方一辩依次开篇立论，各3分钟。

二、驳立论阶段

1. 反方二辩驳对方立论，2分钟。
2. 正方二辩驳对方立论，2分钟。

三、质辩环节

1. 正方三辩提问反方一、二、四辩各一个问题，反方辩手分别应答。每次提问时间不得超过15秒，三个问题累计回答时间为1分30秒。
2. 反方三辩提问正方一、二、四辩各一个问题，正方辩手分别应答。每次提问时间不得超过15秒，三个问题累计回答时间为1分30秒。
3. 正方三辩质辩小结，1分30秒。
4. 反方三辩质辩小结，1分30秒。

四、自由辩论

正反方辩手自动轮流发言，双方各4分钟。

五、总结陈词

正反方四辩依次总结陈词，时间各3分钟。

六、观众提问

正反方各回答两个观众提出的问题，双方除四辩外任意辩手作答，一个问题的回答时间为1分钟。

温馨提示

辩手发言时应当做到观点鲜明，表达流畅，反应灵敏。最终根据选手及参赛队伍表现，评定获胜队伍及最佳辩手。

心灵鸡汤

1. 爱情不是花前下的甜言，不是桃花源中的蜜语，不是轻绵的眼泪，更不是死硬的强迫，爱情是建立在共同语言的基础上的。——莎士比亚
2. 两情若是久长时，又岂在朝朝暮暮。——秦观
3. 如果你爱一个人，光要使自己现在或将来百分之百地值得他爱，至于他爱不爱你，那是他的事，你可以如此希望，但不必勉强去追求。——罗曼·罗兰

学有所思

百周成才篇
——润德于心 成德于行

五行德章

主题二十九
直面挫折

教育导航

1. 认识挫折；
2. 了解"失败是成功之母"的真正内涵；
3. 总结失败原因，学会接受失败，走出失败的阴影，最后战胜失败的心理障碍。

案例导读

曾有这样一个真实的案例：

女生小雪，在高中毕业前，是一个聪明、活泼、漂亮的优等生，大家都认为她一定能考上重点大学。但是，高考成绩出来后，小雪却意外考砸了，为此，她大受打击，一蹶不振。

上了大学后，她的性格发生巨大转变，不再和高中同学联系，因为她怕因高考失利而被同学嘲笑，同时，她也不喜欢现在上的大学，不愿意和身边的同学接触，觉得他们不配做自己的朋友。后来，她竟然连课也上不下去了，在大二的时候就退学了，整日把自己关在家中，不愿出门。

（资料来源：武志红.为何家会伤人.北京：世界图书出版公司，2007）

讨论：

1. 你觉得小雪整日把自己关在家中的原因是什么？
2. 如果换作是你，你会怎么做？

点拨环节

"长风破浪会有时，直挂云帆济沧海。"人生是一场修行，不可能总是一帆风顺，总会遇到这样或那样的困难和问题。从某种意义上来说，挫折教育是人生的一堂必修课。当你成功之时，不骄傲自满；失败之时，不自怨自艾，以乐观的态度积极面对生活，相信生活会处处给你惊喜。

一、什么是挫折

从心理学上讲，挫折是指人在某种动机的驱使下，在实现目标的行动过程中，遇到无法克服或者自以为无法克服的障碍和干扰，其目标不能实现、需要不能被满足时所产生的精神状态和情绪反应。

挫折一般包含两个层面的意思，即挫折情景和挫折感受。挫折情景主要是指阻碍目标实现的主、客观因素。挫折感受指的是由于挫折情景所产生的愤怒、恐惧、焦虑、失望、难过等心理反应。挫折感受只有在特定的挫折情景下才会产生，两者密切联系。当一个人遭受的挫折越大，挫折情景越强烈时，挫折感受就会越强。但它们又不总是成正比，挫折感受是一种主观感受，是可控的，它还受个人认知和挫折承受力影响。不同的个体面对同样的挫折，挫折感受也会不一样：一个心理健康水平较高的人，挫折承受能力往往会比较强，挫折感受可能不大；心理健康水平较低的人，挫折承受能力往往会比较弱，挫折感受可能会很大。

其实，挫折对于人生来说既是危机，也是挑战。它是挡在你面前的大山，只有翻过这座大山，把握机会，才有可能将挫折转化为机遇，从而取得成功。

二、关于耐挫力及相关问题

耐挫力是指人们为了摆脱挫折所带来的困扰，使自身心理和行为免于失常的能力。

随着经济的发展、社会的进步、人民生活水平的提高，当今的大学生大都物质生活比较优越，又多为独生子女，在家中往往众星捧月，普遍存在着耐挫力比较低的问题。耐挫力问题主要分为以下两类：

（一）压力类问题

课堂万花筒

男生小李学习成绩优异，专业能力强，被专业课老师选中，即将代表学校参加省职业技能大赛。他每天早出晚归，积极利用课余时间，努力训练自己的专业技能。两个月后，比赛临近，小李却感到前所未有的紧张和压力，常常失眠到深夜。之后，几次模拟训练的效果都不理想，这让他越发失去信心。他害怕上台，害怕失败，害怕让老师失望，内心开始抗拒训练，甚至想要逃避这个比赛，陷入深深的懊恼中……

此类问题往往发生在挫折发生之前，因为过度担心挫折产生，怕遭遇失败而产生了巨大的心理压力。主要表现：在情绪上，表现出焦虑、烦躁、恐慌、抵触；在行为上，可能会出现逃避和攻击性的行为；在心理上，会出现偏激、嫉妒、逆反等心理，进而影响到正常的学习、工作和生活。

（二）挫折应对类问题

课堂万花筒

2020年5月6日晚，西安一名9岁的小女孩因无法按时完成老师布置的作业，跳楼自杀身亡。

当天，老师要求所有同学在下午5点前完成一篇一页半的作文，到了下午4点半，小女孩给在外工作的妈妈发语音，说自己才写了一页零一行，害怕自己在5点前无法完成作业。当时这位妈妈没有太在意，只是让女孩尽快完成作业。不成想，当晚6点，爷爷推开孙女卧室房门，发现里面并没有人，随即看到桌上写的遗书，才惊觉孙女已经跳楼。

遗书上只有寥寥几笔：

"妈妈对不起，这是我的决定。

为什么我干什么都不行。"

（资料来源：《华裔报》，2020-05-07）

讨论：看完这个案例，你有什么体会和感受？

此类问题往往发生在遭受挫折之后，因为问题得不到解决，内心的诉求无法实现，挫折感受无法得到排解而产生不良的认知与行为。主要表现：表现出愤怒、苦闷、焦虑、恐惧、失望、忧愁，有的还会产生一些攻击性的行为，更有甚者，还会用幻想来对待挫折和解决问题，俗称"白日梦"。此类问题如果长期得不到解决，人就容易产生自卑心理，变得颓废，甚至失去学习或生活的信心和勇气，严重的还会出现心理障碍和行为适应不良症，比如抑郁、冷漠、敌视、敏感，甚至轻生。

三、耐挫力问题产生的原因

（一）过度依赖

现在的大学生成长路上多是坦途，没有吃过什么苦，即使出现问题，也大多由父母包办处理，缺乏独立性和自主性，对父母形成过度依赖。所以，当他们独自面对困难、挫折时，常常觉得无所适从、难以接受。

（二）社会压力

随着社会竞争的愈加残酷，大学生的升学压力和就业压力愈加严峻，现代社会又多是独生子女，父母望子成龙、望女成凤，在他们身上寄予厚望。一边是父母的殷殷期望，一边是升学和就业压力，大学生面临较大的压力。

（三）意志薄弱

对于大学生来说，从小没有经历过什么苦难，许多人缺乏坚强、自信、进取的优良品质，加之，全社会对挫折教育还不够重视，使得许多大学生耐挫力低，抗压能力差，意志力薄弱，常常因为一点小挫折而恐惧、焦虑、心烦，甚至走向极端。

四、正确面对挫折

我们常说："失败是成功之母。"但很多时候，我们往往没有认清这句话的真谛。其实，谁都希望人生一帆风顺，但常常事与愿违，人生路上总是布满荆棘和坎坷，面对已知和未知的困难与挫折，请你一定要怀着对生活的热爱，守望初心，学会接受失败，战胜失败的心理障碍，努力走出失败的困境。

课堂万花筒

2008年的汶川大地震中，有这样一个女孩，她被埋在一片废墟中，输液的管子悬在她的头顶。而面对这样的灾难，女孩清秀的脸上流露出的不是痛苦，而是甜美的微笑和不畏苦难的从容。女孩的微笑，在很短的时间内被成千上万的人们所关注。人们说，她的微笑，是"地震中最美的微笑"。

这个汶川地震中最美的微笑的主人，是来自都江堰聚源中学15岁的初三学生高莹。在废墟下被埋了20个小时之后，她被抢救了出来，但却永远失去了双腿。高莹的伤痛，是她那个年龄的孩子不能忍受的。可是，面对所有的救援人员和医务人员，她总是微笑着说："要勇敢，不要哭。"

"既然活下来了，那我们就应该好好地活着！"2016年，23岁的高莹在几名重庆大学生的陪同下，一路骑行去西藏，在雪山下、草原上拉着小提琴曲，给年轻的生命留下了一次不一样的旅行。

（资料来源：根据中国网、《重庆晨报》等信息编写）

> 提问：从高莹的身上，我们看到了什么？

（一）学会接受失败

在荷兰的阿姆斯特丹有一座古老的寺院，寺院里有一块古老的石碑，上面刻着一句话："既已成为事实，只能如此。"这句话如何理解？如果一件事情发生了，已经成为事实，你无法改变，只能学会接受，不要去纠结和逃避，因为于事无补，没有意义。

哲学家威廉·詹姆斯说过："要乐于承认事情就是这样的。能够接受已发生的事实，就是能克服随之而来的任何不幸的第一步。"遇到挫折和困难时，先问自己几个问题：

1. 我还可以改变这个事情的结果吗？
2. 纠结于这件事能让自己成为更好的人吗？

3. 这是否可以让自己变得快乐？

如果答案都是否定的，那么学会接受就是最好的选择。

学会接受失败，就是正确认识挫折和失败，要把挫折和失败看成人生事业发展中的常态。要认识到事物都具有两面性，挫折和失败也是如此。一方面，虽然我们前进的步伐因此而受到阻碍，但另一方面，我们所遭遇的挫折和失败磨炼了我们的意志，增长了我们的阅历，让我们在挫折中不断总结、提升，以取得更大的进步。

（二）努力走出失败

当失败和挫折来临时，尽量用平和的心态去对待，如果确实有许多的负能量，我们可以尝试以下几种办法去排解它们，走出失败阴霾。

1. 合理宣泄法

面对挫折情景所产生的愤怒、恐惧、失望、难过的挫折感受，我们可以通过一些合理的渠道宣泄出来。可以找自己的好朋友倾诉，可以找个没人的地方放声大哭、大声喊叫，还可以写日记、写信……总之，给自己一点时间去宣泄心里的不满和负能量。

2. 注意力转移法

当我们遭遇挫折心情苦闷时，可以做一些平时喜欢做的事情来转移自己的注意力。可以听歌、看书、看电影、看电视、旅游、品尝美食等，这样有利于消除不良情绪。

3. 反向思维法

在面对挫折的时候，换个角度看问题或许会有不一样的心境。凡事都有两面性，好坏不是绝对的，既然失败已经成为事实，那就尽量往好的方面去想：这次挫折是一次非常好的成长机会，让我们增长了见识，磨炼了意志，变得更加成熟，另外，记住这次的教训，下次就不容易再犯同样的错误。相信一切都是最好的安排，坚持就是胜利！

4. 榜样激励法

中国历史上杰出军事家韩信遭受"胯下之辱"，却不失鸿鹄之志，终成西汉一代开国功臣；史学家司马迁遭受酷刑，却用整整13年时间完成了一部52万字的辉煌巨著——《史记》，万古流芳；张海迪5岁因病高位截瘫，却愈加发愤图强，造就精彩的一生……

不要轻易被挫折和失败打倒，在我们的身边其实有很多值得我们学习的榜样。总有一天，你会发现，人的一生或多或少都会经历挫折和困难，在经历的时候，我们可能觉得天要塌了，但是当你走出失败，继续前行，再回头看时，这些或许不值一提。失败时，记得看看我们身边的榜样，他们会激励着我们不忘初心，继续前行。

（三）战胜失败

当你走出失败阴霾时，恭喜你！你已经向成功跨出了一大步，接下来，我们要做的就是战胜它！

失败向成功的转化从来不是自然而然的，而是需要我们在把握客观规律的基础上，找出失败的原因，找准努力的方向，并付出艰苦卓绝的努力，最终战胜失败，取得成功。

1. 正确归因

在现实生活中，有的人喜欢把失败的原因归结于外部环境，喜欢给自己找理由、找借口；有的人喜欢把所有的问题归结到自己的身上，而忽略了外部因素，陷入深深的自责中。其实，

这两种都不是正确归因的方式。

正确归因首先要保持冷静，要基于客观事实，理智分析遭受挫折的主、客观原因，找出问题的关键到底在哪儿；其次，要先从自己身上找原因，不要一味地找借口、推诿，要实事求是地承担责任；最后，要尽可能地分析可控的因素，找出解决问题的办法，不要一直拘泥于不可控的因素当中。

2. 明确方向，重整旗鼓，永不言弃

在分析完失败的原因之后，要重整旗鼓，努力找到解决办法。在基于实际的基础上，明确今后的发展方向，树立新的目标，并做好详尽的计划，吸取经验教训，避免再犯同样的错误。永不言弃，以崭新的姿态迎接新生活。

实践演练

举一个鲜明的例子，详细描述在遭遇挫折时，我们应该如何应对？

心灵鸡汤

1. 世上无难事，只要肯登攀。——毛泽东
2. 上天完全是为了坚强你的意志，才在道路上设下重重的障碍。——泰戈尔
3. 最困难的时候，也就是我们离成功不远的时候。——拿破仑

学有所思

主题三十

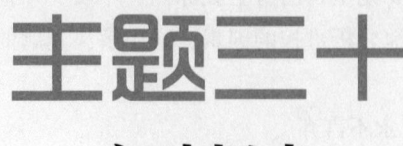

主动担当

教育导航

1. 认识主动担当的概念；
2. 了解主动担当意识形成的原因及其特征；
3. 了解大学生主动担当方面存在的不足，强化主动担当的责任意识。

案例导读

24小时待命　百分百投入

——来自疫情防控一线的报道

每天早上6点钟，罗浩就出门了，开始他一天的工作。他主要负责转运与新冠肺炎患者密切接触的人员，有时一天得转运六七批人，最远的来回有20多公里。

回到指挥部时，往往已经到了第二天凌晨近两点，消完毒之后，罗浩就躺在凳子上或者在值班室里眯一会儿。"忙的时候，饭都顾不上吃。"罗浩说，大家现在只要感冒咳嗽就会给他们打电话，他要24小时待命，一有群众电话，就得立马出动。

2020年1月21日，在湖北省崇阳县天城镇防控工作会上，镇党委书记廖旦调来了一辆转运用车，但是缺一名护送司机。

"我会开，我愿去！"平日里说话不多的罗浩主动请缨。1月22日，罗浩吃完晚饭便赶往镇里的指挥部，从那时候起，他一直坚守岗位，春节也在这里度过。

罗浩1992年入伍，在部队时入了党，1996年退役后到崇阳县工作。2019年3月，罗浩来到天城镇，成为该镇一名副科级干部。

天城镇离武汉只有100多千米，人口将近20万，春节期间从武汉回来的人较多，与新冠肺炎患者密切接触的人员也较多。由于很多人开始时没有出现任何不适，当罗浩上门劝说他们去医院时，遇到了许多困难。

1月23日，天城镇一位60多岁老人的老伴确诊后，罗浩带着这位老人到医院隔离，不料老人刚到医院，就后悔了。

"要在医院待14天，那可不行，最多我只能去两三天。"说完，老人就要回家。罗浩和县里的干部耐心给老人做工作，最后老人认识到问题的严重性，才同意隔离。

不仅要磨嘴皮子，也得有好性子。罗浩上门转运人员时，要等他们收拾好东西，到医院了还要等检查结束才能离开，每转运一个人至少得花两个小时。罗浩说："老百姓遇到这些事情都很害怕，我们等得久一点不算什么。"

"我现在最怕的就是上厕所，因为上厕所就得脱防护服，所以也不敢多喝水。"罗浩告诉记者，要确保自身安全，他每天都得穿防护服、戴口罩和面罩，加上医疗物资紧张，他只能将"损耗"降至最低。

罗浩的小女儿今年9岁，原本他答应这个春节在家好好陪女儿，疫情突发，他不得不食言。想女儿了，罗浩就去家附近，远远地看一会儿，有时候远远地说几句话就离开。"等疫情结束后，我一定要找时间带女儿出去玩几天！"罗浩说。

（资料来源：人民网）

讨论：

1. 罗浩主动请缨，接过开转运用车的任务，24小时待命，百分百投入。这体现他什么样的精神品质？

2. 假如你所在的班级准备参加学校运动会的4×100米团体接力赛项目，眼看比赛就要开始，有个队员临时受伤不能上场，班长找你帮忙，你会上场吗？为什么？

点拨环节

比尔·盖茨曾说过："人可以不伟大，但不可以没有责任心。"这句话强调的就是责任意识。卡耐基也曾说过："有两种人注定一事无成，一种是除非别人要他去做，否则绝不会主动做事的人；另外一种则是即使别人要他做，他也做不好事情的人。那些不需要别人催促，就会主动去做应该做的事，而且不会半途而废的人必定成功，这种人懂得要求自己多努力一点、多付出一点，而且比别人预期的还要多。"确实，无论是学习、生活还是工作中，与其等着被安排工作、任务，倒不如自己去主动承担，这不仅体现出个人的积极主动性，更体现出一种责任担当意识。

一、什么是主动担当

（一）主动担当的概念

"主动担当"重点强调"主动"和"担当"这两个字眼。"主动"一词按照《现代汉语词典》的解释，是指："不待外力推动而行动（跟"被动"相对）。"它是内在动力的外在表现，

是个体根据一定的要求，在主体意识的积极支配下进行的活动。而"担当"在《现代汉语词典》里的意思是"接受并负起责任"。担当，不仅是一种态度，更是一种行动。担当的范围也很广泛，如个人担当、家庭担当、社会担当等，小至个人、家庭，大至国家、民族……

"主动担当"顾名思义可简单概括为："个体在主体意识的积极支配下接受并负起责任。"主动担当是一种积极主动的态度，也是一种勇于担责的行为。主动作为，勇于担当，遇事不推诿，敢于负责。这不是一句空话，也不是一句口号，而是需要我们以实实在在的行动去践行的一个诺言，也是我们需要去传承与弘扬的一种精神力量。

（二）主动担当意识形成的原因

1. 信仰推动

信仰是指人们对某人、某种事物或某种主张、主义、宗教极度相信和尊敬，拿来作为自己行动的榜样或指南。信仰推动具有很强的坚定性。

2. 思想意识推动

思想意识推动具有很强的自觉性，自觉源于清醒。思想意识推动的第一层次是政治素养推动，即基于政治理论素养、政治敏锐性、政治鉴别力形成的推动；第二层次是道德推动，即通过道德品格、道德荣誉感、道德判断等来实现的推动。政治素养和道德都具有阶级性。

3. 惯性推动

惯性推动具有较强的稳定性。通过个体长期形成的生活环境氛围和个人的行为习惯来推动和维持。惯性推动分为有意识和无意识两种情况。

4. 外因激励内因形成的推动

（1）正向激励推动。正向激励是对人的行为进行正面强化，使人以一种愉快的心情继续其行为，并进一步调动其积极性。正向激励以激励、褒扬等方式为主，通常有两种形式：一种是奖金、提成、带薪休假、期权等物质奖励；另一种是信任、表扬、提拔等精神奖励。

（2）负向激励推动。负向激励则是对人的行为进行负方向的强化，采用批评、责怪、处罚等强制性、威胁性的方式，杜绝某类行为的发生。负向激励的目的在于使个体产生危机感，督促个体始终保持良好的思想道德与行为习惯，主要形式有批评、处罚、淘汰等。

（三）大学生主动担当的主要特征

1. 个人责任担当——学业为重

学生是社会上具有特定身份的独立个体，完成学业是每个学生特定的任务和使命，它体现的是学生的个人责任担当。

作为一名大学生，首先要以学业为重，树立学习责任意识，把学习看成一种愿望、一种追求、一种责任。热爱学习，渴望新知，刻苦钻研，巩固知识，强化技能，探索新知，大胆创新，积极参与各类职业技能竞赛，做到学以致用，全面成才。还要自觉抵制诱惑，不虚度光阴，不做与学生身份不符的行为，不做让父母、老师担心、难过的事，严格遵守校规校纪，做一个文明守纪的大学生。热爱学业，以学业为重，是大学生履职担责的必备素质。

2. 社会责任担当——大局为重

大学生肩负着建设祖国、振兴中华的伟大使命与责任，是祖国的人才储备军。适逢当今社会瞬息万变、竞争激烈，大学生应该主动承担起历史赋予的社会责任，紧跟时代脉搏，与时俱进，

以适应时代的发展和需要。无论做什么事，都要自觉维护祖国的团结统一和社会的和谐安稳，自觉履行责任和义务，认真负责，求真务实，杜绝敷衍塞责。要提高大局意识，凡事以国家利益为先、以大局为重，多补台少拆台，既要虚心接受他人的批评与建议，又要团结他人干事业，真正做到求同存异。相信未来，我们的大学生将会在各个领域的职业岗位上为我国经济的高速发展保驾护航，献上一己之力。

课堂万花筒

自主探究一：学会主动为身边事担责

讨论：

1. 你偶尔上课迟到了，为什么？
2. 你的成绩总是难以迅速提升，为什么？
3. 昨天轮到你们组值日打扫教室，今天一大早就被通报地板和黑板不干净，你会怎么做？

自主探究二：学会主动为社会事担责

讨论：

1. 放学回家的路上，看见一位老人突然摔跤了，你会怎么做？
2. 在小区散步，看见地面上有不少玻璃碎屑，你会怎么做？
3. 在超市里，你发现有人在角落里试图行窃，你会怎么做？

自主探究三：学会主动为国家事担责

讨论：

1. 想象一下，高考结束，突然接到社区通知年满十八周岁的公民必须接受义务兵役登记，你的第一反应是什么？正确的做法应该是什么？
2. 假如国家遭遇战争灾难，你可能做出哪些选择？（　　）
   A. 移民　　　　B. 捐献财务　　　　C. 山区避难　　　　D. 参军报国

二、为什么要学会主动担当

（一）缺乏主动担当意识的表现

1. 国家、社会责任意识淡薄

没有做到以国家利益、集体利益为先，过分强调个人利益，国家、社会责任意识淡薄。

2. 个人没有责任心和进取心

生活、工作、学习只停留在应付了事，单纯为完成任务而完成任务。做事没有落实到深处，只停留在表面，不追更好、不求创新。

3. 没有自我判断能力

对于领导、老师的意见只有服从，不独立思考和自我判断。别人说什么就做什么，不愿意思考也不愿意自告奋勇去承担工作，只是予以执行任务或命令。

4. 应变能力较差

习惯于承担轻松、程序化的工作任务，不敢也不善于挑战有难度的任务。对于无法把握的工作任务，无法灵活处理，往往选择逃避。

5. 群众基础薄弱

在与人交往过程中，常常是被动的一方，由于缺乏主动担当和责任意识，难以获得群众认可，群众基础相对薄弱。

（二）学会主动担当的必要性

1. 学会主动担当，夯实人生之基

《礼记·大学》指出："古之欲明明德于天下者，先治其国；欲治其国者，先齐其家；欲齐其家者，先修其身；欲修其身者，先正其心……心正而后身修，身修而后家齐，家齐而后国治，国治而后天下平。"我们将其简单概括为"修身""齐家""治国""平天下"。修身是一切人生理想和价值实现的前提和基础，是夯实人生之基的第一步。主动担责、勇于担当，就是用最朴实无华的态度和实实在在的行动来进行自我修身，完善自身人格，夯实人生的根基。

2. 学会主动担当，维护和谐之源

家是小的国，国是千万家。社会和谐主要来源于家庭和谐，家庭和谐重要的根源在于家庭成员的责任担当意识。重视家庭、关爱家人既是一种责任，也是一种担当。如何更好地回馈家庭、社会和报效国家，这是每个人肩负的新时代的担当和责任。主动担当，担当有爱，做到上不辱父母、下不愧子孙，大不愧社会、小不愧家庭，共同孕育和谐的家风、国风，用爱和担当奏响幸福生活的乐章。学会主动担当，维护家庭、社会、国家和谐之源，用大爱构筑和谐，用担当成就幸福。

3. 学会主动担当，推动发展之力

俗话说，火车跑得快，全靠车头带。企业、社会的发展，就跟跑火车似的，关键在车头。担当者就是我们的"车头"，他们敢于挑起重担，敢于克难制胜，敢于奋勇争先，以上率下，带动更多人勇担当、有作为。学会主动担当，加快高素质人才的培养，这是推动社会发展的重要力量。

三、如何学会主动担当

（一）以理想信念提升主动担当的自觉

大学生正处于人生的"拔节孕穗期"，树立正确的理想信念尤为重要。心中要有信仰，脚下才能有力量。理想信念一旦形成，就能够照亮人生的道路，指引人生的方向，催人奋进。在这次抗击新冠肺炎疫情的斗争中，多少党员干部以身示范，攻坚克难；多少白衣天使舍生忘死，大爱无疆；多少平民百姓自告奋勇，迎难而上……他们都是在守初心中绽放信仰的光芒，在担使命中彰显信仰的力量。信仰是思想之光，精神之钙，力量之源，我们必须要坚定伟大的理想信念，厚植爱国主义情怀，以理想信念提升主动担当的自觉，将责任永驻于心，担当永践于行，把主动担当内化为一种信念，外化成一种习惯。

（二）以修身养性强化主动担当的底气

修身是立身之本，也是成事之基。修身养性最主要的方式就是加强学习。学习本身就是修身养性的过程。通过学习增强自身的政治觉悟，提高自身的思辨能力，规范自身的言行举止，校正牢固自身的基本原则，并坚持问题导向，坚持底线思维，坚持从小事做起，从细微做起，从点滴入手，深入检视自己的问题与不足，以身作则，率先垂范，用自己的一举一动、一言一行来影响和带动更多人守初心，担使命，勇担当，有作为，这正是我们主动担当最大的底气。

（三）以求真务实练就主动担当的本领

主动担当，离不开求真务实的作风。坚持求真务实，少说多干、真抓实干、埋头苦干。坚持主动担当，迎难而上，用行动代替口号、用实干代替作秀；决不能遇到矛盾就绕、遇到难题就躲、遇到问题就拖，拈轻怕重、畏难逃责；要理论联系实践，扎实工作态度和工作作风，把求真务实的精神落实到具体行动上，以求真务实练就主动担当的真本领。

（四）以时代使命激发主动担当的动力

水不激不跃，人不激不奋。新时代呼唤新担当，新使命激发新作为。勇于担当，不负时代使命，立足本职，在每个岗位上都尽心尽力，恪尽职守，在努力工作中完善自己、提升自己，要以崭新的面貌、全新的姿态，在实现中华民族伟大复兴的使命中贡献一己之力。以时代使命激发奋进动力，促担当，抓作为，让担当作为在整个社会上蔚然成风。

实践演练

一、游戏名称

团队动力圈。

二、游戏准备

准备一根攀登绳，头尾打结牢固。

三、游戏目的

调节气氛，融合团队；深刻地感觉到"勇于承担责任"在工作中的必要性，并展开思考。

四、游戏规则

1. 所有团队成员双手握住绳子，左右间隔10厘米，迅速展开，围成一个尽可能大的圆圈。

2. 集体原地坐下，双手向前并举，与身体成90°。

3. 在主持人的一声令下，大家共同发力，双手把绳子抓紧绷直。

4. 由工作人员帮忙左右扶稳成员，然后每个成员轮流在绳子上面行走一圈。

五、游戏总结

这个游戏吃力吗？为什么有的地方踩下去绳子是绷紧的，不会摇晃，有地方踩下去，快要塌陷了，这说明什么问题？如果每个人都尽自己最大的力气去撑住绳子，那么又会出现什么情况？

心灵鸡汤

1. 天下兴亡，匹夫有责。——顾炎武
2. 人生须知负责任的苦处，才能知道尽责任的乐趣。——梁启超
3. 一个人能承担多大的责任，就能取得多大的成功！——佚名

学有所思

主题三十一

职业道德

教育导航

1. 了解职业道德的主要内容；
2. 通过培养强烈的责任心和光荣的使命感，提升个人职业素养。

案例导读

向时代楷模致敬 做新时代奋斗者

"百色的大山，你是最美的朝霞；脱贫的战场，你是醒目的黄花。"颁奖辞中每一句话，都感人肺腑；磅礴的暴雨、黄文秀忙碌的身影、农民脱贫后幸福的笑容，电视画面里的每一个镜头，都震撼心灵。5月17日晚，"时代楷模"黄文秀获评感动中国2019年度人物。

黄文秀，2016年从北京师范大学研究生毕业后，回到家乡百色工作。2018年3月，积极响应组织号召，到乐业县百坭村担任驻村第一书记。从进村开始，黄文秀就努力融入当地群众生活，挨家挨户走访，学会了当地方言，一年多时间，她帮村里引进了砂糖橘种植技术，教村民做电商，使百坭村103户贫困户顺利脱贫88户、村集体经济收入翻了一倍。2019年6月17日凌晨，她冒着瓢泼大雨，从百色赶回扶贫点百坭村途中遭遇山洪不幸遇难，献出了年仅30岁的宝贵生命。

有的人走了却还活着，黄文秀就是这样的人。一个黄文秀倒下了，千万个扶贫干部挺身而出。八桂大地众多优秀的扶贫干部，以黄文秀为榜样，用汗水、真情乃至生命，在脱贫攻坚史上留下了浓墨重彩的印记，激励着广西各族人民同心协力打赢收官之战。

习近平总书记对黄文秀先进事迹做出重要指示。2019年7月1日，中宣部向全社会发布黄文秀的先进事迹，追授她为"时代楷模"；7月17日，中华全国总工会授予黄文秀同志全国五一劳动奖章；9月，获评第七届全国道德模范"全国敬业奉献模范"；9月25日，被授予"最美奋斗者"荣誉称号；10月，被追授"全国优秀共产党员"称号。

（资料来源：《广西日报》，2020-05-18，有删减）

讨论：
1. 阅读完黄文秀的个人事迹后，你觉得她最难能可贵的品质是什么？
2. 黄文秀把工作当事业干，并乐在其中，这是一种什么样的工作态度？

点拨环节

一、职业道德概述

职业道德是从业人员在职业活动中应该遵循的行为准则，是一种职业规范，受社会普遍认可。但它没有确定形式，通常体现为观念、习惯、信念等，是长期以来自然形成的，大多没有实质的约束力和强制力，依靠文化、内心信念和行为习惯等通过从业人员的自律实现。

职业道德标准是多元化的，不同企业可能具有不同的价值观。良好的职业修养是每一个员工必备的素质，良好的职业道德是每一个员工都必须具备的基本品质，这两点是企业对员工最基本的规范和要求，同时也是每个员工担负起自己的工作责任必备的素质。

二、新时代职业道德的主要内容

《中共中央关于加强社会主义精神文明建设若干重要问题的决议》明确提出，要加强职业道德建设，纠正行业不正之风，大力倡导以爱岗敬业、诚实守信、办事公道、服务群众、奉献社会为主要内容的职业道德，鼓励广大从业者做合格的建设者。

（一）爱岗敬业

爱岗敬业，是从业人员应该具备的一种崇高精神，是做到求真务实、优质服务、勤奋奉献的前提和基础，是社会公德中的一个最普遍、最重要的要求。

爱岗，就是热爱自己的本职工作，能够为做好本职工作尽心尽力；敬业，是一个人对自己所从事的工作负责的态度，即对自己的工作专心、认真、负责任。爱岗与敬业是相辅相成、相互支持的。

大学生是国家建设的长期后备军，培育大学生爱岗敬业不仅是大学生自身成长、成才的需要，更是用人单位发展壮大的需要，同时也是培育和践行社会主义核心价值观的必然要求。新时代大学生作为国家的未来、民族的希望，他们的爱岗敬业精神关系到国家的命运、社会的发展，以及个人的切身利益。因此，引导大学生树立正确的敬业观即学会爱岗敬业，不仅有助于大学生实现人生价值，而且有利于实现中华民族伟大复兴的中国梦。

课堂万花筒

小故事大道理

一位才华横溢的室内设计师因身体原因，决定退休，他告诉老板他想离开装潢行业，和妻子、儿女一起享受轻松自在的生活。老板实在舍不得这位陪伴了他多年的设计师，所以希望在他离开前设计一栋彰显他个人品位的房子，设计师欣然答应了。不过遗憾的是，这次他仅草草地设计了图纸，用工用料也没有去认真遴选，粗糙地完成了老板交给他的最后一个任务。房子落成后，老板来看顺便把钥匙给了他，说这栋房子送他了。设计师后悔不已，如果他知道是给自己的房子做设计装修，一定选用最完美的设计和最好的工艺材料。

（二）诚实守信

诚实守信，是一个人或企业能在社会生活中安身立命的根本。做人若不能诚实守信，他就很难赢得别人的尊重和友善；企业若不能诚实守信，它的经营则难以持久。所以，诚实守信作为社会公民的职业道德之一，每一个公民、每一个企业主、每一个经营者，都要遵守这一基本准则。

诚实就是一个人在社会交往中能够讲真话。他能忠实于事物的本来面貌，不歪曲事实，不掩饰自己的真实情感，不说谎、不作假、不剽窃，不为不可告人的目的而欺骗别人。守信就是履约践诺，知行统一。

诚实守信是为人之本，从业之要。诚实守信是社会主义新时期的需要，人人都应以诚实守信为荣。

课堂万花筒

夜读《春秋》

徐州兵败后，关羽和刘备的妻子被擒，刘备下落不明。曹操敬重关羽，与关羽约法三章，让他暂居曹营。曹操为了笼络他，赐给他珍贵财物，关羽皆拒之不受；每日宴请，从不乱吃喝；给大宅，关羽却将内宅分给老兵，自己住外间；派多名美女伺奉他，他却叫美女去服侍刘备的妻子。曹操没有办法，安排刘备的两个夫人和关羽同居一屋。关羽仍不动色，秉烛独坐在门外，专心致志读《春秋》，通宵达旦，毫无倦色。曹操想通过美色来诋毁关羽，以达到要挟之目的，然而这些计策在关羽身上失去了作用。

关羽夜读《春秋》，不仅仅是关羽对刘备的忠义和承诺，更反映出关羽诚实守信的品质，这一天性经《春秋》儒学道义的熏陶，升华成中华民族最宝贵的忠义诚信的道德典范。

（三）办事公道

办事公道是指我们在做事情、处理问题时，要站在公平公正的水平秤上，秉公办事，公平、公正地处理问题。办事公道要求我们对当事双方公平合理、不偏不倚，无论对任何人都是按照

五 行德章

一个标准办事。

古人云："治世之道为在平、畅、正、节。天下为公，众生平等，机会均等，一视同仁；物尽其力，货畅其流，人畅其思，不滞不塞；上有正型，下有正风，是非分明，世有正则；张弛疾徐，轻重宽平，皆有节度。"不平行便不平衡，不平衡则人心不平。人心不平便失去社会安定；不通畅便存在蒙蔽、隔阂、压抑；不公正便失去原则，失去是非，失去信任。

办事公道是很多行业、岗位必须遵守的职业道德，其主要内容有：第一，秉公执法，不徇私情，坚持法律面前人人平等的原则，正确处理执法中的各种问题。第二，在各类比赛、竞赛的裁决中，提倡公平竞争，不偏袒，无私心，做出公平、公正的裁决。第三，在对公业务中，不论职位高低、关系亲疏，一律以同志态度热情服务，一律照章办事。第四，在服务行业的工作中做到诚信无欺、买卖公平。秤平尺足，不以劣充优、以次充好；同时，对顾客一视同仁，不以貌取人，不以年龄取人。

课堂万花筒

东坡趣事

一天，苏东坡乔装秀才，带一家奴，前去游览风景圣地莫干山，见一座道观，便和随从一起进去讨杯茶喝。道观主持道人见他衣着简朴，以为是个落第秀才，冷淡地说"坐"，回头对道童说了声"茶！"。后来见他脱口珠玑，谈吐不凡，料定有些来历。老道立刻换了一副面孔，说声"请坐"，又叫道童"敬茶"。坐了一会儿，老道借沏茶之机，悄悄地向仆人打听，才知道是大名鼎鼎的苏大学士、杭州刺史老爷到了，马上把苏东坡引至客厅，毕恭毕敬地说"请上座"，并回头吩咐道童"敬香茶！"苏东坡心想，出家人尚且如此世故，难怪世上人情淡如水，不觉暗暗发笑。

老道人好不容易抓住了这个时机，便请苏东坡留墨题词。苏东坡就把眼前发生的事实经过，写成一副对联：

坐！请坐！请上坐！

茶！敬茶！敬香茶！

这副对联诙谐有趣，把老道人以衣帽取人、十分世故的形态和嘴脸勾画得惟妙惟肖，老道人见联自知失礼，满面羞愧。

（资料来源：董芝，洪戎.大学生综合素养教程.石家庄：河北科学技术出版社，2018）

（四）服务群众

服务群众是指社会全体劳动者相互服务、促进社会发展、实现共同幸福的道德规范。它是为人民服务的具体道德要求，每个服务行业工作人员都必须遵守。服务群众不是一句空话，我们每个工作人员要用实际行动，为我们的服务对象排忧解难。

习近平总书记强调，要解决好联系服务群众"最后一公里"问题。"最后一公里"表面上看是距离，实质反映的是隔阂，是对群众缺乏感情。因此，我们要"照镜子、正衣冠、洗洗澡、治治病"，照一照我们的脑子里有没有群众观点，是不是具有"群众的利益高于一切，群众的

疾苦急于一切，群众的呼声先于一切"的理念，时刻想着群众。其主要内容有：第一，树立全心全意为人民服务的思想，热爱本职工作，甘当人民的勤务员；第二，文明待客，对群众热情和蔼，服务周到，说话和气，急群众之所急，想群众之所想，帮群众之所需；第三，自觉接受群众监督，欢迎群众批评，有错即改，不护短，不包庇，不断提高服务水平。

课堂万花筒

"一团火"精神

人来人往的北京王府井步行街，矗立着一尊人物半身铜像。这尊塑像，纪念的不是英雄烈士、文化名人，而是一名普通售货员——张秉贵。

1955年，北京市百货大楼在王府井开业，就是从这一年起，张秉贵开始了30多年的站柜台生涯。起手抓糖，转身称重，随口报出精确到几角几分的价格……为了缩短顾客的等待时间，他练就了称重"一抓准"、算账"一口清"的绝活。30多年中，张秉贵没跟顾客红过一次脸、吵过一次嘴，像"一团火"一样温暖着顾客。他精湛、热情的服务艺术，引得许多人慕名而来，只为一睹风采。

心中一团火，温暖万人心。张秉贵在三尺柜台为人民服务了一辈子，留下了宝贵的"一团火"精神。如今，秤星已换成电子秤上闪烁跳动的数字，但"一团火"仍然在燃烧。

王府井百货大楼总服务台接待员周微说，要像一团火一样发光发热，必须时刻关注顾客的需求和感受。一次，总服务台来了一批聋哑人顾客，打着手语焦急地询问着什么，周微看不懂，只有着急的份儿。看着他们显得有些失望的背影，心里有点难受，当天一下班，她就跑到书店买来一本《中国手语》，从中查到了这些人表达的意思是"怎么去长城"。

为此，她专门到北京市残疾人活动中心学习手语，掌握了简单的手语交流。

后来有一次，一位阿姨独自坐轮椅来到总服务台，徘徊良久，一副欲言又止的样子。周微看见后，尝试着用手语打了一句"需要帮助吗？"对方眼睛一下子亮了起来，连忙用手语回应她，这果然是位聋哑人顾客。

接下来，周微全程服务这位顾客，一直把她送到附近的公交车上。分别时，阿姨用手语连连夸她，说从她身上看见了张秉贵的"一团火"精神。

时代在变，精神永恒，新时代的年轻人有责任让这"一团火"继续发光发热。

（资料来源：《人民日报》，2020-06-28）

（五）奉献社会

奉献社会就是要求从业人员在自己的工作岗位上，树立奉献社会的职业精神，并通过兢兢业业的工作，自觉为社会和他人做贡献。奉献社会是社会主义职业道德的最高要求，是为人民服务和集体主义精神的最好体现。所有的社会主义职业道德规范、爱岗敬业、诚实守信、办事公道、服务群众等都要体现奉献社会的职业精神。

奉献社会的特征是：第一，是对自己事业不求回报的爱和全身心的付出，完全出于自觉精神和奉献意识，为了增进公共福利而积极劳动。第二，把本职工作当成一项事业来热爱和完成，

从点点滴滴中寻找乐趣。努力做好每一件事，认真善待每一个人。在社会主义精神文明建设中，我们要大力提倡和发扬奉献社会的职业道德。

课堂万花筒

代理妈妈：生如夏花，平凡而绚烂

钟文花，1960年参加工作，长期在山区小学任教。从20世纪90年代初开始，在三清山区，外出务工人员越来越多，农村留守孩子也随之越来越多。

1991年的一个冬日，钟文花正在上音乐课，细心的她发现，教室的窗台上多了一双怯生生的求知的眼睛。下课后，那双眼睛便消失了。钟文花一打听，才知是邻村的孩子徐福强。小福强的母亲离婚改嫁，父亲在外打工，他连生活都要靠亲戚接济，更谈不上上学了。当天傍晚，钟文花悄悄来到徐福强家，眼前的景象让她惊呆了：一幢连门都没装的农舍，外面是厨房，里面是卧室，虽是冬天，只有一床黑得看不出本色的破棉絮，灶头凉凉的，徐福强蜷缩在床上已睡着了。两行热泪不经意间打湿了钟文花的脸颊，她哽咽着叫醒小福强，说："福强，到老师家里去好吗？"就这样，徐福强成为钟文花收留的第一个留守孩子。

此后10余年，钟文花把一个又一个农村留守孩子领回自己家中，同吃同住，无偿照顾，不少孩子一住就是5年、10年。她把所有的爱，都无私地倾注在了这些没有血缘关系的"儿女"身上，有人粗略测算，这些年钟文花为他们垫付的学费和吃住开销有10多万元。在她的关爱下，先后有50多名留守孩子顺利从初中、高中毕业，有人还考取了大学。在钟文花家那幢20世纪70年代建的木质结构老屋里，演绎了一个个动人的人间真情故事，她也因此被人们亲切地称为"代理妈妈"。

2004年，年过花甲的她退休了，但这位"代理妈妈"又执着地开始了新的助学征程。她从自己的退休金和儿女给她的零用钱中拿出一部分，陆续资助了枫林村20多家庭特困学生完成从小学到大学的学业，并从2015年开始把资助范围扩大到邻近的山区乡镇。其实，钟文花并不是没条件离开小山村去大都市度过晚年生活——她的3个儿子都在北京办公司创下了出色的事业，但她的心里，始终丢不下山村里的孩子们，无数次放弃了去北京与儿子团聚的机会。

在生命的最后几年，钟文花罹患肺癌。尽管病魔缠身，但她始终尽最大努力发挥余热、奉献社会。玉山县开展文明创建，她积极参与公益宣传；老年协会要排练文体节目，她拖着病躯帮着编写台词、排练节目……今年春节过后，因为疫情，中小学延期开学，学生们只能居家学习，而她当时住在医院治疗，躺在病床上还惦记着打电话托人给帮扶的贫困孩子家安装有线电视，让孩子通过看教育频道正常上网课。

2020年6月7日下午，这位79岁老人安详地走完了她人生最后的旅程。她把自己的身心，全部献给了这片工作与生活着的山野大地。

（资料来源：人民网，2020-06-28）

三、培养强烈的责任心和光荣的使命感

从事一项职业，就承担了一份责任。将职业视为自己的生命，满腔热情、全身心地投入工作，这不仅是职业道德的体现，也是我们生命价值和活力的体现。正如马克思在中学毕业论文《青年在选择职业时的考虑》所写："如果我们选择了最能为人类而工作的职业，那么，重担就不能把我们压倒，因为这是为大家做出的牺牲；那时我们所享受的就不是可怜的、有限的、自私的乐趣，我们的幸福将属于千百万人，我们的事业将悄然无声地存在下去，它会永远发挥作用，而面对我们的骨灰，高尚的人们将洒下热泪。"

（一）爱一行干一行

首先，我们要了解自己，结合自己的喜好，找准自己的位置，认同自己的工作，满怀激情地去工作。其次，虽然这种职业选择的方向有可能是适合自己的，也有可能是不适合自己的，但是在这个过程中我们都为之努力过奋斗过，即使失败了，也能积累人生经验。

（二）干一行爱一行

干一行爱一行是指一个人对职业的一种精神态度。现实生活中一大部分人因为客观因素限制，无法从事自己喜爱的工作。但是，无论我们从事什么职业，都应该做到干一行爱一行。我们从事的工作可以是平凡的，但是我们的态度不能是平庸的。一个人在其所处的行业领域内，只有不断地热爱、钻研、进取，才能在这个行业内做得更好，做得更具特色，更具专业水准。

（三）干一行精一行

干一行精一行是指一个人对本职业务技能的一种熟练状态。既要敬业，更要精业。要深入钻研，精通业务，做到熟练自如，融会贯通，游刃有余。

实践演练

寻找身边的工作榜样

也许他是曾经教过你的老师，也许他是你身边默默无闻的同学，也许他是晨曦中忙碌的环卫工人，也许他是公交车上的司机，也许他只是一位在你生命中擦肩而过的陌生人……

要求：每位同学提名一位工作榜样并说明理由。最后由全班同学投票选出公认的十位工作榜样，并总结出这些工作榜样的职业素养。

心灵鸡汤

1. 敬业者，专心致志以事其业也。——朱熹
2. 谁肯认真工作，谁就能做出许多成绩，就能超群出众。——恩格斯
3. 士不可以不弘毅，任重而道远。仁以为己任，不亦重乎？死而后已，不亦远乎？——曾子

学有所思

主题三十二

理性择业

教育导航

1. 认识职业和职业的分类；
2. 了解职业选择和职业选择的影响因素；
3. 树立正确的职业劳动观，做出正确的职业选择。

案例导读

古时候有一户人家，生了五个儿子：老大质朴忠厚，老二聪明机敏，老三双目失明，老四天生驼背，老五天生跛脚。经过一段时间的观察和思考，父母让质朴忠厚的老大去务农，因种地来不得半点含糊，拔苗助长、偷奸耍滑是万万不行的；让聪明机敏的老二去经商，俗话说得好，"无商不奸"；让双目失明的老三学按摩，因按摩无须眼明，只需识别穴道并加以手法揉捏或敲打即可；让天生驼背的老四在家纺线织布，因织布时也得弯腰驼背；让天生跛脚的老五搓绳编筐，正好可用长点的那条腿踩住绳头。后来五个儿子生活得很好，衣食无忧。

现在我们试想一下，如果安排老大去经商、老二去务农、老三去织布……恐怕五兄弟连基本生存都要受到威胁。那么，五兄弟为什么会有现在衣食无忧的理想结果呢？用现在比较时髦的说法就是五兄弟的父母对五兄弟的职业进行了"职业选择"，充分发挥了五兄弟的"优势"，从而扬长避短，使得五个儿子生活得很好，衣食无忧。

（资料来源：姜晶晶.职业生涯规划与自我管理.上海：同济大学出版社，2018）

讨论：

1. 五兄弟为什么会有现在衣食无忧的理想结果？
2. 同学们试想一下，如果安排老大去经商、老二去务农、老三去织布……会出现什么样的后果？
3. 请同学们谈谈职业选择的重要性。

点拨环节

社会是一个整体。各行各业的劳动者所从事的正当工作，对整个社会来说都是不可或缺的。他们当中有的是从事脑力劳动职业的科学家、设计师，有的是从事体力劳动的环卫工人、建筑工人等，职业选择没有高低贵贱之分，三百六十行，行行出状元。

一、职业和职业的分类

（一）职业

职业是指个人所从事的服务于社会并作为主要生活来源的工作。它是劳动者参与社会分工，利用专门的知识和技能，为社会创造物质财富和精神财富，获取合理报酬，作为物质生活来源，并满足精神需求的工作。

（二）职业的分类

我国职业分类，根据不同部门公布的标准分类，主要有两种类型：

1. 依据在业人口所从事的工作性质的同一性进行分类，将全国范围内的职业划分为大类、中类、小类三层。其中，8个大类分别是：

（1）党的机关、国家机关、群众团体和社会组织、企事业单位负责人；

（2）专业技术人员；

（3）办事人员和有关人员；

（4）社会生产服务和生活服务人员；

（5）农、林、牧、渔业生产及辅助人员；

（6）生产制造及有关人员；

（7）军人；

（8）不便分类的其他从业人员。

2. 依据企业、事业单位、机关团体和个体从业人员所从事的生产或其他社会经济活动的性质的同一性分类，即按其所属行业分类，将国民经济行业划分为门类、大类、中类、小类四级。门类共13个，分别是：

（1）农、林、牧、渔、水利业；

（2）工业；

（3）地质普查和勘探业；

（4）建筑业；

（5）交通运输业、邮电通信业；

（6）商业、公共饮食业、物资供应和仓储业；

（7）房地产管理、公用事业、居民服务和咨询服务业；

（8）卫生、体育和社会福利事业；

（9）教育、文化艺术和广播电视业；

（10）科学研究和综合技术服务业；

（11）金融、保险业；

（12）国家机关、党政机关和社会团体；

（13）其他行业。

课堂万花筒

对于今天的我们来说，没有什么比职业劳动更重要，它既是我们生存的保障，也是我们实现人生价值的工具。

请观察并记录围绕我们校园学习和生活的有哪些职业？如果缺少其中一个职业会出现什么情景，我们的学习和生活还能正常运转吗？

二、职业选择和职业选择的影响因素

（一）职业选择

俗话说，男怕进错行，女怕嫁错郎。一个人职业选择的适当与否关系到他一生的前途。职业选择是指个人对于自己就业的种类、方向的挑选和确定。它是人们真正进入社会生活领域的重要行为，是人生的关键环节。正确的职业选择，有利于人和劳动岗位的较好结合，使个人顺利进入社会劳动岗位；有利于社会化的顺利进行与实现；有利于取得经济效益、社会效益等多方面的共赢；有利于促进人的全面发展。

（二）职业选择的影响因素

职业选择的影响因素是多方面的，包括受教育程度和家庭、环境等外在因素以及个人气质、性格、能力等内在因素。

1. 外在因素

（1）受教育程度。一个人的职业选择与他的受教育程度关系密切，因为受教育程度会对劳动者的知识结构、职业能力和职业价值观等产生重要影响，而这些恰恰是影响职业选择的重要因素。

（2）家庭。在我国，个人的职业选择常常受到家庭的深刻影响。父母的价值观、态度、行为、人际关系等都会对子女的职业选择产生直接或间接的影响。

（3）环境。任何个人的职业选择都无法摆脱社会环境中流行的工作价值观、政治经济形势、产业结构变动、就业竞争状况及工资福利待遇等因素带来的巨大影响。

2. 内在因素

内在因素主要包括个人的气质、性格和能力等，是影响职业选择的关键因素。不同气质、性格、能力的人适合的工作种类不同。

课堂万花筒

我目前学习的专业是 _____

我对自己就读的专业：□ 喜欢 □ 不喜欢

理由是 _____
_____
_____

与我专业对口的行业是 _____

与我专业对口的职业是 _____

我希望我将来从事的行业是 _____

我希望我将来从事的职业是 _____

理想和现实：□ 一致 □ 不一致

不一致，主要原因：□ 社会声望 □ 职业收入 □ 个人兴趣 □ 个人能力 □ 工作环境

三、树立正确的职业观

（一）职业观

职业观是指人们关于从事某种职业的根本看法，体现在人们对各种职业的认识、评价、选择及对与职业有关的各种事物的态度，如对职业的评价、选择等。职业对于个人的作用可分为：

（1）维持生活，通过职业劳动获取生活来源；

（2）发展个性，在职业岗位上发挥才能，并挖掘和发展个人特长；

（3）承担社会义务，通过职业劳动服务于社会和他人。

对上述三个方面的认识差异构成人们不同的职业观。职业观对个人的职业选择与职业定向起着决定性的作用，对其职业生涯产生重大影响。

（二）正确的职业劳动观

正确的职业劳动观就是为人民服务。在追求美好的生活、理想的职业和个人的前程时，仍需清楚地认识到美好的生活源于奋斗，个人的理想和前途根基于国家的前途、人民的事业。因此，个人职业选择时，首先要服从国家和社会的需要，把职业选择同民族的振兴、祖国的富强联系起来，并以此为己任。

但是，在市场经济条件下，职业是谋生的手段，劳动是有报酬的，那么，怎样才能将有偿与无偿统一起来呢？古人说："以其无私故成其私。"职业首先要满足社会需求，适应用人单位的需要，并在岗位上提倡奉献精神，同时要体现按劳分配、多劳多得的原则，贡献愈大，回报愈高。这就是"以其无私故成其私"的道理。若一味地追求私利，一切从个人利益出发，不讲贡献，只讲索取，到头来，则为私而私不成。

课堂万花筒

时传祥为20世纪五六十年代北京市原崇文区（现东城区）的粪便清除工人。他以"一人脏换来万家净"，毫不利己、专门利人的崇高精神，赢得了人们的普遍尊敬，并因此荣获"全国劳动模范"等光荣称号。

1915年出生于山东省齐河县的时传祥，14岁便逃荒流落到北京城郊当了清洁工。每天用粪勺挖、用粪罐提、用粪桶背粪便，然后推着轱辘车来回二三十里运送粪便。一年四季，每天往返4趟。中华人民共和国成立前，粪便清除工人是社会底层受尽歧视的职业。中华人民共和国成立后，北京市建起了"粪污管理所"。1952年，时传祥加入了北京市原崇文区（现东城区）的清洁队，继续从事粪便清除工作。北京市人民政府想办法减轻粪便清除工人的劳动强度，把过去送粪的轱辘车全部换成汽车。时传祥合理计算工时，挖掘潜力，把过去7个人一班的大班，改为5个人一班的小班。他带领全班由过去每人每工作班背50桶增加到80桶，他自己则每工作班背90桶。时传祥每天淘完了再背，一天的总重量达5吨。

老北京平房多，老四合院里人口密度大，茅坑浅，粪便常常溢出来，气味非常难闻。遇到这种情况，他总是不声不响地找来砖头，把茅坑砌得高一些。他管区内居民享受到了清洁、优美的环境，而他背粪的右肩却被磨出了一层厚厚的老茧。

有人问他是怎样做到不嫌脏的？他说："屎嘛，哪有不脏的？可咱一人嫌脏，就会千人受脏；咱一人嫌臭，就会百家闻臭。想想这个，就不怕脏啦。"

1959年，他被选为全国劳动模范。同年，时传祥作为全国先进生产者参加了在北京召开的全国"群英会"，时任国家主席刘少奇握住他粗糙的手说："你淘大粪是人民勤务员，我当主席也是人民勤务员，这只是革命分工不同。"时传祥表示："我要永远听党的话，当一辈子淘粪工。"

此后，"淘粪工"时传祥的事迹传遍全国。至今，基于"工作无贵贱，劳动最光荣"的理想，时家三代一直与环卫相守，在这个多元化的社会里，依旧燃烧着劳模精神的火种。

（资料来源：《人民日报》，2019-09-23）

实践演练

餐厅服务员也有逆袭晋升之路

2018年9月26日，海底捞上市，成为中国餐饮业市值最高的一家企业，创始人张勇身家600亿，与张勇一起敲钟的是一位叫杨利娟的女士，身家达到了30亿元。谁能想到，这样一位"登上人生巅峰"的职场丽人，若干年前还只是在海底捞端盘子的服务员。

杨利娟，1995年进入四川第一家海底捞做服务员，由于工作表现突出，很快从服务员中脱颖而出，在服务员、配料、上菜、付款收货、买菜的岗位上都轮过一次，后来当上了领班、大堂经理，几乎每半年升一级。杨利娟在一次次历练中逐步成长起来，成为海底捞的核心老员工。

为了跟上海底捞发展的步伐，杨利娟这个初中没毕业的女孩，不断进修提升自己，学习、总结管理办法。2001年，杨利娟作为核心员工在四川海底捞注册登记时成为十大原始出资人之一，成为海底捞董事之一。2012年，杨利娟开始全面掌管海底捞所有门店的运营，包括她全程参与了海底捞在新加坡和美国等海外店的选址和谈判。2018年，杨利娟被调任非执行董事，并被任命为首席运营官。她是学习管理方法学得最具体的一位高管，也是海底捞到目前为止除了4位创始人和5位核心高管外，唯一担任过总经理职位的人。

看完以上案例，我深深体会到：
_____
_____
_____

行动：请同学们选择一份你觉得"不体面"或"不喜欢"的工作去进行周末兼职：
第一步，选择兼职工作 _____
第二步，工作应聘
第三步：体验工作
第四步：工作总结
有无快乐感：_____
意志力有无增强：_____
有无创造力：_____
有无成就感：_____
现在自己是否仍不喜欢这个职业？
_____
如是，原因是什么？
_____

心灵鸡汤

1. 三百六十行，行行出状元。——谚语
2. ……了解自己的长项，才能选准人生的职业方向；练好自己的长项，才能成就自己的事业。——佚名
3. 业无高卑志当坚，男儿有求安得闲。——张耒

学有所思

五 行德章

主题三十三
敢闯敢拼

教育目标

1. 了解创新创业的概念和特征；
2. 培养创新意识，提高创新实践能力。

案例导读

千里之行　始于足下

——厦门兴才学子创新创业事迹

陈荣铷，2018年毕业于厦门兴才职业技术学院电子商务专业，是厦门二六向荣文化传媒有限公司董事长兼CEO，福建省影视文化传媒协会副会长，泉州丰泽区新阶联理事。

陈荣铷2018年创办厦门二六向荣文化传媒有限公司，公司旗下有大拇指、大胡子、初见、乐优宝、洛亦文化传媒等7家分公司，公司重点培养娱乐主播，主营电商拍摄和短视频制作。近一年公司拿下不少平台荣誉奖项，如"短视频互联网合作机构""年度直播首席合作伙伴"等，目前主播数量已达上万名，在火山小视频、抖音、快手等平台，已拥有不少粉丝。

陈荣铷出生在南安的一个小山村，父母从小言传身教"不吃苦中苦，难得甜上甜"，所以他从小就学着为父母分担家庭的压力，家务活、农活对于90后的他可谓是样样精通。2015年，陈荣铷怀揣着对大学和未来的向往进入厦门兴才职业技术学院，学习电子商务专业。从大一开始，他就开始尝试各种兼职。为了减轻父母的负担，他靠着网店支撑起了自己大学三年的生活。大二时，他在拼多多开的网店，活动期间店铺某单品一天的销量就达到3 000单。面对着拼多多要求的48小时内发货，他全身心地投入售后服务、打单和包装中，吃住都在兴才智谷的众创空间里面。用他的话说："既然对顾客承诺了，就要拼尽全力做到。"

由于有了网店的基础，他接触了网络直播，毕业之后，更是对传媒行业无限热爱，因此他选择了创业。他不仅仅是想打造一片属于自己的天地，更多的是想凭自己的能力多做一些影响传媒行业的事情。

说到创业时遇到的困难，陈荣锄说创业初期最大的困难就是资金的问题，而他又怕家人担心，不敢让家人知道。创办公司的资金都是一点一点找朋友借的。他凭借着自己对行业的热情和坚持不懈的努力，把一个30平的小工作室发展成拥有2 500平方米办公场地的公司。

当被问到是如何一直保持着创业的初心时，陈荣锄说道：不仅是对传媒的热爱，还有一句话也一直在鼓舞着他，那就是"莫欺少年穷"。这是他不服输的精神，即使自己年纪轻轻，什么都没有，但是天高海阔，趁着自己还年轻，就应该敢闯敢拼，闯出自己的天地。现在创业一直是大学生的热门话题，他表示：如果还没有准备好，不要轻易去创业。一旦选择了创业，那就不要轻言放弃，惊喜永远会在后面等着你。

讨论：

1. 大学生成功创业的事情屡见不鲜，经常就发生在我们身边，读了陈荣锄的创新创业事迹你有什么感悟？

2. 在人才竞争如此激烈的知识经济时代，你认为大学生的创新能力是否重要，为什么？

3. 学校每年都会组织学生参加全国互联网＋创新创业大赛活动，你是否感兴趣？

点拨环节

就业是民生之本，创业是就业之源。当今世界，大力推动全民创业，以创业带动就业，"大众创业、万众创新""互联网＋"已经成为一种潮流。大学毕业生是国家精心培养的高素质人才，同时也是潜在创业能力最强的群体。在当前就业形势十分严峻的情况下，加强大学生创新创业教育，推动以创业带动就业，对于实现保增长、保民生、保稳定的经济社会发展目标具有十分重要的现实意义。

一、创新创业

（一）创新创业的概念

创新创业是指基于某一点或几点创新而进行创业的活动，如技术创新、产品创新、品牌创新、服务创新、商业模式创新、管理创新、组织创新、市场创新、渠道创新等。创新强调的是开拓性与原创性，而创业强调的是通过实际行动获取利益的行为。因此，创新是创业的基础和前提，创业是创新的体现和延伸。

（二）创新创业的特征

1. 具有高风险性

创新创业虽然是建立在原有基础上的创新，但是创新易受到人们现有认知、行为习惯等方面的影响，在被接受时往往会面临各种阻碍，因而创新创业会面临比传统创业更高的风险。正如彼得·德鲁克所言：真正重大的创新，每成功一个，就有99个失败，有99个闻所未闻。

2. 具有高回报收益

创新创业是对现有资源的更优化配置，是对已有技术、产品和服务的更优化组合，甚至是对未来资源的开发，从而开创所在创业领域的"蓝海"。创新创业能够给客户带来更大、更多、更好的新价值，获取更多的竞争优势，自身同样能获得更高的价值回报。

3. 相互促进

创新创业是在创新基础上的创业活动，创新是创业的基础和前提，同时创业又是创新成果的载体和呈现，并在创业活动过程中，不断优化资源配置、总结提炼，以实现创新的更新与升级。创新带动创业，创业促进创新。

二、培养大学生的创新意识

（一）学创新，关乎整个国家、民族、社会的兴衰成败

习近平总书记在欧美同学会成立一百周年庆祝大会上的讲话中谈道："创新是一个民族进步的灵魂，是一个国家兴旺发达的不竭动力，也是中华民族最深沉的民族禀赋。在激烈的国际竞争中，唯创新者进，唯创新者强，唯创新者胜。"在党的十八届五中全会第二次全体会议的讲话中他也特别强调："把创新作为引领发展的第一动力，把人才作为支撑发展的第一资源，把创新摆在国家发展全局的核心位置，不断推进理论创新、制度创新、科技创新、文化创新等各方面创新，让创新贯穿党和国家一切工作，让创新在全社会蔚然成风。"学创新，提高民族创新意识，增强民族创新能力，关乎整个国家、民族、社会的兴衰成败。落后就要挨打，这是近代史上中国所得到的最大的启示。

（二）学创新，就是在抓发展，谋未来

整个人类历史就是一个不断创新、不断进步的过程。没有创新就没有人类的进步和未来。特别是在这个大众创业、万众创新的时代，抓创新就是抓发展，谋创新就是谋未来。要增强创新意识，就要遵循新时代发展理念的原理，细心观察，大胆质疑，冲破思维定式，反复思考，敢于创新，勤于实践。在竞争激烈的社会环境下，唯有学会创新，把发展基点放在创新上，深化对客观世界的认知，保持与时俱进，提高对社会的驾驭能力，才能在满足自身生存和发展的需要上，做到人无我有、人有我强、人强我优。

（三）学创新，打破思维定式，发挥自我创造力

思维定式也称"惯性思维"，是由先前的活动而形成的一种特殊的心理准备状态，或活动的倾向性。在情境不变的条件下，思维定式使人能够应用已掌握的方法迅速解决问题。而在情境发生变化时，它则会妨碍人采用新的方法。消极的思维定式是束缚创造性思维的枷锁。人们常批判的固守教条、一成不变指的也是思维定式带来的负面影响。只有学会创新，跳出惯性思维，打破思维定式，才能更好地发挥自我的主动性和创造性。

课堂万花筒

马云：数字经济的创新者

"沙漠里的梭梭树，刚种下时看起来就像稻草，仿佛难以存活，但经过3年生长，它们不仅能顽强地活下来，而且还能固沙。从它们身上，我看到了拼搏的精神、求生的欲望，这就是企业家精神。"阿里巴巴创始人马云说。

在马云的带领下，阿里巴巴也像极了沙漠里的梭梭树。自成立开始，阿里巴巴就确立了"让天下没有难做的生意"这一宗旨。多年来，阿里巴巴坚持创新开拓，服务中小企业，拉动内需，促进就业，助力脱贫，在不断解决问题的过程中逐渐成长为一家全球性企业，并肩负起属于自己的责任。

马云创立的阿里巴巴集团打造了全球最大的电子商务平台，年交易额达数万亿元，成为拉动内需巨大的推动力；创建互联网支付、物流体系等，为中小企业打造了商业基础设施；建立了全球领先的移动支付网络，通过大数据技术建立了新型社会诚信体系；自主研发飞天操作系统，奠定了我国云计算的基础；首倡世界电子贸易平台（eWTP），并推动写入二十国集团领导人峰会公报，成为践行"一带一路"的重要民间力量。在他的带领下，阿里巴巴集团跻身全球企业市值前十，使我国在电商、互联网金融和云计算领域的国际竞争中居于领先水平，带动了一大批企业家和创业青年改革创新、锐意进取。

（资料来源：学习强国）

三、提高大学生的创新实践能力

（一）思想入手，变旧为新

旧的学习观念在某种程度上阻碍了创造性思维能力的发展。学会创新，就是要从思想观念入手，改变"家长要我学""老师要我学"这种旧的学习观念，转变为"我想要学习""我喜欢学习"的新的学习观念，改变以往在学习中的被动性，使自己成为学习的主体，在学习上采取自主学习和探究学习的方法。要充分调动学习的积极性，做到自觉、主动地学习知识，发展能力。对于学习和生活上的事务要大胆提出疑问，满足求知欲的同时提高学习的积极性。

（二）创造兴趣，创造想象

爱因斯坦说过："兴趣是最好的老师。"求知欲和探索欲主要源于浓厚的兴趣，人们只有在产生强烈的求知欲和探索欲时，其创造能力才能得以充分发挥。因此，学会创新，就是要利用一切可能的条件不失时机地激发创造兴趣。如课堂上主动配合老师，积极参与课堂游戏；课余生活中通过积极参与各种职业技能竞赛等方式来激发自己的创造兴趣。另外，丰富的想象力也极其重要，就像是给强大的创造力插上一双隐形的翅膀，有利于培养创造性思维，进行创造性劳动。学习不能仅限于书本和课堂老师传授的知识，要多走出课堂，留心自然界，对社会上的各种现象给予更多关注，并在观察的基础上积极思考，大胆想象。生活中要敢想、敢做，把幻想同创造性想象结合起来，把幻想转变为理想，把理想变为现实。把创造潜力激发出来，创造性思维才会得以发展。

（三）塑造创造性个性品质

创造性个性品质主要是指具有创造的意向、创造的情感、创造的意志和创造的性格等独特的品质。缺乏独立自主精神的人是不可能具有创造性个性品质的。想要具备创造性个性品质必须积极主动、独立思考，有好奇心和进取心，有信心和毅力，有探索精神等。因此，在日常的生活和学习中，当遇到困难，要有敢于拼搏的精神和遇事不退缩、不气馁、不达目的不罢休的毅力；遇到问题，不急于求助别人，要发挥自己的主观能动性，培养独立思考和解决问题的能力，大胆设想，勇于实践。

（四）强化创造性思维训练

创造性思维的本质是发散性思维，遇到问题时，能从多角度、多侧面、多层次、多结构去思考，寻找答案，既不受现有知识的限制，也不受传统方法的束缚。创造性思维是开放性的、扩散性的。创造性思维解决问题的方法不是单一的，而是在多种方案、多种途径中去探索、选择。创造性思维具有广阔性、深刻性、独特性、批判性、敏捷性和灵活性等特点。平日勤于思考的人，他们经常运用不同的思维方式去思考问题，因此更容易激发创造意识、灵感和潜力，使思维进入创造性的状态。他们往往能够突发奇想、触类旁通、举一反三，思维上具有高度的流畅性、变通性以及独创性，经常保持活跃的态势。可见，只有勤于思考，进行创造性思维训练，才能及时、准确地捕捉住具有突破性和创造性思维的瞬间。

课堂万花筒

买勺灵感

一百多年前，一位叫贾德森的美国人外出旅行，下火车时，因人多拥挤，他看见有位老太太携带的袋子的袋口被人挤坏了，东西撒了一地。贾德森乐于助人，帮她捡了起来。但车站没有东西缝口袋，老太太拿着十分不便。这件事印在了贾德森的脑海里。

一次，贾德森到铁匠铺去买勺子。他看见这里的勺子排列得十分整齐。上边一排勺子被一根钢筋穿过勺眼挂着，下面一排则是勺柄朝下，通过勺部和上一排"咬"在一起。贾德森选中下面的一把，想拿却拽不动。这时，铁匠师傅让他把周围的勺子向两边移。果然，他很轻松地就取下了一把勺子。

回到家中，贾德森突然联想起了那位老太太在火车站的遭遇。他想，为什么不能利用铁勺子的这种组合关系，发明一种能够方便分开又结合在一起的东西呢？

经过反复试验，贾德森终于发明了人类历史上第一根拉链。现在，几乎所有人都会用到他的发明成果。

（资料来源：缪晨. 300个创新小故事. 上海：学林出版社，2007）

实践演练

课堂智力游戏：创新思维

请同学们一起开动脑筋，完成以下12道测试，题目如下：

1. 一瓶红葡萄酒，怎么也打不开软木塞，又不能打破酒瓶。你怎么喝到酒？

2. 小张是孤岛上唯一的人。这里不可能有别人造访，也没有任何动物。但半夜三更却传来一阵敲门声。是谁在敲门？

3. 小王不知道美国人的习惯，他把信封上的地址写反了。结果，信寄到自己家里了。可他没花1分钱，又把信寄到朋友家里了。他是怎么做的？

4. 桌子上并排放着6个杯子，3个有果汁的杯子与3个空杯子。现只允许你移动1个杯子让3个有果汁的杯子与3个空杯子互相间隔，怎么样才能做到？

5. 老张上了一辆公共汽车，他发现车上只有1/3的人买了票。车到终点站了，售票员也没向剩下的2/3的人索取车票。猜猜，这是怎么回事？

6. 一位律师非常擅长打离婚官司，而且总是站在女性一边。后来，这个律师自己的婚姻出了问题，但仍然不改立场，为女性辩护，并且赢得了大笔赡养费。这是怎么回事？

7. 国王想置一个囚犯于死地，他让囚犯去抽一个纸团。如果纸上写着"生"，就放他一条活路。但实际上，国王在两个纸团中都写了"死"字。猜一猜，这个囚徒会怎么办？

8. 晚上，某人在房间里看书。突然，停电了，屋里一团黑，但那人仍然饶有兴趣地读书，一点没受外界影响。猜一猜，这是怎么回事？

9. 一场高尔夫球比赛中规定，选手不准用手触球。在场上一决胜负的时候，一只球不小心滚进一个纸口袋里。怎样把球取出来，而原先位置分毫不差？

10. 一对夫妻带着孩子去租房，房东不愿意租给带孩子的人家。他们临走前，孩子对房东说了一句话。房东笑了，同意把房子租给他们。孩子说了句什么话？

11. 总经理问他的两个助理："你们以往的判断中，谁的准确率高一点？"小张说："我比他高多了，60%左右。"小李说："我好像低多了，只有20%。"总经理以后让小李跟着自己去开重要会议。猜一猜，这是为什么？

12. 兄弟俩喜欢飙车，老爸很头痛，想了个计策。他说："现在你们比赛，如果谁的车子跑得慢，我就奖励他一座豪宅。"没想到兄弟俩比赛时，车子比以前开得更快。猜一猜这是怎么一回事？

心灵鸡汤

1. 首创则兴定百度。尽涤旧习而气象维新；守成则安静无为，故纵胜废萎而百事隳坏。
   ——康有为

2. 想象力比知识更重要，因为知识是有限的，而想象力概括着世界上的一切，推动着进步，并且是知识进步的源泉。——爱因斯坦

3. 想出新办法的人在他的办法没有成功以前，人家总说他是异想天开。——马克·吐温

学有所思

主题三十四
走向职场

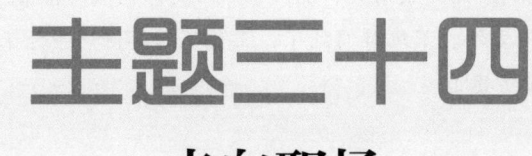

教育导航

1. 了解初入职场可能遇到的问题及应对方法；
2. 摸清职场规则，养成良好的工作习惯，避开职场雷区。

案例导读

上班第一天

案例一： 应届毕业生张英经过层层筛选，从几十个人中脱颖而出，成为厦门某软件培训公司的带班老师。进入全新的领域，张英对一切感到陌生：陌生的环境、陌生的同事……

上班第一天，公司培训部副总让张英先跟一位李老师学习，等下周负责这个岗位的"原主人"回来后和张英做工作交接。从李老师口中得知，该岗位原负责人因身体原因辞职，上班不到一个月。这一天张英的工作可以说是巨大。她需要对培训人员的档案进行整理、打印和归档。此外，负责销售岗的同事让她帮忙将一份1 000多人的名单在第二天中午前整理出来。

下班回家后，张英如泄了气的皮球，回想起白天，心情糟糕透了。李老师并没有带她去了解公司的背景文化，也没有告诉她这个岗位具体负责什么，更没有将她介绍给大家认识，只是让张英干些杂活。同事们似乎也不是很友好，都在低头做自己的事情，有些甚至还喜欢使唤她这个新人。尽管这是一家大型企业，张英已经萌生了辞职的念头。

案例二： 新人王丽在经过三轮筛选后，终于顺利通过面试，成为厦门某银行的信贷审核专员。从学生到职场是一个全新的开始，王丽对自己以后的工作生活充满了期待。

上班第一天，部门负责人带她学习公司的规章制度，了解公司的背景文化，熟悉工作岗位的流程，并在早会时向同事简单介绍了她。中午午休时，王丽和同事们处在一块儿，相互交流，甚至还聊上了某位领导的八卦。下午上班时，王丽已经消除了作为职场新人的警惕性，认为公司的同事都是友好的，说话也开始随意起来，甚至同事在打印文件时，还让这位同事帮她打印文件。下班时间到了，王丽不顾其他同事还未走，拎起包就大摇大摆和大学同学去摆庆功宴了……

讨论：

两位新人在职场第一天的表现如何？

点拨环节

一、顺利渡过职业磨合期

"职场新人该如何做"永远是职场新人最关心的问题。新人对职场环境比较陌生，不懂职场规则，在职场上可能会遇到各种问题。因此，提前了解职场中常见的问题，学会积极灵活地处理，有助于职场新人顺利渡过职业磨合期。

（一）初入职场常见问题

1. 工作压力太大

从学校进入职场，工作压力大是很多职场新人的共同感受。小张好不容易进了某企业，三个月不到就离职了，问及原因，则是工作压力太大，每天早上醒来，睁开眼睛，想起做也做不完的工作，觉得痛苦至极。动作快的人，感觉自己像钟摆，永无休止，这项任务做完了马上就有新的任务了；动作慢的人，工作总是做不完，一天一天堆积成山。

从学生到职场人的转变是很多大学生初入职场都会面对的重要课题。然而，面对初入职场、工作量大的问题，大多数职场新人都仔细考虑过领导这样安排的原因吗？这种情况下，很多人采用了最直接、最极端的方式解决问题，要么辞职，要么服从。

2. 人际关系复杂

在人力资源公司工作近一年的小李说，自己从进入公司到现在，每天都小心谨慎，几乎很少跟同事说话。因为在她刚进公司时，同事小王因为私下议论老板，第二天便被炒了鱿鱼，从那以后她觉得办公室总有老板的"耳目"，人际关系骤然复杂。

职场新人缺乏经验，也缺乏阅历。如果刚进入公司就花心思去思考自己"应该如何站队""哪些人要远离"，那么你将无法融入集体，也无法全身心投入工作。

3. 无法胜任工作要求

在大学里知识掌握得很好，但在实际工作中却发现远远不够用，感觉达不到企业的高要求，这是很多职场新人都会遇到的难题。文秘专业的王妮说，她去年一毕业就应聘到某公司做总经理秘书，面试时满怀信心，但真正到岗位后，年末接二连三的总结和工作计划让她压力非常大。

4. 薪资过低

大多数职场新人入职后都会勤勤恳恳，认真工作，从早忙到晚，即使加班也没有怨言。但若发现自己的薪水比其他同学低，心里就不淡定了。王明说，自己入职一个月来，任劳任怨，可是到头来，与其他同学一对比，同样的行业，人家一周双休，上班晚下班早，几乎不加班，薪水却高过他。想到这些，他就想跳槽了。

薪资的高低往往是由多种因素决定的，跳槽并不是唯一的方法，提升自己的能力才是关键。

5. 找不到发展方向

职场新人在初入职场时，由于缺乏对岗位的准确认识，仓促应聘，入职后才发现与自己的职业发展不符合。人力资源专业毕业的王杰成功应聘其知名金融公司的人力资源总监助理一职，可进入公司后，才知道虽身处人力资源岗，但做的工作与人力资源没有太大关系。总监安排她管理公司档案和印章，收发报纸和文件，有时还要兼顾会务协调，概括起来就是打杂，这使她对自己的职业发展感到十分迷茫。

（二）初入职场常见问题的应对策略

1. 摆正心态，调整期望值

冷漠的同事、不欣赏自己的上司、枯燥乏味的工作……这些都让职场新人感到难以接受，毕业生不能适应新环境，大都与其事先对新环境、新岗位估计不足、期望值定得过高、不切实际有关。当他们按照这个过高的目标接触现实环境时，往往会产生一种失落感，感到处处不如意、不顺心。因此，毕业生在踏上工作岗位后，要能够根据现实环境调整自己的期望值，尽量把期望值定得低一些。

2. 学会沟通，寻求帮助

多和领导沟通，从谈话中了解领导的思想，从而更好地把握自己未来的工作方向。多和同事沟通、打招呼，哪怕是跟安保、后勤人员也要处好关系。很多工作都不是凭一己之力就能完成的，需要与他人合作。如果自己经验不足，有些工作超出自己的能力范畴，这时候一定要谦虚地向他人请教，要有打破砂锅问到底的精神。

3. 坚持学习，学会理财

即使已经步入工作岗位，但是依然不要忘了养成良好的学习习惯。学无止境，努力提升自我，说不定某一天就会用上现在所积累的知识。空闲时间多看看理财类的书籍，学点理财的知识，打理好自己的工资。

4. 杜绝抱怨，做一个正能量的人

如果对岗位不满意，可以提出辞职。但不该说的话不要说，不利于团结的话不说，损人利己的话不说。坚守自己的本心，远离那些负能量的人。

职场之路坎坷曲折，作为新人要经得起考验，受得了委屈，扛得住辛苦。大学生入职后遇到各种各样的问题是难免的，为自己做好职业期望调整，很多职场问题便会迎刃而解了。

课堂万花筒

"浑身是毛病"的企业

小芳毕业后，应聘到一家中型企业工作。刚上班那几天，小芳充满好奇，满怀激情。可是没几天，她就开始不喜欢这个企业了，觉得与自己理想中的企业相差太远，许多事情也都与自己入职前的设想不一样。她的直管领导光说话不干活，同事关系也很冷漠。小芳的心态慢慢发生了变化，言行也变得不受拘束了。她与一个同来的伙伴常发牢骚说："这个企业怎么浑身是毛病，干得真没意思。领导光说不干活，大家都各做各的，一点团队意识都没有。"这些话不知怎么传到领导耳朵里，小芳还没等到对这个企业真正有所了解，就被炒了鱿鱼。开始小芳还满不在乎，觉得反正自己也没看好他们，走了无所谓。可是，当她再次在求职大军中奔波三个月，还没找到满意的企业的时候，她才感到有些后悔，心想如果下次再有类似的企业接纳自己，一定吸收教训，好好干。

案例分析： 来到一个新的单位，最重要的是心态要好，要迅速适应企业、融入企业。很多职场新人在进入企业后，会被分配到一些不是很适合自己、自己不擅长的岗位。他们或者用学生的眼光看待企业，接受不了企业的规章制度；或者用书本上学到的管理知识来套企业现状。这些都会影响自己的心态，使自己没有耐心去了解企业和被企业了解。

每个企业都有自己的优势和劣势，每个同事都有独特的优点和缺点，作为职场新人应多看到积极向上的一面，以此激励自己。最重要的是要学会忍耐，不要初入职场就尝试去改变环境，而是要学会入乡随俗，适应新的环境。

（资料来源：牛聘网）

二、适应职场规则

职场有着它自己的规则，我们改变不了规则，那就应该成为一个适应规则的人。职场上的常识和规则恰恰是我们每个人都必须学会的，只有懂得这些常识和规则，我们才能在职场上叱咤风云。

（一）培养良好的工作习惯

生活有生活的习惯，工作也需要有工作的习惯。一个良好的生活习惯会使人身心健康，而一个良好的工作习惯会使人在工作中更加得心应手。职场新人为了能够更快地融入团队、提高工作效率，需要培养良好的工作习惯，形成自己的工作方式。那么，良好的工作习惯有哪些呢？

1. 学会时间管理

拖延症是指自我调节失败，在能够预料后果的情况下，仍然把计划要做的事情往后推迟的一种行为。

有的人对工作没有具体规划，总是无期限延迟。养成良好工作习惯的第一件事，就是要学会时间管理，每天在固定的时间段去做一些固定的工作。这样不仅可以合理安排时间，提高工作效率，更可以使自己的工作条理清晰，不至于出现遗漏。

2. 学会未雨绸缪

小张收到领导指示，要给一个客户做演示。可是到了客户那里，他左找右找，就是找不到U盘。原来，小张把U盘忘在家里了，导致PPT无法演示。这时，幸亏同行的小李细心谨慎，早在邮箱里存档了一份。虽然邮件里的PPT并非最终版本，但好在让这次演示得以顺利进行。

在工作中，处处充满着挑战、未知和不可预测，随时都可能遭遇变化，只有真正会计划、会未雨绸缪的人，才能在工作中从容地面对突如其来的变故。其实，"未雨绸缪"这个词，是可以用在生活中的每一件事情上的，不论做什么，事先有所准备，明确理想和目标，规划好未来，才会在可能遇到的各种波折面前游刃有余。

3. 学会积极主动

时刻保持积极向上的工作状态是非常必要的。市场调研项目经理让小罗和小玲调研厦门市市面上桶装水的价格。小罗按照项目经理的要求早早完成了任务；而小李完成项目经理交代的任务后，又对桶装水的销售情况、品质、销售手段等都进行了调研，这一做法获得了项目经理及部门的一致好评。

职场不是消极被动的"打工"，更不是表面上的"完成任务"，而是需要自己积极去完成工作。当然，积极完成工作的前提是有充裕的时间。作为一名员工，只有积极主动并保持良好的工作习惯，才能做好工作，使工作成为以后事业的基础，而不是眼前的饭票。

（二）建立亲和力

在职场沟通中建立起亲和力，让沟通对象（同事）感到放松和愉快的同时，也会让我们很容易地进入对方的内心世界。当沟通具有了亲和力的时候，沟通对象就会感到我们是了解、理解他们的，从而对我们也多了一份宽容和理解。他们对于我们在沟通中提出的要求以及所需要的信息，也会给予最大程度的帮助和支持。在沟通中建立强大的亲和力磁场的技巧包括很多方面，我们可以尝试着将这些技巧运用到实际的职场沟通中，如保持良好的情绪状态和放松的表情，将尊重融入沟通中，思想上与沟通对象同步。

（三）建立双赢关系

何为双赢？你赢，我也赢，就是双赢。双赢是双方在不委屈自己的前提下实现自己的目的，为自己着想的同时，也不忘照顾他人的利益。双赢是合作双方关系的一种平衡。只有在彼此信任、合作的基础上，才能达成对双方都有利的结果。职场是一个充满合作的舞台，而不是恶性竞争的"角斗场"。

（四）不做坏情绪的传播者

"一位父亲在公司受到了老板的批评，回到家就把在沙发上跳来跳去的孩子臭骂了一顿。孩子心里窝火，狠狠去踹身边打滚的猫。猫逃到街上，正好一辆卡车开过来，司机赶紧避让，却把路边的孩子撞伤了。"这就是心理学上著名的"踢猫效应"，描绘的是一种典型的坏情绪的传染所导致的恶性循环。

我们在与别人交往的过程中，难免会有摩擦和矛盾，令我们很懊恼和气愤。这时候我们可以选择发泄满腔怒火，也可以选择忍一时之气、以退为进。如果不能控制自己的坏情绪，情绪会通过姿态、表情、语言传达给周围的人，在不知不觉中感染到对方，影响对方的情绪，甚至有可能伤害到身边的人，导致自己众叛亲离。

课堂万花筒

安静的餐厅中突然传来一声呵斥,一位顾客指着面前的杯子,对服务员大声喊道:"服务员你过来看看!你们的牛奶怎么是坏的,把我的一杯红茶都糟蹋了!"服务员一边道歉一边说:"真对不起!我立刻给您换一杯。"新红茶很快就准备好了,碟边放着新鲜的柠檬和牛乳。

服务员把这些轻轻放在顾客面前,轻声地说:"先生,我建议您,如果放柠檬,就不要加牛奶,因为有时候柠檬酸会造成牛奶结块哦。"顾客的脸一下子红了,匆匆喝完茶就走了。在旁边的一个顾客看到这一场景,笑问服务员:"明明是他的错,你为什么不直说呢?"

服务员笑着说:"正因为他粗鲁,所以要用婉转的方法去对待,正因为道理一说就明白,所以用不着大声!理不直的人,常用气壮来压人。理直的人,却用和气来交朋友!"

(引自:搜狐网)

实践演练

举办一场辩论赛

正方观点:要顺应职场规则。

反方观点:向职场规则说"NO"。

心灵鸡汤

1. 学会驾驭自己的工作情绪,好心情让工作事半功倍。懂得开心工作的人,才是真正快乐的人。——佚名
2. 养成主动工作的习惯,自然脱颖而出。——佚名
3. 合理安排时间,就等于节约时间。——培根

学有所思

主题三十五

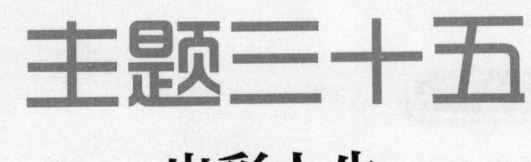

出彩人生

教育导航

1. 了解职业发展中可能遇到的问题；
2. 做好个人职业发展，顺利渡过职场瓶颈期，让职场顺风顺水。

案例导读

我还能做什么？

案例一： 2018年河北省唐山市的地方政府将地方的各个路桥收费站都撤销了，原收费站的工作人员纷纷去找领导讨说法。其中一位女士振振有词地说道："我今年36岁了，我的青春都交给收费站了，我现在啥也不会，也没人喜欢我们，我也学不了什么东西了。"

案例二： 大学毕业后，小王为了爱情留在了所读大学的那座城市，本想先找一份工作过渡一下，谁知第一份工作一干就是十年，一晃32岁了。2020年初，他所在的公司被另一家民企收编，人事出现大调动，做了十年行政工作的他被调到业务部门做销售。以前月薪7 000左右，如今变为底薪2 500+提成。小王性格内向，对新岗位极为排斥，他度日如年，是去是留，犹豫不决。对小王来说，岗位自己不喜欢更不适应，工作没有激情，工资骤降，难以维持家庭正常开销，留下来很痛苦，离开又很迷茫。怎么办呢？

讨论：

1. 谈谈唐山收费站收费员和小王的经历给你的启发。
2. 假如你毕业10年后，34岁，职业进入了瓶颈期，一事无成，你会怎么办？

一、职业发展概述

随着社会经济、文化的发展,人们的需求越来越趋向个性化和多样化,产品更新换代速度也在不断加快,对每一位职场人的要求也越来越高。

(一)职业发展的概念

每个年龄段有每个年龄段的优势。同样,每个年龄段也有每个年龄段的风险和压力。职业发展就是在自己选定的领域里,在自己能力所及的范围内,成为最好的专家。职业发展是致力于个人职业道路的探索、建立,取得成功和成就的终身的职业活动。

职业发展可以分为五个阶段:

职业选择期:接触社会初步形成职业意向,从事职业技能学习以及等待就业。

职业适应期:走上职业岗位,逐步适应职业岗位要求。

职业稳定期:稳定于某种职业,并对早期职业生涯重新评估,强化或转变职业理想,对中年生活做适当选择,在工作中再接再厉。

职业能力衰退期:继续保持职业成就,维持自尊,准备光荣引退。

职业结束期:退休,做好退休后的打算。

(二)职业发展的特点

职业发展在实践中通常会出现两种情况:

一种是自然顺势的发展。就是当所从事的职业符合自己的个人意愿时,在完成职业的具体工作中达到了熟能生巧的效果,自然而然地也就上升到一个更高的境界。比如一个爱好写作的人应聘到一家报社做记者,长期写有影响力的文章,将来顺理成章地成了一名作家。

另一种则是人为努力的发展。就是当所从事的职业并不符合自己的个人意愿、但受到条件限制却无法改行时,在具体工作中由被动渐渐培养起对所从事职业的热爱,由此积累经验,或许会获得意外的成功。比如一个爱好写作的人被录用到一家企业做营销,一开始很不适应,后来慢慢地去适应、习惯,居然渐渐地对营销产生了浓厚的兴趣,终于成为营销方面的专家。

二、职业发展中可能遇到的问题

(一)个人能力有限,职业成长缓慢

在职场发展中,总感觉慢别人半拍,各个方面都没有与同时期一起来的同事发展快,想升职,总是失去机会。个人能力发挥不足,核心竞争力不突出,不能利用公司平台激发自己的能量,助力自己的发展,导致职业成长缓慢。

(二)做一行厌一行,频繁跳槽

每天重复着同样的工作,没有创新突破,更没有新鲜事物和新鲜血液流入,工作变得枯燥

无味。工作上如果遇到一些困难与阻碍，或者与同事、上司间关系紧张，压力感便油然而生，愈发对目前从事的职业没有了方向和前进的动力，焦虑与迷惘如影随形，工作与生活一团糟。薪资与预期不符合，频繁跳槽后却越跳越糟；工作多年，却仍然一无所获。

（三）长时间停留在舒适区

所谓长时间停留在舒适区就是自己习惯于某种熟悉的环境，不愿意跳出也不愿意提升，每天得过且过，导致自己的认知边界无法突破，就像温水煮青蛙，久了就失去往上跳的意识。而这样的人，已经失去职场竞争力，往往被人超越了，被社会淘汰了，仍不知其原因。

（四）个人职业发展遇到"天花板"

作为工作10年的职场人，在职业发展中很容易遇到瓶颈，找不到晋升的机会，事业发展停滞不前，又不甘于现状，想转行却不知道转哪一行。

课堂万花筒

别"干一行厌一行"

甘肃会宁县因盛产高考状元而被誉为"状元县"。然而，近日有媒体透露，就在有尊师重教传统的会宁，去年11月启动的一次招录警察的计划，引得大批基层教师离岗，纷纷转行去做警察。这些教师大多30来岁，已经任教10年左右，按理说正是年富力强之时。会宁招录189名警察，竟有171名来自教师行业，其中不乏骨干教师，甚至包括一名小学校长和一名幼儿园副园长。这种"教师离职潮"，显然暴露出的是部分教师职业认同感的缺失。

会宁教师大批改行一事，并非个案和孤例。都说"干一行爱一行"，怎么变成了"干一行厌一行"？

（资料来源：人民网，2015-08-14）

讨论：为什么会出现这种现象？

三、做好个人职业发展，实现出彩人生

对大多数职场人来说，不苛求成为职场精英，但至少职业发展遇到瓶颈时，能够游刃有余。对职场人来说，想突破职业瓶颈，就要寻找和提升个人职业核心价值。个人只有通过提升职场核心价值，做好职业发展的管理，才能提高自己在职场上的竞争力，才能立于不败之地，取得职业生涯的成功。

（一）清晰了解自己，定位个人发展

大多职场人都认为自己比较了解自己，且非常清晰。但更多的人实际上只了解自己的缺点，却不了解也没有去发掘自己的优点。如果你连自己的优点是什么都不知道，你又如何清晰地了解自己，又如何让自己更有竞争力呢？如果能力不突出，而又不能及时挖掘自己的优势，很快就会被职场不断涌现的新人所淹没。

要学会从内部寻找答案，定位自己。所谓从内部寻找答案就是要清楚地了解自己喜欢什么，

做什么事情最有激情；能做什么和擅长什么，自己在哪个领域有系统的知识体系；自踏进社会以来自己所做的成功的事情都集中在哪些方面，自己可调动的资源、人脉在哪里等。从这些方面开始梳理，你会发现自己可能和以往了解的自己有很大的不同。

要学会从外部寻找答案，定位自己。外部是能支撑你职业发展的地方，你需要思考什么职业适合自己、所学专业在所在城市有无发展前景。比如，如果你是互联网从业人员，对城市的选择可能首选北京、深圳或者杭州，因为这些城市行业发展基础好。

（二）学无止境，不断学习新技能

对于广大职场新人来说，工作几年积累一定的工作经验后就容易走入"舒适区"，这阶段看似工作比较轻松，薪资待遇也不错。尽管目前的能力完全可以胜任现在的工作，但仅凭现有的技能是远远不够的。一旦停止学习新知识，就可能停滞不前。

如何有效利用业余时间，对于职场人的生存和发展至关重要。职场人要不断对知识进行更新，让技能多样化且更具有竞争力，适当自我增值，开拓自己未曾涉及的领域，不断学习，不断进步，让自己的专长朝着精深的方向发展。

（三）聚焦目标，制订阶段性目标

阶段性目标是指在学习或工作中，为每一个阶段或者每一个时期制订的短期目标。制订阶段性目标，建立一些里程碑的事件，增加仪式感，有助于你找到方向，找到坐标，减少迷茫感。完成某一个项目，完成一次晋升，业绩有了新的突破，薪资收入有了提高，都可以当作里程碑事件放入你的职业发展中或者你的目标清单里。职场之路就像一条绵延无尽的公路，如果你不在上面用"里程碑事件"标下刻度，不经常检视自己的位置，工作中就很容易陷入一种麻木的状态。而如果你能够去聚焦、去定位、去感受，自然就容易找准自己的位置，明确自己前行的方向。

（四）调整心态，让职场顺风顺水

一些职场人从对工作充满美好的愿望到现实工作中的一地鸡毛，确实难以静下心来思考，常常焦躁不安，从而出现各种职业问题，如职业中的焦虑、倦怠、失落、纠结、迷茫、无助、沮丧、孤单等。在职场中，机会之类的偶然性事件不少，努力和好的结果有很大的相关性，但也没有百分之百的必然性。所以，不要为自己一时没有得到什么而气馁。要相信厚积薄发，并且敢于尝试。

很多工作是简单重复的，在本职工作高效完成后，可以多承担一些工作。承接一份新的工作会重新燃起你的工作热情，激发学习动力，带动社交欲望，促进职业成长；当然也可以在工作外寻求补偿，发展副业。

实践演练

修订我的职业生涯规划

在大一时，我们进行了个人职业生涯规划，但是规划并不是一成不变的，而是要随着个人的工作发展进行适当的调整，即修订。修订的内容包括职业生涯路线与阶段性目标的调整、实施措施的变更等。

1. 修订前的职业目标：_____
_____
_____

2. 修订后的职业目标：_____
_____
_____

3. 重新修订的原因：_____
_____
_____

4. 修订后的职业生涯路线：_____
_____
_____

5. 需要达成的阶段性目标：_____
_____
_____

6. 修订后的实施措施：_____
_____
_____
_____
_____
_____

五 行德章

心灵鸡汤

1. 慎终如始，则无败事。——老子
2. 生活太安逸了，工作就被生活所累。——鲁迅
3. 成功的人可以无数次修改方法，但绝不轻易放弃目标。——佚名

学有所思

参考文献

1. 张密丹. 大学生安全教育常识. 北京：人民邮电出版社，2017.
2. 李峥嵘. 大学生安全教育. 北京：教育科学出版社，2014.
3. 陈金华. 大学生思想道德修养案例解读. 上海：复旦大学出版社，2005.
4. 陈先浩. 生活与哲学. 苏州：苏州大学出版社，2010.
5. 田麦久. 运动训练学. 北京：高等教育出版社，2006.
6. 教育部社会科学研究与思想政治工作司. 大学生人生困惑及应对. 北京：高等教育出版社，2004.
7. 冀巧英，谷静敏. 人际沟通与礼仪. 北京：对外经济贸易大学出版社，2010.
8. 董芝，洪戎. 大学生综合素养教程. 石家庄：河北科学技术出版社，2018.
9. 潘秋勤. 沟通与礼仪训练. 大连：大连理工大学出版社，2017.
10. 王莲华. 礼所应当——大学生文明礼仪读本. 上海：学林出版社，2012.
11. 张强，等. 心动力、新起点——大学新生心理适应. 北京：科学出版社，2015.
12. 周文敏. 打造精彩自我：大学生生活全攻略. 北京：北京工业大学出版社，2014.
13. 吴宇. 我的大学：我是自主自立的新新人. 北京：旅游教育出版社，2008.
14. 明宏. 心理健康辅导：北京：世界图书出版公司.2005.
15. 雷锋. 雷锋日记. 北京：解放军文艺出版社，1963.
16. 林伟健，叶梓效，吴琦琳. 崇尚科学 抵制邪教. 广州：华南理工大学出版社.2001.